1781

Horst Krüger

Spötterdämmerung

Lob- und Klagelieder zur Zeit

Hoffmann und Campe

CIP-Kurztitelaufnahme der Deutschen Bibliothek

Krüger, Horst:
Spötterdämmerung : Lob- u. Klagelieder zur Zeit /
Horst Krüger. – 1. Aufl. – Hamburg : Hoffmann
und Campe, 1981.
ISBN 3-455-04027-6

Gesetzt aus der Bodoni
Satzherstellung Alfred Utesch GmbH, Hamburg
Druck- und Bindearbeiten May & Co, Darmstadt
Printed in Germany

Spott vertreibt die Liebe nicht.
Goethe, *Lieder: Liebe wider Willen*

Am wahren Spötter lächelt das ganze Gesicht, der Mund ausgenommen.
Jean Paul, *Bemerkungen über den Menschen*

Aus Spöttern werden oft Propheten.
Shakespeare, *König Lear*, V, 3

Inhalt

I Vorworte, persönlich

Steckbrief in eigener Sache 11
Erste Leselust 15
Als Einzelgänger durch die Welt 23
Das Buch, das ich nie schrieb 32

II Orte der Erinnerung

Straßburger Wochenende 43
Das Schloß im Schwarzwald 51
Deutsche Grenzgänge 62
Geschlagen von Ägypten 68
Erwachen in Hongkong 75

III Loblieder

Auf Lesereise 83
Plädoyer für den Luxus 90
Die Kleider der Freiheit 97
Kluges über den Klatsch 103
Mit so einem Ei reisen 109
Mit dem Greyhound durch die Staaten 114

IV Klagelieder

Meine Messe-Memoiren 127
Ein Literat auf der IAA 137

Frankfurter Spezialitäten 144
Prominenz – was ist das? 151
Bekenntnisse eines Fußballmuffels 157
Rauchers Klage 164

V Der Zug der Zeit
Links oder rechts, bitte? 175
Zeit der rauhen Sitten 183
Wohlstand – und was dann? 189
Einkaufgeschichten 197
Müllkippe Gesellschaft 222

VI Im Medienwald
Ratschläge für Freischwimmer 235
Ein Hymnus auf den Hörfunk 241
Der Schriftsteller und die Zeitung 248
Die kleine Ewigkeit der Bücher 262
Beruf: Schriftsteller 267

VII Nachworte, literarisch
Der große Verberger: Koeppen 283
Brief in Sachen Kesten 289
Die Frau des Dichters 298
Meine Tage mit Mascha Kaléko 303
Gedenkblatt für Jean Améry 309
Erinnerungen an Elisabeth Langgässer 317
Das heilsame Ärgernis: MRR 324

I Vorworte, persönlich

Steckbrief in eigener Sache

Die Frage nach meiner Herkunft, meiner Heimat also, hätte mich früher störrisch und gereizt gemacht. Ich hätte nur böse gelacht, als junger Mann. Die Frage hätte mir damals zu sehr nach Blut und Boden geschmeckt, nach dampfenden Wiesen und Urgrund – abscheuliche deutsche Vision. Immerhin war es eine Jugend unter Hitler gewesen. Heute, sehr viel älter, beinah alt geworden, bin ich der grimmigen Abwehr des Zwanzigjährigen nicht mehr so sicher. Ich frage mich manchmal: Ursprung und Anfang, das Enge, Vertraute der Kindheit, also Heimat und Herkunft – gilt das nicht auch für dich? Wo stammst du her? Wo ist dein Grund?

Ich komme nach Berlin. Immer wieder komme ich in diese schöne, geschundene, in diese blühende und doch zerfallende Stadt, West-Berlin genannt. Es überfällt mich dort oft die Lust des Erinnerns, diese tiefe Badelust in Vergangenheit, die uns nachdenklich macht. Vergangenheit ist wie ein Meer, in dem wir, rücklings, schwimmen: heiter, leicht, es ist auch Angst beigemischt. Ich schmecke das Spröde, Karge und Trockene, das trostlos Schöne der Mark Brandenburg: Preußens blinde Reste. Von der Kaiser-Wilhelm-Gedächtniskirche bis zum Schloß Glienicke draußen, vom Brandenburger Tor bis zu den Torte schleckenden Damen im »Kranzler« am Kurfürstendamm steht hier alles herum. Ein Rest von Preußen blieb. Was ist die Stadt? Berlin ist ein deutsches Museum zu Lebzeiten.

Ich gehe wieder wie früher als Schüler vom S-Bahnhof Halensee zur Königsallee. Ich gehe zum Grunewald-Gymnasium, das heute Walther-Rathenau-Schule heißt, weil gleich um die Ecke dieser Mann umgebracht wurde. Ich laufe durch den Grunewald, sinnlos. Ich laufe zum Teufelssee, zur Saubucht, zum Selbstmörderfriedhof, ganz tief im Föhrenhain. Ist es sinnlos? In der Ferne höre ich das Singen und Schlagen der S-Bahn, jenen hellen, hastig schlagenden Ton, der nach Wannsee hinaus zum Kleist-Grab zieht und der Ton meiner Kindheit war – entlang der Avus. Die S-Bahn fährt heute DDR-gesteuert, lustlos, ziemlich leer. Eine verrostete Spieleisenbahn meiner Jugend, die sich jetzt wie eine alte Schlange, die im Sterben liegt, durch den Dschungelsumpf West-Berlin zieht.

Ich komme nach Eichkamp. Immer wieder gehe ich hin. Ich stehe vor dem Haus meiner Kindheit, ratlos. Es war einmal kaputt, zerbrochen, kriegszerstört. Es ist von Fremden wiederaufgebaut, hastig und billig restauriert in den fünfziger Jahren. Es gehört mir nicht mehr. Aber die Gaslaterne davor gehört noch zu mir. Ich höre noch heute den Ton, mit dem das Gas in der Dämmerung aufflammte, damals. Ich habe das Haus seit meiner Jugend nie mehr betreten, will es nicht sehen von innen und gehe doch immer wieder hin, stehe vor den Mauern und gehe dann wieder weg. Es gibt Dinge im Leben, die nicht zu klären sind. Es gibt Kellergeschosse und unaufgeräumte Ecken, die soll man so lassen. Ich will da nicht rein. Aber oft kehren meine Träume hierher zurück. Es sind keine schönen Träume. Sie sind kahl und grau und leer. Der Tod sitzt im Kellergeschoß.

Ich fahre dann wieder zum Zoo, zum Kurfürstendamm, ich sitze bei Hardtke. Ich spüre, dies alles tuend, sinnlos und doch nicht ganz sinnlos, lebend und halbwegs lebend: Hier bist du zu Hause, mein Bester. Das ist dein Grund. Gib's zu: So rund um den Funkturm ist Heimat für dich, etwas mickrig. Von der Heerstraße bis zum Grunewald dampft deine Scholle, immer noch.

Sie dampft in Asphalt sozusagen. Du bist eine Großstadtpflanze aus Charlottenburg. Gaslicht zog dich hoch und groß. Selbst fünfunddreißig Jahre Westdeutschland: Freiburg im Breisgau, Baden-Baden, Frankfurt am Main, können daran nichts ändern: Berliner Luft. Nun hab doch den Mut, sag es im Klartext, sag, was man eigentlich nicht sagen sollte: Du bist das Peinlichste, das es heute gibt im deutschen Bundesstaat. Du bist noch ein richtiger Preuße. Preußens blinde Reste, eine Scherbe, die von früher erzählt. Früher einmal war alles ganz anders.

Ich wurde 1919 geboren, übrigens ungefragt. Gefragt und alles das wissend heute, hinterher, hätte ich wahrscheinlich danke gesagt. Danke schön – nein, lieber nicht, bitte! 1919: Ich gehöre also einem ausgestorbenen Jahrgang an, der im deutschen Faschismus und in seinem Krieg kaputtging. Es gibt jedenfalls nur noch einzelne, Reste, letzte aus dieser von Hitler verbrauchten Generation. Und so fühle ich mich auch, hier und heute: immer als Rest, ein einzelner und ein letzter mit den Melancholien, den Absonderlichkeiten, vielleicht auch mit den besonderen Perspektiven solcher Position. Ich meine: Die letzten sind schrecklich frei. Sie erben das Ganze, sie haben die Vergangenheit aufzuarbeiten, bröckchenweise.

Als Hitler zur Macht kam, war ich dreizehn, als er ging, fünfundzwanzig. Die Lehr- und Wanderjahre, nach Goethe so wichtig zur Bildung der deutschen Seele, habe ich – wer wird das heute noch glauben? – unter lauter Nazis verbracht: den großen, den kleinen und den vielen dazwischen.

Geblieben aus solchen Lehrjahren ist meine aufmerksame und etwas gereizte Vorliebe für mein Volk, die Deutschen. Eine Heinesche Haßliebe, könnte man sagen. Geblieben ist meine Nervosität und Verletzbarkeit gegenüber jedem Nachgeschmack von politischer Gewalt, von Terror und Totalitarismus, gleichgültig, ob er von ganz rechts oder von ganz links kommt. Rechte Kohorten sind mir so fremd wie linke Kommunen. Ich bestehe auf dem Recht des Menschen, allein nur er selbst zu sein. Ich bin dem Schmerz zugetan.

Also nichts Soziales und Gesellschaftsbeförderndes? Wo bleibt hier das Positive, bitte? Wie merkwürdig bei Ihrem Engagement für Politik und Zeit? Ich erwidere: Für den Schreibenden gibt es nichts Positiveres als die Einsamkeit. Nur aus der Randposition kann man die Mitte erkennen. Nur in der Stille kann man die Geräusche der Welt unterscheiden. Und vielleicht kommt etwas Schmerz auch dem Stil zugute.

Stil jedenfalls ist mir wichtig. Daraus sind Texte entstanden. Keine großen – kleine Geschichten gehen mich an. Lauter letzte Sachen. Lauter Literaturformen, die eigentlich schon totgesagt sind, die es nicht mehr gibt auf der literarischen Szene: das Feuilleton, die Satire, der Brief, die Tagebuchnotiz, die Erinnerung, das Reisejournal.

Was steht da drin? Ich schreibe, was ich sehe, und denke mir meinen Teil dazu. Also Augenprosa mit etwas Gehirn drumrum, spöttisch und melancholisch. Die späten Farben: Gelb, Hellgelb, immer transparenter werdend und ganz durchsichtig zum Schluß. Das Ernste heiter, das Schwere ganz leicht zu sagen ist mein Wunsch. Mehr ist nicht drin.

Erste Leselust

Ich bin nicht sicher, ob es gut ist, sich zu erinnern. Wer will das hören, heute? Muß das denn sein – Vergangenheit?

Damals jedenfalls war Adolf Hitler schon zwei Jahre Kanzler; ich brauche nicht zu sagen, wie erfolgreich und umjubelt. Ich war eben fünfzehn geworden. Zu Hause gab es keine Bücher für mich. Es gab die Bibel, das Adreßbuch von Groß-Berlin, es gab den Duden auf dem Schreibtisch meines Vaters und allerdings auch das Jettchen Gebert, das meine Mutter eine Weile entzückt hatte. Mich ließ das kalt. Ich ging also jetzt mit fünfzehn regelmäßig zur Stadtbücherei. Noch heute, wenn ich nach Berlin komme, hat dieser Weg etwas Geheimnisvolles für mich. Es ist alles unverändert wie früher, und ich gehe ihn manchmal wieder: von Eichkamp zur Heerstraße, von der Heerstraße dann zu jenem großen, braunen Schulhaus, wo rechts unten über einem kleinen Nebeneingang »Stadtbücherei Neuwestend« steht; ein magischer Pfad, Pfad der Erkenntnis und Einweihung: Initiationsriten. Und wie man doch damals eingeweiht wurde! In endlosen, hohen Regalen stand fein säuberlich das, was man damals das deutsche Schrifttum nannte. Die gereinigte und germanisierte Literatur: rein arisch. Nur wußte ich das nicht, damals.

Ich habe sie mit fünfzehn alle gelesen: die Bluncks und Stehrs, die Kolbenheyers, Hans Grimm, Friedrich Griese und wie sie hießen, die Volkhaften. Ich habe sie verschlungen, war meist angetan, manchmal gerührt. Mir gefiel das eigentlich sehr gut, damals, mit fünfzehn: Adel und Untergang auf Agrarbasis, und wie die Erde kreißte und der Mensch schrie in seiner Not wie das liebe Vieh in den Ställen, und wie die Erdschollen krachten im ersten Märzlicht. Es war alles so elementar für mich jungen Berliner: Blut-und-Boden-Einweihung. Eine Weile war ich hingerissen von einem schlesischen Volkserzähler, der eigentlich kein Nazi war, wie ich später ausmachte. Er paßte nur ins emotionale Feld. Er hieß Paul Keller. Wer kennt ihn noch? Es waren rührende Geschichten. *Ferien vom Ich* zum Beispiel. Die Buchstaben waren noch in hohen gotischen Lettern gesetzt, das Papier hart, etwas bräunlich. Ein anderes Buch von Keller hieß *Der Sohn der Hagar.* Ich glaube, es ging um das schlimme Schicksal einer Mutter mit ihrem unehelichen Kind in einem schlesischen Dorf. Ich weiß auch nicht, warum ich mich gerade damit so identifizierte. Warum soll ich es nicht ehrlich sagen, heute, hinterher? Ich habe bei diesem Buch geweint, immer wieder. So schön und schmerzlich war das damals: Verstoßensein.

Mein erstes großes Lese-Erlebnis, das blieb, war etwas anderes. Was heißt hier groß? Wenn einen etwas trifft wie ein Blitz oder ein Schock. Etwas geht dabei für immer kaputt, und etwas anderes beginnt. Ein Vorhang reißt auf: eine neue Szene, eine andere Welt, eine erste Wahrheit, an die man sich halten kann. Erkenne dich selbst, und du tust das plötzlich mit fünfzehn und bist nicht ganz mehr der alte. Du bist ein Stück weitergekommen auf dem Zifferblatt deines Ichs. Also Spiegelgeschichten. Es geht um Erkenntnis- und Reifungsprozesse. So etwas nannte man früher Entwicklungsroman, und man wird es heute nicht glauben:

Früher entwickelten wir uns tatsächlich noch schrittchenweise, auch an Romanen. Heute ist ja jeder Fünfzehnjährige schon fertig. Und jedermann weiß natürlich, wovon ich spreche. Nein, nicht von Goethe, nicht von Gottfried Keller. Ich spreche vom *Demian.*

Indem ich dies schreibe, liegt der blaue Band neben mir, linker Hand. Er ist mein Zeuge. Ich kann alles nachweisen und belegen: hier bitte. Das Beweisstück hat auf etwas rätselhafte Weise die Zeit überstanden. Das Papier ist am Rand etwas bräunlich geworden. Es ist auch alles in gotischen Lettern gesetzt. Auf dem Titelblatt steht: »Demian / Die Geschichte von Emil Sinclairs Jugend / Von Hermann Hesse«. Eine rote Vignette schmückt darunter das Blatt, und ganz unten: »S. Fischer / Verlag / Berlin«. Damals machte man das alles noch liebevoller. Man kann auch sagen: betulicher. Etwas von Brevier und weltlichem Gebetbuch liegt immer noch über diesem Band.

Ich habe *Demian* gestern nacht wiedergelesen. Mein Gott, nach genau fünfundvierzig Jahren! Man muß sich das vorstellen: Nach genau fünfundvierzig Jahren legt man sich abends ins Bett mit derselben Geschichte. Welch ein Leichtsinn, welch ein Abenteuer, welch eine Überraschung. Ich muß sagen: So schlecht war mein Geschmack damals nicht, wie ich immer dachte. Seit dreißig Jahren habe ich Hesse nicht mehr gelesen. Er war für mich abgetan und erledigt, und irgendwie schämte ich mich seiner, rückblickend. Das ist wie mit alten, abgetragenen Anzügen, aus denen man herauswuchs. Hinterher sind sie nur komisch. Man lächelt etwas peinlich berührt. So etwas hast du früher getragen?

Natürlich blüht da viel Seelenduft und schwäbische Innerlichkeit. Man ist nicht nur älter geworden, auch härter. Heute liest man das mit den kalten Augen der

Erkenntnis und sieht sofort: Das ist ja nichts als die kaum verschlüsselte Geschichte einer Psychoanalyse, die von Therapeuten wahrscheinlich nach C.G. Jung vorgenommen wurde. Jedenfalls nicht nach Freud, das ist sicher. Vieles bleibt symbolisch verschwommen. Der Schluß scheint mir heute etwas geschludert – vom Autor: Frau Eva und Weltkrieg I, das geht alles, gemessen an der Ausgeruhtheit, mit der es beginnt, hopplahopp. Aber es bleibt ein Stück Selbst- und Welterkenntnis. Wie da die alten Werte zerfallen, kaputtgehen: *Demian* signalisiert immer noch ein Stück Krisenbewußtsein der Deutschen vor Hitler.

Ich weiß auch nicht, wie ich damals gerade an dieses Buch geriet. Ich bekam es jedenfalls mit Sicherheit nicht in der Stadtbücherei. Es muß wohl ein Geschenk gewesen sein, vielleicht zu Weihnachten oder zum Geburtstag. Eine Widmung steht nicht drin. Wir waren auf jeden Fall in den Ferien. Ich erinnere mich genau, daß es Bad Tölz war. Damals hielt man Bad Tölz noch für ein Reiseziel; heute ist das natürlich auch zum Lachen. Ich hatte das Buch mitgenommen, kannte den Autor nicht, hatte nie etwas von ihm gehört, kannte überhaupt nichts vom literarischen Leben. Eine Unschuld vom Lande, Deutschland, meine ich. In der Jugend liest man ja alles ganz naiv auf den Stoff zu. Inhaltsfragen sind wichtig, und alles ist gleichzeitig: Augustin, Pascal, Nietzsche – wenn es nur paßt.

Also, es war in Bad Tölz im Hochsommer. Ich weiß es noch wie heute. Es war selber eine richtige Hermann-Hesse-Szene. Ich war allein auf den Kalvarienberg in Bad Tölz gestiegen, saß auf einer Bank unter einem Baum. Vielleicht ist es sogar ein Nußbaum gewesen. Ich trug das Buch bei mir, dieses Exemplar, das jetzt neben mir liegt, linker Hand, fünfundvierzig Jahre später. Ich schlug es auf, las den Vorspruch und war schon gefangen. Ich las: »Ich wollte ja nichts als das zu leben versuchen, was von selber aus mir heraus wollte. Warum war das so schwer?« Ich frage es mich noch heute manchmal: Warum?

Demian wurde mein Erweckungserlebnis und mein Wachtraum. Das Buch meiner Bekehrung: Augustins *Confessiones.* Nimm und lies! Welche Stimme sagt das? Ich las die Geschichte von Emil Sinclairs Jugend, und wie das in der Jugend eben immer und überall ist: Es war meine Geschichte, meine Ratlosigkeit, meine Sehnsucht, ziellos und ohne Ruhe. Alles Spiegelgeschichten. Hier wurde doch ich verhandelt: Mea res agitur. Doch das sage ich hinterher. Ich quälte mich, ich kam nicht zurecht, ich suchte einen Weg, eine Weisung. Ich spürte: Du schaffst es nicht, das Leben. Ich hatte Angst vor der Welt draußen, die braun, fröhlich und ordinär hin und her marschierte, die nach Schweiß, Bier und Leder roch und immer »Deutschland, erwache!« rief zwischen zwei Zügen aus dem Bierglas. Jedenfalls in Bad Tölz machte man das. Ich war mit fünfzehn noch immer nicht organisiert: kein Pimpf, kein stolzer Hitlerjunge. Irgendwie war es mir gelungen, mich zu drücken. Ich hatte Angst vor der Zukunft. Wie würde das weitergehen? Und nun nahm mich Emil Sinclair an die Hand. Er sagte besänftigend: Hab keine Angst. Ich führe dich zu Demian. Der Freund hat eine Botschaft, auch für dich. Die Botschaft heißt: »Der Vogel kämpft sich aus dem Ei. Das Ei ist die Welt. Wer geboren werden will, muß eine Welt zerstören. Der Vogel fliegt zu Gott. Der Gott heißt Abraxas.«

Ja, der Gott heißt Abraxas. So heißt er für mich immer noch. Wie denn sonst? Ich hatte immer nur mich klein gemacht und mitgemacht, halbwüchsig. Ich hatte mich so richtig erziehen, also kaputtmachen lassen. Ich war immer schön brav und ordentlich gewesen. Preußens Ehre: Scheitel und Pickel im Gesicht, Schlips und Kragen drumrum, schon mit fünfzehn, aufrecht gehen wie ein Lineal, auch hart wie Kruppstahl. Du mußt ein deutscher Mann werden. Und wollte es doch nicht. Ich sollte immer turnen – und wollte es doch nicht. Ich sollte immer fröhlich sein – und konnte es doch nicht. Mein Gott, war das schrecklich damals, wenn man am Aufstieg der Nation nicht tätig teilhaben wollte. Man war sehr vereinzelt. Wer weiß das heute? Wer will das wissen? Ich lebte, als ob. Als ob alles in Ordnung wäre mit mir und der Welt. Jetzt war Demian da. Er war mein Freund. Er war älter, klüger, ein Wissender, ein Eingeweihter. Ich konnte zu ihm aufblicken. Er war schön, ein schöner, stiller Jüngling mit braunem Lockenhaar und tiefschwarzen Augen, die gleichermaßen brannten und traurig waren. So schuf ich ihn mir neu – eine hocherotische Kitschgeschichte natürlich. Er war vielleicht ein anderer Demian, als Hesse ihn meinte. Ich weiß es nicht. Demian stand neben mir, er stand mir zur Seite, er sagte: Nicht du, die Welt ist in Unordnung! Geh deinen Weg. Es gibt nur eine Wahrheit; die ist in dir. Hab Mut zu dir. Nimm dich doch endlich an, so, wie du bist. So, wie du bist, so bist du richtig. Wer geboren werden will, muß eine Welt zerstören. Der Vogel fliegt zu Gott. Der Gott heißt Abraxas. Wie sonst?

Die Geschichte hat übrigens noch ein kleines Nachspiel. Unnötig zu sagen, daß ich ein Hesse-Fan wurde mitten unter Hitler. Hesse half mir über diese Zeit. Vierzehn Bände Hermann Hesse, alle in der Nazizeit vom Taschengeld gekauft und verschlungen, zeugen heute noch davon. Sie haben auf etwas rätselhafte Weise die Schlacht und den großen Brand in Berlin überstanden. Sie sind geblieben. Und es ist nur verständlich, daß ich, als ich im Wintersemester 39/40 an der Berliner Universität Germanistik zu studieren begann, zum Thema meiner ersten Seminararbeit wählte: »Die Erziehungsidee in den Romanen Hermann Hesses«. Unter so hochtrabenden Theorien tut man es ja nicht mit zwanzig. Die Zwanzigjährigen heute bestätigen mir das – auf ihre Weise. Ich hielt das Referat vor mindestens hundert Studenten. Es wurde natürlich ein glühendes Plädoyer für Abraxas. Was habe ich doch damals Bücher gewälzt, um Abraxas schon im 3. Jahrhundert vor Christus nachzuweisen. Ich wollte es in meiner Art ganz genau machen.

Ich weiß, daß mich mein Professor, er war noch sehr jung, später zu sich bat. Er war etwas verlegen. Es sei da noch etwas zu besprechen unter uns und in seinem Arbeitszimmer. Ich erschien. Es war Tage später. Sein Zimmer war in dem großen Prachtbau Unter den Linden untergebracht, der vorne die Preußische Akademie der Künste und hinten die Staatsbibliothek beherbergte. Heute liegt das ja im Ausland, in der DDR, meine ich, aber immer wenn ich dort bei meinen DDR-Besuchen vorbeikomme, muß ich an diese Szene denken.

Ich stand vor dem Schreibtisch meines Professors. Ich wurde von ihm schrecklich heruntergemacht und abgekanzelt. Ob ich denn das wirklich glaubte, daß dieser Individualismus Hesses mit den Idealen des neuen, völkischen Staates zu vereinbaren sei? Ich war etwas verdutzt. Ich sagte: Das ist meine Wahrheit, wirklich, Herr Professor. Und ich weiß, was er darauf antwortete. Ich weiß es so genau, weil damals schon der Krieg begonnen hatte. Ich werde es niemals vergessen. Er sagte zu mir: Junger Mann, wenn das wirklich Ihre Überzeugung ist, so rate ich Ihnen: Melden Sie sich freiwillig an die Front. Versuchen Sie dort, in Ehren zu fallen. Sie haben keine Zukunft mehr – in unserem Staat. Das war wohl wahr damals. Heute ist das nicht mehr so wichtig. Wichtig ist nur, daß dieser Mann dann Jahrzehnte später hier in der Bundesrepublik wieder zu akademischen Ehren und Lehrstuhl kam. Doch auch dies nur am Rande.

Als Einzelgänger durch die Welt

Stellen Sie sich das vor: Einer will eigentlich gar nichts bewirken, indem er schreibt, als anständige, vertretbare Texte zur Sache herzustellen, auf seine Weise, versteht sich. Einer bekennt sich in dieser Zeit der vielen Kursbücher, die haargenau wissen, wohin die Reise geht, weltgeschichtlich, zu nichts als seiner eigenen Ratlosigkeit.

Er gehört nicht zu den Agenten und Sprechern des Zeitgeistes oben. Er gehört zu den Betroffenen, den Menschen da unten. Er will es persönlich und als einzelner sehen. Er hat keine Ideologien, Rezepte und Programme zur Weltverbesserung anzubieten. Das haben immer nur Führergestalten, die Großen. Er aber ist eher für kleine Verhältnisse, für überschaubare Optik: den Raum des Menschen. Er spürt das Wehen des Zeitgeistes. Er sieht die Kämpfe der Völker. Er weigert sich nur beharrlich, den Horizont seiner eigenen Erfahrung zu überschreiten.

Das Authentische ist ihm wichtig, nicht das Hegelsche Allgemeine. Er ist nur ehrlich, wenn er bei sich und in seinen Grenzen bleibt. Ich, sagt er. Er sagt ich. Er kann immer nur ich sagen, authentisch. Er kann also auch, wenn er hier ehrlich bleiben will, nur über sich sprechen: seine Wege, seine Erfahrungen, seine Methodik. Warum und wie versucht einer wie ich, die Welt ganz im Alleingang dann und wann, da und dort zu beschreiben, sie vielleicht etwas durchsichtiger zu machen? Wie ist das, wenn ich auf Reisen gehe?

Am Anfang jeder Reise steht sicher so etwas wie Unbehagen, wie Verdunkelung. Sagen wir es deutlich: Melancholie. Sackgassengefühle. Da erschöpft sich etwas, wird blaß und leer und lustlos. Jede Reise ist natürlich von der Hoffnung getragen, der Banalität, ja Tristesse des eigenen Daseins entfliehen zu können. Man fährt sich fest zu Hause. Es geht nicht mehr weiter. Irgend etwas blockiert in der Tiefe. Man spürt plötzlich Ketten im Keller. Man hört sie leise klirren an Vormittagen. Man müßte Lockerungsübungen machen. Wegfahren, wegwerfen, irgendwo anders ganz neu beginnen, alles vergessen und wegwerfen. Turnen in Leerräumen, also das Abenteuer der Fremde.

Ich sage mir: Es ist wieder Zeit. Es geht wieder los: deine Art der Weltverdunkelung. Ich suche, ich brauche das Neue, das Andere. Unterbrechung, Reiz der Veränderung. Blutzufuhr ist vonnöten, von außen. Wer spendet Blut? Tauch ein in die Fremde! Sie heilt. Ich habe Hunger auf Welt, auf das Land Anderswo. Fahr doch nach Ostpreußen zum Beispiel, wovon viele jetzt reden, angelockt von der Größe der Natur dort. Die Masurischen Seen. Ich fuhr also hin und sage nur am Rande: Es war dann ganz anders. Ich fand ein anderes Ostpreußen vor.

Was weiter? Ich verschaffe mir einige Bücher. Ich lese zuvor, also noch zu Hause, etwas Historisches, etwas Politisches, einiges zu Geographie und Natur des Landes. Aber nicht zuviel, nicht erschöpfend, nicht wirklich systematisch. Ich will es nicht wirklich exakt und präzis vorher wissen. Nur Umrisse, Leitplanken, Positionslichter sind wichtig. Ich will das Planquadrat, das ich suche, ja selber ausfüllen. Der Augenschein ist mir wichtig, die Sprache der Sinne: die Augen, die Ohren, die Nase, der Gaumen und das, was man das Klima, den Geruch einer Stadt, einer Landschaft, eines Volkes nennt. Du willst es nicht vorher wissen. Wissen können wir alles durch Bücher, durch Filme, durchs Fernsehen. Man kann heute bequem in seiner Wohnung bleiben, um sich genau und zuverlässig etwa über Israel zu informieren. Es liegt alles zur Hand auf dem Schreibtisch. Das eben nicht, Papiergeraschel oder Fernsehberichte. Du mußt selber hin. Du mußt es sinnlich erfahren. Wie schmeckt denn die Fremde?

Der erste Augenblick in der Fremde ist wichtig. Ich denke an Schweden vor Jahren, die Einfahrt in Stockholm. Ich denke an den ersten Abend, als wir fremd und voller Neugier durch die seltsame Stadt irrten. Stockholm ist nichts als ein Wort, ein Punkt auf der Landkarte, ein leeres, ganz unbeschriebenes Blatt, das sich nun langsam mit Zeichen, mit Chiffren, mit ersten Erfahrungen zu füllen beginnt. Lernprozesse beginnen. Wie anders hier alles ist: wie wohlhabend, wie reich, hochentwickelt und doch merkwürdig freudlos, ja grau, wenn ich es recht sehe. Ist das Schweden: reiche Lustlosigkeit? Du mußt es nun prüfen, wägen, kosten. Jetzt schmeckst du es noch, am Anfang. Einmaliger, unverlierbarer Augenblick, zum erstenmal in ein fremdes Zimmer zu treten: Wie riecht das hier? Also Don Juans Kunst: erobern, umarmen im ersten Augenblick. Nur im ersten Augenblick sind die Sinne so wach, so aufmerksam, so beinah krankhaft geschärft wie bei Tieren im nächtlichen Wald. Man nimmt Witterung auf – mehr nicht.

Es beginnt jene Phase kritischer Extraversion, die bei mir eine dubiose, kaum zu klärende Mischung aus Plan und Planlosigkeit ist. Ich breche auf. Ich breche aus. Ich spalte mich gleichsam in zwei Personen: in einen ernsten Journalisten und in ein ungezogenes Kind. Ich gehe mit doppeltem

Gesicht durch die Stadt, eine Art Falschspieler. Ich weiß es wohl. Bin ich ein Hochstapler, ein Felix Krull? Ich bin jetzt der Beobachter, der Forscher, der Stratege, der seine Landschaft einkreist, belagert, erobern will, einerseits. Ich arbeite jetzt wie ein Journalist. Ich muß recherchieren. Was ist denn nun wichtig hier am Ort und wer und wo, bitte? Man wird es erkunden müssen. Man wird einen Plan entwerfen, Namen notieren, Adressen sammeln, Telefonnummern aufschreiben, sie dann wieder abhaken nach dem Gespräch. Ja, mach nur einen Plan, denke ich morgens beim Frühstück, Brecht memorierend.

Ich war einmal in Belgrad, um etwas über die besondere Struktur des jugoslawischen Sozialismus auszumachen. Ich tat es wie ein richtiger Journalist, ein Reporter von Profession. Ich lief von Büro zu Büro. Ich sprach mit den Männern der Arbeiterselbstverwaltung, der Stadtverwaltung, der Kultur. Ich interviewte einen Minister, einen Parteisekretär und einen Bürgermeister. Ich tue das alles sehr ernst und gründlich. Ich meine: Wenn das Schreiben über fremde Orte etwas mehr als Impression sein soll, muß man über sehr handfeste Quellen und Informationen verfügen. Man darf nicht im Vagen und Allgemeinen bleiben. Was man später schreiben wird, muß zunächst einmal stimmen. Es muß zuverlässig belegbar sein, Stück für Stück. Es sind also durchaus Arbeit, Plan und Absicht am Werk. Ich liege um Mitternacht im Hotel, mache mir Notizen, aber nicht zuviel. Ich blättere wieder in meinen Büchern zur Landeskunde. Ich lese in einem Geschichtsbuch kurz vor dem Einschlafen. Wie hatte das Ganze begonnen? Wie kam es eigentlich zu Titos Sozialismus damals, der dann so ganz anders wurde als der der Sowjets? Also Partisanengeschichten, jugoslawische Lernprozesse.

Ja, einerseits ist das so. Andererseits wäre ich unehrlich, wenn ich nicht zugleich einschränkend hinzufügte, daß dies alles in einem merkwürdig vorläufigen, ja unernsten Sinn sich vollzieht. Extraversionen eines Introvertierten? Wieviel Phantasie ist hier auch am Werk? Was ist Wirklichkeit? Ich erfülle die Geschäfte des Reporters. Ich recherchiere und glaube doch selber nicht so recht daran, an meine Rolle, meine ich. Sie stimmt doch nicht ganz. Ich sitze beim Parteisekretär, beim Bürgermeister im Dienstzimmer und komme mir eigentlich etwas komisch vor in der Situation des Journalisten, der nun fachkundige und kluge Fragen stellen soll. Was maße ich mir da an?

Der Mächtige mir gegenüber hat jene ernste und sehr konzentrierte Miene aufgesetzt, die wichtige Funktionäre immer aufsetzen, wenn ausländische Reporter im Zimmer sitzen. Er gibt jetzt ein Interview. Man sieht es ihm an. Er wundert sich etwas, daß ich kein Tonband mithabe, mir kaum Notizen mache. Ich sitze nur so. Er aber redet druckreif, ein Vertreter und Mundstück des öffentlichen Wohls. Er legt Drucksachen vor. Er zählt die Schulen, Fabriken, die Schwimmbäder auf, die in den letzten drei Jahren erstellt wurden, und mich macht das merkwürdig müde. Statt zuzuhören, grüble ich darüber nach, warum Bürgermeister auf der ganzen Welt sich so ähnlich sind. Von Cottbus bis Kairo sagen sie immer das gleiche: wie gut es hier sei. Ich erkenne mich wieder: Das hast du doch alles wortwörtlich vor Jahren schon einmal gehört. Wo war das nur? War das nicht in Tel Aviv gewesen?

Welch ein Mißverständnis, nicht wahr? Doch so wollt ihr es ja. Ein Gefühl von Langeweile, von Zwecklosigkeit überfällt mich. Vom offenen Fenster her hört man Verkehrslärm, Kindergeschrei, Feuerwehrhupen, Vogelstimmen. Ich weiß, ich werde mich gleich erheben. Ich werde mich artig bedanken und dann alles rasch vergessen. Ich werde alles vergessen, was er sagte. Nur wie er es sagte – unvergeßlich! Ich werde wie ein Kind durch die Straßen gehen, von nichts als Neugier und Lust auf Fremde getrieben. Ich werde mich treiben lassen. Wohin? Ich werde auf einer Bank im Stadtpark sitzen und den alten Männern zugucken, wie sie hier sitzen, in die Sonne blinzeln. Ich werde die Reisenden auf dem Hauptbahnhof und die Liebespaare unten am Fluß betrachten. Ist das hier anders, anderswo? Lauter Bilder, lauter Zufälligkeiten: Gesichter der Stadt. Mach doch die Augen weit auf! Die Stadt ist ein Bilderbuch für sehr große Kinderaugen.

Also diese kuriose Mischung aus Absicht und Zufall, Plan und Planlosigkeit ist es, die mich umtreibt. Ein unwägbarer Zustand, gemischt aus Reife und Infantilismus, könnte man diagnostizieren. Er macht mich produktiv und gespannt. Ich bin jetzt wie eine Antenne, wie ein Radarschirm – ganz nach außen gespannt. Ich ziehe an, kreise ein, sammle Reize. Ein Lumpensammler der Fremde. Ich fahre durchs Land und sammle lauter Reste, was so herumliegt im Land. Die Häuser, die Städte, die Menschen. Es ist alles wichtig: die Gangart der Männer, die Kleidung der Frauen, wie Kirchen und Banken hier aussehen, die Haltung der Kellner und wie sie servieren. Banalitäten. Es sind Zeichen und Chiffren, die mir etwas sagen, bedeuten. Anderswo ist es nämlich immer anders, und ich sammle das Andere.

Jetzt kommt wieder eine wichtige Phase: der Abschied, die Trennung. Irgendwann muß man sich losreißen, sich freimachen von so viel Erfahrung. Also Rückzug und Abschied nach drei, höchstens vier Wochen. Wieder etwas donjuanesk: Ihr kriegt mich nicht. Ich halt' mich da raus, ich fahr' jetzt zurück. Ich weiß nicht, wie es bei anderen Autoren ist, die über Reisen schreiben. Bei mir ist das

Wichtigste dieser Akt des Vergessens. Ich will nicht im Kopf behalten, was war, diesen endlosen, bunten Reigen der Bilder, der Zahlen, Ziffern und Zeichen. Stell dir keine Reise-Souvenirs auf, zu Hause. Es soll gar nichts direkt von der Erfahrung auf das Papier transferiert werden. Vergiß doch das Ganze, bitte! Laß es versinken, absacken, im Dunkeln verschwinden. Man kommt zurück. Man ist wieder zu Hause, und das Beste ist jetzt Ablenkung, Alltag, Wiedereinübung der alten Riten: Post aufmachen, Zeitung lesen, fernsehen. Es ist wie nach dem Zeugungsakt: Inkubationszeit. Vergiß es, Schwamm drüber! Man wird ja sehen.

Erst nach drei oder vier Wochen, oft aber auch viel später, meldet es sich an. Erinnerung – sie drückt, sie drängt, sie kommt langsam hoch, in Bruchstücken. Wie war die Reise nun eigentlich? Nur was man vergessen kann, kann man auch erinnern. Man weiß es noch immer nicht genau. Erst wenn man wieder ganz in seiner gewohnten Umgebung zu Hause ist bei den Büchern, der Schreibmaschine, dem weißen Papier, in der Stille eines Nachmittags, sagen wir, nach vier Wochen – erst dann ist es soweit.

Jetzt setz dich hin, laß die Erinnerungen kommen, steig ein in den Schacht der Vergangenheit. Wie war das draußen? Introversionen eines Extravertierten. Schreiben ist eine ganz eigene Art, der Wirklichkeit auf die Spur zu kommen. Schreiben heißt für mich immer nur eins: sich erinnern. Es ist ja nicht wahr, daß wir etwas vergessen könnten, ganz. Es gibt das Gedächtnis, dieses große Archiv der Vergangenheit, in dem unten alles getreulich gespeichert ist wie in einem Schallarchiv. Man kann die Tonbänder der Reise jetzt abrufen, hochkommen lassen – schreibend.

Es ist eine kuriose Erfahrung am Schreibtisch: Es kehrt

alles wieder – kraft Erinnerung. Es geht nichts verloren. Es ist alles bewahrt. Die ganze Reise kommt jetzt zurück. Jetzt beginnt sich das Ganze zu ordnen, zu gliedern. Das Chaos der Bilder beginnt Struktur anzunehmen. Es ist reine Filmarbeit, meine ich immer. Man sitzt am Schneidetisch der Erinnerung. Die Filmrollen hängen da, sie hängen wirr und doch deutlich da, und wenn es überhaupt ein Stück Kreativität beim Schreiben gibt, so ist es die Cutterarbeit. Über Reisen schreiben heißt für mich das Montieren von Bildsequenzen, die schon vorhanden sind. Ich bin nur der Cutter des Ganzen, nicht mehr.

Nicht mehr? Es bleibt da ein Stück Irrationalität, das ich bewußt nicht weiter aufklären will. Wie und warum wird das nun so und nicht anders erinnert? Warum nimmst du gerade diesen Erinnerungsrest auf unter so vielen? Warum sprichst du, dich an Jugoslawien erinnernd, von den Geräuschen im Hotelzimmer, als du am ersten Morgen in Belgrad erwachtest, und nicht von den Perspektiven der Produktion, die dir der Arbeiterrat doch vermittelte? Warum erzählst du, dich an Schweden erinnernd, von der hastigen introvertierten Art, wie die Menschen in den Straßen Stockholms gehen, und nicht von der großartigen Administration des Friedens, die du im Haus des Stockholm International Peace Research Institute doch auch sahst?

Ich vermute, das Geringe und scheinbar Nebensächliche liegt mir mehr als das Große. Hier sind jedenfalls letzte Regulationen am Werk, die ich nicht aufdecken will. Ich will es nicht wissen. Es ist nur so. Aus vielen Kleinigkeiten setzt sich das Bild mir zusammen. Die großen Themen, von denen jeder spricht, geben mir wenig her. Die Nebensachen sind die Hauptsachen.

Was geschieht zuletzt? Ein Lumpensammler der Fremde geht durch die Vergangenheit und montiert sich daraus seine Bilderbogen. Ja, sie sind subjektiv. Das ist schon wahr. Aber ich habe in der Montage all dieser Reste doch die Vermutung, das Objekt, mein Thema zu fassen. Offenbar ist es so – Spiegelreflexe. Jedenfalls kommt das dann später als Echo zurück. Hörerpost, Leserbriefe, die Stimmen der Betroffenen. Ja, so ist es bei uns, sagen sie oft. Sie haben es richtig gesehen. Wie?

Das Buch, das ich nie schrieb

Nicht ganz ohne Kummer sehe ich es jetzt entstehen: das Gerücht, die Fama, die endgültige Festlegung. Ist es nicht wie ein Etikett, das sie dir auf den Bauch kleben? Offenbar bin ich, was meine Bücher anlangt, jetzt auf dem besten Weg, mit dem Etikett »Reiseschriftsteller« belegt zu werden. Der Umstand ist quälend. Das Wort ruft in mir Brechreiz hervor – das Wort und die Sache. Es widert mich an, wird also auch mit Vorliebe und hämischem Genuß von denen gebraucht, die mich verletzen wollen: Seht ihn, diesen Autor minderer Wertigkeit, der es immer wieder wagt, unser schönes Geschäft des Kaputtmachens dieser Republik in Frage zu stellen. Was ist der Schuft in Wirklichkeit? Ein Reiseschriftsteller! Was heißen soll: ein liebenswürdiger Schwätzer, ein Nichtsnutz – nicht ernst zu nehmen im Zeitverlauf.

Es ist eine feine und hinterhältige Art der Verletzung. Wie soll man sich wehren? Ich bin schließlich auch der Meinung, ein professioneller Reiseschriftsteller solle sich tunlichst aus den ernsteren Fragen der Zeit heraushalten. Er ist zuviel weg, fliegt dahin und dorthin. Obenhin ist sein Horizont. Den Gang der Dinge moralisch zu betrachten kann kaum seine Sache sein. Der Reiseschriftsteller – was immer das sei im Einzelfall – gehört heute wohl eher in die Branche Tourismus. Er schreibt so flink und behend die Reisebeilagen unserer Gazetten voll: wie schön es zum Beispiel auf Bali sei. Es mag immer noch seinen Sinn haben, heutzutage. Nur – ist das meine Art?

Es ist einzuräumen: In den letzten Jahren habe ich etliche Bücher veröffentlicht, die vom Unterwegssein eines Intellektuellen draußen handeln. Ich habe mich nach fünfzehn Jahren stiller, selbstauferlegter Gefangenschaft in Baden-Baden etwas in der Welt umgesehen. Ich bin in Rußland und Amerika, in China und Ägypten gewesen. Ich habe Portugal und die DDR bereist, bin durch Griechenland und durch Schweden gefahren. Ich habe Finnland lieben und Spanien fürchten gelernt. Es war ein Einatmen und Ausatmen: Welterfahrung, meine, und oft habe ich hinterher auch darüber geschrieben, dies und das.

Um es im Klartext zu sagen: Ich glaube trotzdem nicht, deswegen ein Reiseschriftsteller geworden zu sein. Man soll es nicht als privaten Hochmut mißdeuten, wenn ich konstatiere: Ich habe mich in dieser Phase immer als »Schriftsteller auf Reisen« gefühlt, was ein kleiner, aber zentraler Unterschied ist. Der Reiseschriftsteller muß sich immer als Fachmann seiner Region gerieren. Er muß wenigstens so tun, als ob. Objektiv muß er sein. Ich aber habe aus der Subjektivität meiner Erfahrungen nie ein Hehl gemacht. Mehr noch: Ich habe immer nur aus dem Gefühl der Fremdheit geschrieben. Ich bin hier so fremd, das meiste verstehe ich nicht – das war mein Lied. Ein Reiseschriftsteller darf so lyrisch nicht sein. Er muß solide Prosa bieten. Womit nur gesagt sein soll: Ich nicht. Ich lehne das Etikett für mich ab. Ich reiße es mir hiermit öffentlich vom Leib.

Aber, indem ich dies tue, tue ich es nicht ganz ohne Selbstverletzungen. Um der Wahrheit auf die Spur zu kommen, soll man sich selbst nicht schonen. Ich jedenfalls gehöre nicht zu denen, die immer die anderen, die böse Welt oder, wie es heute üblich ist, »die Gesellschaft« oder gar »den Kapitalismus« für alle Fehler verantwortlich machen. Ich meine: Wenn ein solches Mißverständnis entstehen konnte, muß auch ich dazu beigetragen haben. Die Redlichkeit gebietet, mich selbstkritisch mit der Vermutung einzulassen, daß ich an dieser Etikettierung nicht ganz unschuldig sei. Ich habe Anlaß zum Mißverständnis gegeben. Ich gab den Anstoß, um Anstoß zu nehmen. Ich bin damit endlich bei meinem Thema. Ich sage es klar heraus: Ich habe nämlich nie das Buch geschrieben, das ich eigentlich hätte schreiben müssen. Das Buch hätte den klaren und klassischen Titel »Über mich selbst«.

Das ist nun eine vertrackte Sache. Ich bekenne offen, daß es auf der ganzen Welt keinen Gegenstand geben könnte, der mich mehr interessiert als meine eigene Existenz: wie sie heute ist, wie sie wurde, warum sie eben so wurde, wie sie geworden ist. Dafür wäre ich zuständig – oder nicht? Das wäre das Werk, das ich verweigert habe.

Es wird zwar nicht jeder es so schamlos direkt aussprechen, aber ich glaube, mich in der Literatur damit eigentlich in guter Gesellschaft zu befinden, wenn ich dies offenlege. Es gibt für den Schriftsteller kein anderes Grundmotiv als seine eigene Existenz. Seine Subjektivität ist Mitte und Quelle seiner Produktivität. Aus dieser Quelle fließt alles. Nur in dem Maße, wie er sich selber ernst nimmt, kann er Ernsthaftes über die Welt formulieren. Liebe deinen Nächsten wie dich selbst! – gegen dieses Gebot habe ich verstoßen. Ich habe meinen Nächsten, die Welt draußen, immer zu sehr und mich selber, als Thema, immer zuwenig geliebt.

Das mag komisch klingen und ist doch so. Ich habe zuviel über andere Menschen, Völker, Städte, Länder geschrieben und zuwenig über mich, höchstpersönlich. Daher dieses heimtückische Mißverständnis: Seht da – ein Reiseschriftsteller, der Lump! Schon wahr, wenn man's so sieht. Ich bin immer aufgebrochen, weggefahren, auf Reisen gegangen, wenn mir der Umgang mit mir selbst ganz unerträglich wurde. Es waren Fluchten, Ausflüchte, kunstvolle Drückebergereien. Warum soll ich es nicht zugeben? Ich stahl mich davon. Ich hätte mich zu mir selber bekennen müssen. Eine Reise ohne Ticket und Travellerschecks, eine Reise in die eigene Vergangenheit, nur mit dem Gepäck meiner eigenen Neurosen. Ich habe sie nie gewagt.

Nie? Man kann sagen: Na, dein erstes Buch, es hieß *Das zerbrochene Haus,* war doch für einen Erstling durchaus ein Erfolg damals, war doch ein solcher Ansatz. Du warst doch schon auf dem besten Wege dahin. Es war ein Versuch mit dir selbst, eine Art Autobiographie. Ich sage: Nein, eben nicht. Merkwürdig, daß in all den anerkennenden, ja lobenden Rezensionen, die das Buch damals erhielt, eigentlich kein Kritiker bemerkt hat, daß ich als Person in dem Buch überhaupt nicht vorkomme. Ich erzähle von meiner Umwelt, von meiner Mutter, meinem Vater, meiner Schwester, dem Freund. Dies allerdings genau und mit liebevollem Haß, wenn man es so ausdrücken darf.

Aber wer dieser Halbwüchsige eigentlich ist, der da in diesem verkorksten Kleinbürgerhaus unter Adolf Hitler in Berlin-Eichkamp aufwächst und dumpf an sich selber leidet, wird an keiner Stelle mitgeteilt. Seine Person blieb ausgespart. Es wird immer nur von Reflexen und Relationen zu anderen gesprochen. Insofern ist es nur scheinbar eine »Autobiographie«. Die Stelle des eigenen Ichs blieb leer. Eine große Hohlform, um die sehr geschickt herumgeschrieben wurde. Es waren immer die anderen, die mir Leid zufügten: die Eltern, die Familie, die Deutschen, die Nazis.

Schon wahr, ganz von weitem gesehen. So will man's ja heute, soziologisch. Es sind immer die anderen schuld. Aber wo lag denn mein Versagen? Genauer gefragt: Wie war denn ich höchstpersönlich beschaffen? Was waren meine Zerstörungen, ganz tief? Man hat das Buch damals als ein Zeugnis großer Ehrlichkeit und preußischer Redlichkeit gelobt. Es beschreibt ein zerbrochenes Haus. Über mein zerbrochenes Ich sagt es gar nichts. Ich selber habe mich weggestohlen. Komisch – niemand hat das registriert.

Also das Buch, das ich nie geschrieben habe: Ich will es kurz sichtbar machen. Es wäre sozusagen eine Psychoanalyse auf Papier, nicht auf der Couch. Es würde zunächst sagen: So und so bin ich nun heute. So fühle ich. So denke ich, so erlebe ich die Welt, auf so merkwürdig abseitige Weise und immer privat. Warum eigentlich so privat? Warum bin ich so skeptisch, so voller Melancholien? Warum kann ich nicht, blauäugig und fröhlich wie unsere jungen Wandervögel der Hoffnung, an den endgültigen Fortschritt glauben? Warum sage ich: Fortschritt tut not! Und gleich darauf: Aber glaubt nur nicht, daß danach das Glück begänne! Es werden neue Konflikte, neue Ungerechtigkeiten entstehen. Es wird Perfidien geben, von denen ihr noch nichts ahnt. Ich bin, der ich bin: ein sehr skeptischer Liberaler. Ich mache nicht mit im großen Haufen, der dem Glück nachjagt. Jetzt ist das Glück ja rot. Früher war es braun. Gestern war es grün. Morgen wird es vielleicht gelb sein. Ich weiß nicht so recht. Ich glaub' nicht daran. Ich will den Fortschritt, aber setze sofort ein Fragezeichen dahinter. Das Fragezeichen ist mir mein liebstes Kind.

Das Buch, das ich nie geschrieben habe, würde mit solchen Ungereimtheiten aufräumen. Es würde zum Grund vorstoßen. Es würde meine innere Konstellation freilegen. Es würde sagen: Bei mir war das so, damals. Ich konnte nie fröhlich und frei der Welt die Hand reichen. Irgend etwas war sehr früh beschädigt, und das hat mich immer wieder zurückgeworfen auf mich selbst. Frühe Verstörungen und Regressionen, die nicht gläubig, sondern wach und mißtrauisch machten. Ach, diese gläubigen Kohorten und Kommunen heutzutage – wie sie doch dauernd neuen Fahnen, Heiligenbildern nachlaufen. Ich finde das schön. Nur: Ich kann das nicht. Es ist nicht meine Art. Es hat mir wohl immer an dem gefehlt, was die Psychoanalytiker Urvertrauen nennen. Bei Gott, so muß es gewesen sein, früh. Vielleicht hat mich meine Mutter schon in den ersten Tagen beim Stillen mit einem schiefen Blick oder mit einer nicht ganz wohlriechenden Brust gekränkt. Man kann es nicht wissen heute.

Frustration war jedenfalls da. Frühes Zurückweichen – das war meine erste Gebärde. Ich neige immer zu skeptischem Mißtrauen, obwohl ich eigentlich doch lieben möchte. Ist es das? Noch heute ist meine typische Haltung das Sich-skeptisch-Zurücklehnen, das neugierige Warten, was von außen nun kommen wird. An der Pfeife ziehen, am Mundstück kauen, gar nichts sagen, schweigen, abwarten, was andere sagen, nur beobachten: also kritische Distanz zwischen mir und der Welt. Noch heute, wenn ich morgens zu meinem Auto auf der Straße gehe, erwarte ich eigentlich immer und bin darauf gefaßt, daß es gestohlen sei. Ich bin also auch immer wieder freudig bewegt, wenn es dann noch dasteht. Wie erstaunlich! Eine Art Dankbarkeit regt sich für unverdientes Glück.

Aber das Wichtigste ist: In dem Buch, das ich nie geschrieben habe, wäre mein Sosein böse und kantig und häßlich belegt. Es wäre ein hartes Dokument: lauter nackte, blutige Tatsachen. Es wäre endlich einmal kein Feuilleton. Es wäre ein Aufschrei tiefster Verzweiflung. Es ist ja ohnehin seltsam, daß ein so isolierter Typ, der zu Melancholien und Schlimmerem neigt, privat, immer so heiter und freundlich und leicht schreibt, öffentlich. Ist das meine Art? Meine wahre Natur würde erst in diesem Buch offenbar. Ich würde allen Schmerz lauthals hinausschreien: eine Art Urschrei zuletzt. Ach, wär' das schön.

Außerdem bin ich sicher: Mein Buch würde in unseren Tagen politischer Leidensgeschichten an Deutschland genau richtig liegen. Wahrscheinlich wäre es ein Erfolg. »Die Republik der Toten« würde ich ein Kapitel nennen, ein anderes »Wie Deutschland mich schlug«, ein drittes »Vaterland ohne Mutterliebe«, ein anderes »Die Umweltzerstörung begann zu Haus«. Endlich, würden die progressiven Meinungsmacher schreiben, endlich hat er sich von seinen spätbürgerlichen Kulturmätzchen befreit. Endlich ist er politisch relevant. Ich sehe mich in den Talk-Shows der Dritten-Fernsehprogramm-Nation sitzen. Ich gebe Auskunft zum Thema »Leiden an Deutschland«. Seht her, würde ich sagen, so hat mich dieses Land geschlagen. Bitte Großaufnahme – der Autor und sein Buchtitel, *Über mich selbst!* Vielleicht würde ich mit verschärften Klagen sogar auf die Bestsellerlisten geraten.

Aber es sind nicht nur die Geister des Fortschritts im Medienwald. Es sind auch sehr ernste, durchaus unbestechliche Zeitgenossen, Kritiker, Freunde, Literaten, solide Geister, die zu mir manchmal etwas ungeduldig, ja unwillig sagen: Mußt du denn jetzt schon wieder auf Reisen gehen? Mußt du wirklich jetzt etwas über Amerika schreiben? Schön und gut, aber ist das dein Thema? Wäre es nicht besser für dich, zu Hause zu bleiben? Nun schreib doch endlich das Buch, das wir alle von dir erwarten: dein Buch, das über dich selbst. Ist das kein Stoff? Du kommst in die Jahre. Wie lange willst du noch damit warten? Oder war dein erstes wichtiges Buch auch schon dein letztes? Kommt da nichts mehr von Rang?

Ein deutscher Verleger hat mir vor Jahren eine sehr noble Offerte gemacht. Er war bereit, mich für drei Jahre »freizustellen«, wie er sagte, also mich zu finanzieren. Aber Sie müssen sich verpflichten, nur das Buch über sich selbst zu schreiben, sonst nichts. Kein Feuilleton ist erlaubt. Ich erwarte nämlich von Ihnen so etwas Gewisses: etwas von den *Buddenbrooks*, etwas vom *Tod in Venedig*, im Koeppen-Stil vielleicht, natürlich aus der Perspektive der achtziger Jahre, rückblickend. Was halten Sie von dem Titel »Der Letzte – Verfall eines deutschen Bürgers«? Wär' das zu machen, mein Herr?

Ich tue das nicht. Ich schreib' das nicht. Ich halt' mich da raus. Es gibt keinen Scheck, der mich dazu verführen könnte. Es wäre ein großes Thema, das räume ich ein. Es ist auch nicht unmöglich, daß es einmal kommen mag, später. Ich schließe es nicht grundsätzlich aus. Ein Schriftsteller aber ist wie ein Mensch unter dem Apfelbaum. Er kann immer nur das pflücken und einbringen, was reif wurde und fällig ist, jetzt. Jetzt, fürchte ich, würde das Buch mir schrecklich mißlingen. Es wäre eine peinvolle und schwülstige Geschichte, ein pathetisches Lamento, das nur Kopfschütteln hervorriefe. Ich würde geschmacklos werden. Ich träte mir nämlich selber zu nah.

Warum geht das nicht? Zum Schreiben braucht man Distanz. Das lebt, brodelt und arbeitet noch viel zu sehr. Es ist nicht abgestanden, vorüber. Gottfried Benn: »Das Material muß kalt gehalten werden.« Ich könnte es nicht. Ich bin nämlich noch gar nicht fertig mit mir. Ich ginge auch meiner besten Seiten, wenn ich so sagen darf, verlustig. Da wäre nun nichts mehr von Skepsis und Ironie, von Abstand und komischer Brechung. Ich hätte die Fähigkeit, Fragen zu stellen, überhaupt in Frage zu stellen, nicht mehr. Ich würde ja haargenau alles wissen und wäre mit lauter prompten Antworten zur Hand. Es wäre bombastisch: so ein dröhnendes Zwerenz-Geschrei, hohl und pathetisch.

Wäre ich das noch? Ich fürchte, ich wäre ganz weggewischt. Ein Schriftsteller ist nur in seiner Sprache und seinem Stil da. Das Wie ist sein Kunststück. Das Was hat mit Schreiben nichts zu tun. Es wird auf den Meinungsmärkten der Welt überall gehandelt. Was nicht alles verändert, verbessert, von Grund auf anders gemacht werden muß! Das kann man in allen Leitartikeln und Parteiprogrammen jeden Morgen, man kann es jeden Abend in Fernseh-Features erkennen. Es ist sehr wichtig. Es hat nur mit Literatur nichts zu tun. Ein Schriftsteller kann so ziemlich alle Positionen der Welt einnehmen. Wie er diese Position in Sprache und Stil umsetzt, nur das macht seine Texte gewichtig.

Aber es schmerzt. Ich räume ein: Das Buch, das ich nie geschrieben habe, quält mich zuweilen. Ich verweigere es mit leichten Schuldgefühlen. Ich zwänge mich weiter durch die engen Maschen des Reisezauns. Was ist denn dahinter zu sehen? Sind es wirklich Reisegeschichten? Sind es nicht Spiegelreflexe?

Ich meine: In Wirklichkeit handeln diese Geschichten doch immer nur von der Welt, wie sie sich spiegelt in einem Temperament, im Klima einer Subjektivität. Splitterhaft ist da auch manches »über mich selbst« gesammelt. Wer will, kann daraus mosaikartig auch einen Text über mich zusammenbosseln. Das kann, aber muß nicht sein. Die Stimme soll ruhig hinter dem Vorhang bleiben. Hinter dem schönen Vorhang der Welt bleibt mein Platz, einstweilen.

II Orte der Erinnerung

Straßburger Wochenende

Ich kann von einer alten Liebe berichten. Dreißig Jahre hält sie nun schon, und ich weiß: Sie wird weitergehen. Sie kann an einem Freitagnachmittag ganz plötzlich aufflammen. Sie erfüllt sich am Sonnabend und am Sonntag mit großer Lust. Sie bleibt dann noch eine Weile im verklärenden Licht der Erinnerung. Sie ruft, sie lockt, sie verführt mich immer wieder, immer noch. Lebenslänglich ruft mir das Elsaß zu: Komm!

Ich spreche von einem Reisevergnügen besonderer Art. Nie hat es mich enttäuscht. Nie bin ich seiner überdrüssig geworden. Auch ist es von unaufwendiger Art. So vier- oder fünfmal im Jahr brechen wir auf. Alles ist improvisiert. Nichts wird vorbestellt. Es genügt eine Frühlingsahnung in der Luft, Anfang März, oder ein letzter schöner Herbsttag Ende Oktober. Kommt, laßt uns nach Straßburg fahren, jetzt! sage ich. Allgemein Freude, schöne Erwartung rundum. Straßburg ist ein Wochenendziel, auf das man die unterschiedlichsten Menschen fröhlich vereinen kann.

Worin liegt das Abenteuer, das nun beginnt? Ist es der Reiz des Grenzlandes? Einerseits schon. Andererseits könnte man auf der Autobahn noch gut eine Stunde weiterfahren, Richtung Basel. Man könnte das Grenzland zur Schweiz erreichen. Es wäre aber für mich nicht das gleiche Vergnügen. Basel ist eine ernste und strenge Stadt.

Die Schweiz ein kapitales Ereignis. Ich schätze es, aber ich liebe es nicht auf jene besondere Weise, mit der ich dem Elsaß verfallen bin. Basel ist sozusagen das respektable Vaterprinzip. Straßburg und das Elsaß aber sind die Mutter, die uns warm und weich und auch etwas verschlampt in ihre alten Arme der Liebe nimmt: Willkommen, verlorener Sohn! Lust aller Regressionen, Kraft der Geschichte – das Elsaß ist eine bergende und nährende Landschaft. Sie spendet nichts als Lust.

Meistens gehen wir, von Frankfurt kommend, schon bei Rastatt von der Autobahn. Es ist, als könnten wir Frankreich nicht schnell genug erreichen. Laßt uns schon bei Plittersdorf hier über die Grenze gehen, rasch! Doch stimmt das Ziel Frankreich nur ungenau. Es ist nicht das wirkliche Frankreich, das wir suchen, jenes, das erst hinter Bar-le-Duc Richtung Paris beginnt, lateinisch und kahl, sehr rational. Was fasziniert, ist die französische Vorahnung im Elsaß, jenes kuriose Gemisch des Grenzlandes, das nun beginnt. Man spürt: Hier fängt Frankreich an, aber ist noch nicht da, ganz. Man spürt: Dies ist nicht mehr Deutschland, und doch ist Deutsches ganz tief eingemischt. Mischlinge sind oft sehr schön.

Das Elsaß, so lange umkämpft, ist heute wie ein weiches Kopfkissen zweier Völker, ein Traumland für Beischläfer, und damit ist es recht eigentlich etwas Drittes und Neues geworden: eine Kulturlandschaft von ganz eigener Prägung. Die Grenzen verschwimmen. Vergangenheit ist hier mächtig. Kunst und Kultur bestimmen die Region. Freiburg, Basel, Straßburg – Dreimünsterland müßte man es wohl nennen, aber das riecht schon beinah nach Straßburger Käse. Es ist eine europäische, ja eine abendländische Region. Die Elsässer sind ein eigenwilliger, bei aller Gemütlichkeit doch selbstbewußter Stamm. Es sind keine

Deutschen. Es sind keine Franzosen, obwohl sie das auch sind, nebenher. Es sind die ersten wirklichen Europäer, tief verwurzelt in der alemannischen Tradition.

Das Vergnügen, das ich meine, beginnt spätestens bei der Einfahrt in Straßburg. Merkst du, wie jetzt alles anders wird? Die Autos hier parken ja kreuz und quer. Manche sind auf provozierende Weise genau entgegen der Fahrtrichtung abgestellt. Niemanden stört das. Die vielen Uraltvehikel, die hier noch fahren. Gibt es hier keinen TÜV? Dann der groteske Verkehr. Total verstopft und doch flüssig möchte ich ihn nennen. Auf eine abenteuerlich improvisierende Weise versucht hier jeder sein privates Glück. Obwohl es rund um den Kléberplatz hoffnungslos überfüllt ist, kommt man dann doch weiter, später. Wie das?

Man spürt, wie hier plötzlich gleich hinter dem Rhein die deutsche Ordnung außer Kraft gesetzt ist. Hier reguliert sich das Leben anders. Wie rechtwinklig, pedantisch und etwas rechthaberisch wir doch sind! Deutsche Verkrampfungen fallen. Lockere dich, werde freier, sagt alles in Straßburg zu mir. Lerne zu improvisieren. Ich tue das. Ich lehne mich etwas zurück im Auto, ich zünde mir, vor einer Rotampel stehend, etwas zu rauchen an. Ich spüre so etwas wie Aufatmen und Entspannung. Erstes Straßburger Vergnügen: Es beginnt immer mit diesen Lockerungsübungen. Freier wird man.

Tatsächlich lebt man hier anders. Das Leben ist bunter, individueller als bei uns. Etwas von süßem Chaos schwingt mit. Im Supermarkt an den Arkaden liegen die Lebensmittel nicht so steril, pieksauber und stramm ausgerichtet, wie ich das gewohnt bin. Ein bißchen Süden, ein Hauch von Mittelmeer ist schon zu riechen. Es mag auch an den vielen Algeriern liegen, die hier zu Hause sind. Es sind keine Gastarbeiter wie bei uns. Es sind Straßburger, französische

Staatsbürger mit großer Familie. Sie bringen in das Bild der Stadt jenen Hauch von Basar und Orient, den ich liebe. Das Aroma Arabiens ist in den Cafés und Bistros rund um den Straßburger Hauptbahnhof deutlich zu riechen.

Wir gehen dann am Kléberplatz immer zuerst zu Madame und Monsieur Busché. »A la Civette« steht über ihrem handtuchschmalen Laden, der Tabakwaren aller Art bietet, auch solche, die ich in Deutschland nicht kriege. Es ist ein italienisches Zigarillo, Toscanelli genannt. Die Toscanelli allein sind mir die Reise wert. Madame und Monsieur empfangen uns immer wie alte Freunde. Herzliches Händeschütteln, sehr deutsch, heiterer Austausch, eher französisch – das heißt hier: auf straßburgisch. Alles geht durcheinander. Es ist schönstes Alemannisch, mit französischen Floskeln durchsetzt. Bonjour und hajo und hano, non, non. Was macht Ihr Sohn? frage ich. Geht er immer noch in Nancy auf das Lyzeum? Monsieur Busché, der Patron, ist ein richtiger *petit bourgeois*, ein Kleinbürger, wie er im Buch steht: liebenswert. Obwohl es ihm glänzend geht in seinem florierenden Laden, sorgt er sich wegen der Kommunisten. Was macht Helmut Schmidt? fragt er besorgt. Oh, die Kommunisten bei uns, schlimm! Dieser Marchais: quel malheur! Aber man sieht es seinem heiteren, fröhlich-verschmitzten Kaufmannsgesicht an, daß seine Sorgen zu tief auch wieder nicht gehen. Man plaudert, man verkauft zwischendurch massenhaft, man klagt und lacht. Man lebt sehr lustig. Straßburg ist eine menschliche Stadt.

Irgendwo findet man hier immer ein Hotel. Und danach beginnen jene Spaziergänge durch die Stadt, die ich liebe. Nichts ist beschwingender, als am frühen Abend durch die Altstadt zu flanieren. Welch ein Durcheinander und Getriebe! Manche Geschäfte lassen schon ihre Jalousien dröhnend herunterrasseln. Andere, kleinere haben bis zehn in der Nacht geöffnet. Es wirkt alles freundlicher, lockerer als bei uns. Jugend gondelt auf blinkenden Fahrrädern. Die Leute sitzen jetzt in den Straßencafés, nippen an einem Pernod, trinken ihr Bier, das berühmte des Elsaß. Elegante Damen sind nur selten zu sehen. Der Jeanslook dominiert auch hier. Zwei ältere Kleriker in schwarzen, römischen Roben mit Baskenmütze und der Zigarette im Mund, schräg nach unten hängend, stehen an einer Straßenecke, diskutieren. Was? Es scheint nicht um Gott, es scheint um Politik zu gehen, so höre ich, vorbeigehend. Straßburg ist eine gesprächige Stadt. Hier hat der Mensch dem Menschen noch etwas zu sagen.

Und natürlich ist vor allem die historische Altstadt ein Fest für Augen. So ungefähr wie Straßburg muß man sich das alte Frankfurt am Main vorstellen, das vor der Zerstörung. Eine ehrwürdige Reichsstadt: die engen Straßen, die spitzen Giebel, die stolzen Bürgerhäuser und all die Handwerkergilden. Geschichte ist hier noch auf Schritt und Tritt zu spüren. Wir gehen dann immer ins Gerberviertel: uralte Gassen, wo in strenger Gotik die prächtigsten Fachwerkhäuser stehen, die ich je sah. »Rue du Bain-aux-Plantes«, lese ich, Pflanzbadgasse. Man hört Wasser leise rauschen. Schöne Idylle nisten hier: deftig, süß, sehr gemütlich. Man kann in der alten Gerberstube einen Aperitif nehmen. Man kann einen komischen Musikautomaten aus dem 18. Jahrhundert mit einem Francstück in Bewegung setzen. Er scheppert, er jault und walzt wie ein Leierkasten. Ja, nostalgisch und etwas touristisch, natürlich, ist hier die Stimmung.

Der Höhepunkt unseres Straßburger Wochenendes ist dann das Abendessen. Was heißt essen? Es beginnt jetzt jene Orgie des Schlemmens, die ohnegleichen sein muß. Deswegen, zutiefst, ist man ja hergekommen. Es muß nicht immer das »Kammerzell« am Münsterplatz sein. Es gibt verschiedene Restaurants, die vorzüglich sind. Man tut gut, ein paar Stunden zuvor einen Tisch reservieren zu lassen. Man ist klug beraten, für das Essen mindestens drei Stunden anzusetzen. Beim Straßburger Abendschmaus kommt es nicht darauf an, satt zu werden. Das ist eher eine lästige Nebenwirkung, die man, ginge das, vermeiden sollte. Es müssen dem Gaumen Genüsse raffiniertester Art geboten werden. Es geht um neue, ausschweifende Lusterlebnisse für den Mund, die Zunge, die Lippen, den Gaumen – ihr erotischer Beigeschmack ist ganz unverkennbar. Essen macht sinnlich, jedenfalls hier. Essen ist eine Vorform geschlechtlicher Lust. Kein Franzose – pardon – würde den Satz anstößig finden.

Wie das vonstatten geht? Es beginnt meist mit leichtem Fisch oder Straßburger Pastete, aber auch eine Platte voll köstlicher Horsd'œuvres ist zur Einstimmung möglich. Es ist dann eine Schildkrötensuppe denkbar oder Hummersalat oder Weinbergschnecken in Burgundersoße. Die richtigen Gewürze sind von höchster Bedeutung. Beim Hauptgang sollte man, je nach Aufnahmevermögen, zwischen einer edleren Wild- oder einer ausschweifenden Schlachtplatte wählen. Das Sauerkraut, den Deutschen zu Unrecht als minderes Nationalgericht angehängt, ist eine elsässische Spezialität. Nirgendwo schmeckt es so leicht, so raffiniert im Aroma und so wenig nach Kraut wie in Straßburg.

Und Weine sind natürlich zu wählen. Zunächst offene Schoppen nur, damit man das Richtige findet im Laufe der Zeit. Und Weißbrot, jenes, das man bei uns eben französisch nennt, ist zu brechen. Dann ein Eisbecher, danach dann der Käse. Eine riesige Holzplatte mit den schönsten Ecken Frankreichs wird serviert. Man stöhnt, man rekelt sich etwas. Man ist eigentlich schon satt, aber nun sticht einem der feine Geruch all der französischen Käse scharf in die Nase. Neue Erregung; man lockert den Gürtel diskret und setzt noch einmal zu einem scharfen Gaumenreiz an. Es kommt der Kaffee. Und erst jetzt sollte man, wie ich es jedenfalls schätze, das lange Nachspiel einleitend, zu edleren Flaschenweinen übergehen, Edelzwicker Spätlese zum Beispiel, Gewürztraminer. Wer zählt die Flaschen, wer die Preise? Sanfte Besäufnis soll nun sein. Die Gläser klirren, die Flaschen funkeln, Beredsamkeit kreist am Tisch. Es wird nun ein Bacchusfest. Trunkenheit soll sein zum Schluß. Man denke jetzt nicht an die Rechnung. Sündigen ist süß. Sünden kultivierterer Art sind ohnehin nur zum Teil mit Geld zu begleichen.

Straßburger Wochenende – den feineren, sublimeren Sonntag dann will ich hier nicht mehr beschreiben. Der Sonntag gehört nicht dem Leib, sondern dem Geist. Kulturgenüsse warten überall für jeden Geschmack. Es versteht sich, dem Münster seine Aufwartung zu machen: Ein Fest für Augen und Ohren ist das Straßburger Münster, wenn hier am Sonntagvormittag das große Hochamt zelebriert wird. Auch Ungläubige wie ich werden fromm, kurzfristig. Streng und stolz steht der Dom. Herrlich leuchten die bunten Fenster. Blau und rot blüht wie eine gläserne Rose die große Rosette über dem Eingang. Doch, wie gesagt, das ist hier nicht zu beschreiben. Jeder Besucher der Stadt macht diese Erfahrung auf seine Weise. Man kennt das. Es sei auch nun Platz gelassen zur eigenen Erfahrung. Straßburg ist voller Geheimnisse, die zu entdekken sind – im Lauf von dreißig Jahren.

Wir fahren dann meist um die Mittagszeit weiter. Wir lassen, angesichts unserer kulinarischen Ausschweifungen gestern, das Mittagessen ausfallen. Wir fahren noch weiter ins Elsaß hinein. Schlettstadt oder Colmar sind jetzt zu empfehlen. Eine Landschaft, poetisch und wie gemalt von alten Meistern, empfängt. Matthias Grünewald zum Beispiel, dessen *Himmelfahrt Christi* in Colmar wunderbar ekstatisch leuchtet und flammt. Es ist schön und erholsam, am Rande der Vogesen langsam im Grünen zu gleiten. Ganz in der Ferne links die blauen Hügel des Schwarzwaldes. Und irgendwo begleitet der Rhein, etwas französisch beschädigt.

Es kommt vor, daß wir in Colmar noch einmal übernachten. Es ist aber die Ausnahme. In der Regel kaufen wir noch ein paar Flaschen Wein: Andenken an das Elsaß, Erinnerungen für den Mund, für die trockenen Tage, die kommen. Und so gegen sechs oder sieben am Abend fahren wir heim. Über die Autobahn sind es kaum drei Stunden bis Frankfurt. Spätestens um zehn werden wir wieder zu Hause sein. In der deutschen Kürze lag die französische Würze. Etwas müde und doch glücklich werden wir dann ins Bett sinken, einschlafen. Unterirdisch, ganz tief geht das Erlebnis noch weiter. Straßburger Träume sind möglich. Das Elsaß verklingt.

Was ist es nun eigentlich, das solche Erfahrungen auch nach dreißig Jahren noch reizvoll, immer wieder neu macht? Lebenslängliche Faszination – wo liegt ihr Grund? Dort ist eine andere Art zu leben zu Hause. Sie ist freier, sie ist sinnlicher. Sie ist so genußfreudig, wie wir es nicht sind: wir Deutschen. *Savoir-vivre* nennt man es, unübersetzbar, drüben.

Das Schloß im Schwarzwald

Es liegt an der Schwarzwaldhochstraße. Es liegt sehr diskret, fast verborgen: siebenhundertfünfzig Meter hoch. Es ist, von Mauern gut abgeschirmt, für Straßenpassanten nicht einzusehen. Kurz vor dem Kurhaus Plättig kann man die Einfahrt rechter Hand leicht übersehen. Häuser dieser Art schätzen das: Unauffälligkeit, Diskretion. Nur ein bescheidenes Hinweisschild, grün. Wer hier einfährt, kommt nicht zum erstenmal. Er weiß Bescheid – er oder doch wenigstens sein Fahrer.

Er durchfährt ein Portal, dessen steinerne Gebärde gleichermaßen einlädt und abweist. Er rollt dann in einen großen Park. Er steigt aus, atmet tief durch. Die Luft ist kühl, ist kräftig, sehr würzig. Eine Oase der Ruhe empfängt, tiefdunkelgrün. Vergiß, was draußen war: Touristengewimmel, Autoschlangen, das Massenzeitalter. Ein Extraschwarzwald für sehr exklusive Einzelgänger empfängt. Kann man es so sagen? Stehen die Tannen hier nicht stolzer? Ragen sie nicht noch gewaltiger in den hohen Himmel? Wind fährt durch ihre Kronen. Sie atmen, sie stöhnen. In der Stille solcher Parklandschaften kann man die Natur noch leben hören. Alle Kreatur seufzt – steht bei Paulus, Römerbrief, geschrieben.

Oder der Blick ins Rheintal runter nach Bühl, Richtung Vogesen, das Elsaß. Ich stand auf meinem Balkon. Es war im Sanatorium. Der Park von Bühlerhöhe fällt hier zum Westen hin steil ab. Das Auge erlebt ausschweifende Feste der Ferne; der Abend zog auf. Das Grün der Wälder war schon von erstem Grau eingefärbt. Da und dort flimmerten Lichter auf, fern. Eine Biegung des Rheins spiegelte sich hell im Abendlicht. Merkwürdig scharf und nahe gerückt waren die Konturen der Vogesen zu sehen. Ob schlechtes Wetter wird, morgen? Es heißt, daß man an sehr klaren Tagen linker Hand ganz hinten mit bloßem Auge das Straßburger Münster sehen könne. Das mag wohl so sein. Mir ist es nie gelungen. Aber merkwürdig: Schon die Zusicherung, die pure Vermutung befriedigt. Die Richtung stimmt nämlich. Alemannische Nachbarschaft ist zu spüren. Grenzen verschwimmen. Nationen haben hier wenig zu sagen. Manche deutsche Angestellte von Schloß Bühlerhöhe wohnen drüben in Frankreich. Jeden Abend fahren sie heim – ins Elsaß.

Der erste Abend dann im Speisesaal des Sanatoriums. Ich war nicht krank. Ich war kein Patient. Ich war nur ein bißchen neugierig. Wie lebt man hier? Wie ist es wirklich? Schloß Bühlerhöhe ist ein fernes Gerücht sehr exklusiver Gastlichkeit in Deutschland. Jeder kennt den Namen. Was noch? Obwohl es noch etwas verfrüht ist, muß ich schon jetzt sagen: Es ist ein Sonderfall. Es ist schwierig, dieses Haus in seiner eigenen Atmosphäre genau zu beschreiben. Alle Klischees, die man mitbringt, versagen. Nichts da von Zauberberg, Davos oder Sils-Maria. Es hat aber auch nichts von den alten prächtigen Luxusschuppen zwischen Genf und Baden-Baden. Es ist, obwohl kultiviert, auch stolz in den Preisen, eher ein strenges, sprödes Haus, das das Auge des Gastes nicht eben verwöhnt und verwirrt durch schwelgende Ausstattung. Hoher Stil hat immer auch einen Beigeschmack von Askese.

Zunächst gilt es also, Vorurteile abzubauen. Es saßen zum Beispiel im Speisesaal nicht, wie ich erwartet hatte, greise Ruinen, pelzgeschmückt, goldverziert. Der Saal, lichtgrün und sehr schön, aber nicht mehr. Es wird aufmerksam bedient. Lautlos und in perfekter Kultur serviert badische Landjugend, der man anmerkt, daß sie in ersten Häusern zu arbeiten gewohnt ist. »Bernsteinklare Fasanenkraftbrühe mit altem Sherry und Ingwerbiskuit«, »Kalbsnüßchen Lucullus«, »Kopfsalatherzen in Sauerrahm« – das ungefähr. Wohlhabendes Frühmittelalter saß an den Tischen. Der Saal war kaum zu einem Drittel gefüllt. Ein paar Unternehmer mit Gattin und Kind. Ein paar alleinstehende Damen an alleinstehenden Tischchen, das schon. Ein junger Franzose am Nachbartisch sagte zu mir, eher nachdenklich in seiner Diätplatte herumstochernd: Sehen Sie, Monsieur? Ich werde auf Zucker eingestellt! Er sah fast wie Charles Aznavour aus, aber nur im Sitzen. Ah ja, sagte ich. Auf Zucker? Wie süß!

Es war dann erst am Tag darauf, als ich ins Schloß eindrang. Bühlerhöhe besteht aus zwei sehr verschiedenen Hauskomplexen. Das Sanatorium ist sozusagen der medizinische Ernstfall, obwohl es zu ernste Fälle nicht schätzt: Rekonvaleszenten sind richtig am Platz. Das Kurhaus ist dann das eigentliche Zentrum. Es liegt noch verborgener im Wald. Man wandert durch den Park. Man hat sich schon den gemächlichen Kurschritt angewöhnt und kommt dann nach etwa zehn Minuten zu einem imponierenden Bauwerk, das sich wirklich wie ein Schloß hochreckt. Stilfragen sollte man, obwohl es nicht stillos wirkt, nicht stellen. Die beherrschende Hauptfassade, die man zunächst aber nicht sieht, ist in ihrer weit ausladenden Front offenbar Barockschlössern nachempfunden. Klassizistische Strenge dominiert. Ornamentale Elemente von Jugendstil sind zu erkennen, aber auch Anklänge erster Sachlichkeit, 1910. Alles in dem schweren, blaßroten Granit hier aus den Bergen.

Ein Gefühl schöner Geborgenheit stellt sich ein, wenn man dann im Schloßhof steht. Romantisierendes Mittelalter empfängt. Ein Brunnen plätschert, in dessen Mitte eine schlanke Knabenfigur einen mächtigen Fisch triumphierend hält. Ein schwerer Mercedes wartet vor dem romanischen Burgtor. Der Portier tritt heraus. Ein schwarzer, zusammengeduckter Reichsadler hockt auf dem Dachsims, drohend. Auf dem Torbogen vorne ein Steinrelief. Darauf der seltsame Satz: »Vielen zur Genesung – einem zum Gedächtnis«. Was soll's? fragt man sich, das Schloß dann betretend.

Dieses Haus also war das Ziel so vieler. Es ist bekannt, daß Bühlerhöhe seit über fünfzig Jahren von den Großen der Politik als privater Gesundbrunnen bevorzugt wird. Eigentlich waren sie alle hier zu ihrer Zeit: Theodor Heuss und Konrad Adenauer, Ollenhauer und Carlo Schmid, Barzel und Brentano. Alle Bundeskanzler kamen hier rauf. Die Ministerpräsidenten fast aller Länder suchten hier Erholung. Bonner Prominenz: Botschafter, Minister kehrten ein. Industrielle und Banker sind hier zu Gast. Nicht nur Ägyptens Staatspräsident besucht Bühlerhöhe. Viele orientalische Potentaten pflegen hier nach ihren Bonn-Visiten sich kurzfristig zu entspannen.

Mit einem Wort: Bühlerhöhe hat immer auf die Machteliten eine merkwürdige Anziehungskraft ausgeübt, die sich zum Teil, aber nicht ganz aus seinem medizinischen Ruf erklären läßt. Irgend etwas anderes ist noch im Spiel. Was? Ich weiß es nicht. Ich weiß nur: Man kennt Bühlerhöhe nicht wirklich genau, wenn man nicht auch seine Entstehungsgeschichte kennt. Wie kam es denn eigentlich zum Bau dieses Schlosses im Schwarzwald?

Das ist nun ein abenteuerliches Kapitel, was jetzt beginnt; man müßte es halb wie ein Opernlibretto, halb wie ein deutsches Trauerspiel erzählen. Es klingt wie ein Märchen: phantastisch, abenteuerlich, vollkommen unglaubwürdig und doch merkwürdig vertraut. Es ist auch etwas grausam, wie Märchen eben sind.

Es war einmal ein sehr reicher Mann, so fängt dieses Märchen an. Er lebte vor mehr als hundert Jahren in Schlesien. Er hieß Schottländer und hatte als Getreidegroßhändler an Bismarcks Kriegen 1866 und 1870 mächtig verdient. Es gehörten ihm zwölf Rittergüter, dreißig Häuser in Breslau und Berlin und eine Tochter: jung und schön, charmant und sehr klug, Hertha mit Namen. Er hatte diese Tochter an den Berliner Bankier Pringsheim verheiratet, was ein kluges Stück Familienpolitik war. Daß alle Figuren dieses Stücks jüdischer Herkunft waren, brauche ich nicht zu betonen. Man muß es nur wissen – zum Verständnis des Trauerspiels, später.

Hertha Pringsheim aber liebte ihren kultivierten Mann nicht. Als eines Sommertages, es muß kurz vor der Jahrhundertwende gewesen sein, auf den Gütern der Pringsheims Einquartierung stattfand, entbrannte die junge Ehefrau in heftiger Leidenschaft zu einem Obersten, der eben mit seiner Truppe hier Quartier machte. Daß dieser Oberst Isenbart hieß, mit Vornamen auch noch Wilhelm, gab Herthas Liebe offenbar eine zusätzliche Kraft. Denn Hertha war nicht nur eine schöne und tatkräftige Frau. Sie war, wie bei Juden ihrer Aufsteigerschicht damals verständlich, auch von einem beträchtlichen Ehrgeiz nach gesellschaftlicher Anerkennung erfüllt. Das Wunderliche und Tickhafte ihres Ehrgeizes bestand jedoch darin, daß sie Anerkennung ausgerechnet bei jener gesellschaftlichen Elite erhoffte, die ihr am schwersten zugänglich war: der preußischen Generalität. Hertha hatte sich in den Kopf gesetzt, unter den hohen Militärs am kaiserlichen Hof zu Berlin eine Rolle zu spielen, als *grande dame* sozusagen.

Das Glück muß zunächst groß gewesen sein, ihr Wille, sich der Gesellschaft anzupassen, auch. Sie erreichte nicht nur die Scheidung von dem noblen Pringsheim, sie trat nicht nur zum Christentum über, sie erreichte auch die Heirat mit dem erwählten Isenbart. Sie hatte nur übersehen, daß es gerade für diese preußische Militärelite damals sehr strenge Regeln gesellschaftlichen Verhaltens gab. Es schickte sich einfach nicht, daß ein Oberst Seiner Majestät eine geschiedene Frau heiratete. Es schickte sich noch weniger, daß diese Frau Jüdin war. Die Heirat wurde also zum Skandal. Der Oberst mußte den Abschied nehmen. Zu seiner Pensionierung bekam er noch die roten Hosenstreifen, gratis sozusagen. »Mit dem Charakter eines Generalmajors«, wie es damals hieß, wurde er in die Wüste geschickt. Immerhin, ein Ziel ihres ehrgeizigen Lebenstraums war erreicht: Hertha Isenbart konnte sich nun »die Generalin« nennen. Wunderlich, nicht wahr, sind die Wünsche der Menschen manchmal.

Von jetzt an nimmt das Stück immer mehr Züge eines deutschen Trauerspiels an. Vater Schottländer, an ehrwürdige jüdische Familientraditionen gewöhnt, verstieß die abtrünnige Tochter, allerdings nicht ohne ihr korrekt ihr Erbteil auszuzahlen; es sollen zwischen zwölf und fünfzehn Millionen Goldmark gewesen sein. Das Ehepaar Isenbart führte damit ein großes Haus, erst in Eisenach, dann in Koblenz, immer in der Hoffnung, eine gesellschaftliche Rolle unter den Militärs der Stadt zu spielen, vergeblich natürlich. Sie zogen sich schließlich, wenigstens zur Winterzeit, wie damals im Großbürgertum üblich, nach Ägypten zurück, und dort – es war in Assuan, es war genau in jenem

Hotel Cataract, das jeder Ägyptenreisende, halb krank, noch heute kennt – ist Wilhelm Isenbart 1908 plötzlich gestorben.

Wer meint, daß das Stück hier zu Ende sei, täuscht sich. Hier fängt es nämlich erst an. »Die Generalin« kehrte ein Jahr später aus Ägypten zurück, übrigens begleitet von jenem deutschen Arzt, der ihren Mann zu Tode gepflegt hatte. Sie erschien eines Tages im Rathaus von Bühl, kaufte das ganze Berggelände oben, immerhin einundzwanzig Hektar, engagierte sich den damals berühmten Düsseldorfer Architekten Wilhelm Kreis, beauftragte ihn, eine Gedenkstätte für den Geliebten, ein »General-Isenbart-Offiziers-Genesungsheim«, zu errichten. So ist von 1911 bis 1914 Bühlerhöhe entstanden.

Schwer zu sagen, wie hier Pietät und Geltungsdrang, Liebe und Rachsucht ineinanderwirkten. Noch immer hing Hertha ihrem alten Jugendtraum nach, sich die Anerkennung der Generalität zu ertrotzen. Der Plan war auch nicht ohne Klugheit eingefädelt. Es sollten etwa zwölf Generäle sich hier oben immer erholen können. Hertha hatte das Ganze als Schenkung an Kaiser Wilhelm II. gedacht. Tatsächlich ist es ihrem beträchtlichen Ehrgeiz gelungen, in dieser Angelegenheit einmal vom Kaiser empfangen zu werden. Es war im März 1914. Es war auf dem Schloß Wilhelmshöhe bei Kassel. »Die Generalin« hatte das ganze Bauprojekt im Modell mitgebracht. Der Kaiser soll sie sehr gnädig empfangen haben, zum Sektfrühstück. Der Kriegsminister war dagegen, die Kaiserin auch. Der Kaiser aber reagierte ganz realistisch wie ein Kaufmann: Die edle Spenderin möge in Form einer Stiftung eine weitere Million zulegen, damit im Defizitfall aus den Zinsen mindestens achtzigtausend Goldmark blieben, um die Betriebskosten zu decken. Diese letzte Million aber hatte Hertha nicht mehr. Ihre Kasse war leer. Ihr Traum war vernichtet, ihr Leben sinnlos geworden.

Jetzt geht das Stück wie in einer richtigen Tragödie einem gräßlichen Ende entgegen. Hertha hatte dem Arzt aus Assuan das Sanatorium gebaut, das 1914 tatsächlich in Betrieb genommen wurde. Als der Arzt aber, endlich gut gesettelt, sich mit einem netten jungen Mädchen hier aus dem Badischen verlobte, brach wieder eine Welt für sie zusammen. Als dann der Krieg kam, später verlorenging, ging Herthas Traumwelt vollkommen in Trümmer. Der Kaiser ging, und keine Generäle kamen – nach Bühlerhöhe, meine ich. Auch die Reste von Herthas Vermögen, klug im Ausland deponiert, waren beschlagnahmt, dahin.

Ein falscher Traum zur falschen Zeit; ein großes Herz, das nichts begriff von Politik und Zeitgeschichte. Immerhin hat Hertha Konsequenz und Stil gezeigt. Sie hat sich das leere, sinnlose Schloß des Nachts einmal hell erleuchten lassen. Sie saß auf einer Bank auf dem gegenüberliegenden Felsen, wo heute die »Herthahütte« steht. Sie sah all die strahlenden Fenster im dunklen Schwarzwald. Wozu? Ihre Welt war versunken. Sie hat sich dann umgebracht. Eine Überdosis Veronal ließ ihren törichten Traum im Hotel Stephanie, Baden-Baden endlich zur Ruhe kommen.

Herthas Tod ist später zur Geburtsstunde des heutigen Unternehmens geworden. Ihr Erbe verkaufte den steinernen Traum an eine solide Finanzgruppe. Seit 1920 werden Sanatorium und Schloß als kommerzielles Unternehmen gemeinsam betrieben, nicht eben sehr gewinnreich, aber eben doch mit jener Aura des Exklusiven, die Eliten anzieht.

Nein, ich sage nun nicht: Bühlerhöhe heute kann man nur aus dieser Frühgeschichte verstehen. Keine Spur. Die meisten Gäste heute wissen gar nichts davon. Herthas

Traum ist verronnen. Geblieben aber ist jener Hauch des Besonderen, den sie suchte. Dies ist eben nicht irgendein Sanatorium mit Kurhaus, wie es viele gibt, auch hier im Schwarzwald. Es ist ein Haus mit Vergangenheit: ein deutsches Herrenhaus sozusagen. Geblieben ist ein Gefühl für Tradition, eine im guten Wortsinn konservative Gesinnung. Konservativ sind schon die Gäste in ihrer Treue. Sie kommen immer wieder, viele seit dreißig Jahren. Selbst das Personal ist hier seit Jahrzehnten zu Hause. Es gibt in Ehren ergraute Portiers, die seit vierzig Jahren im schwarzen Cut an der Rezeption stehen. Sie wirken selber wie Herren. Von ihnen übrigens habe ich bröckchenweise Herthas Geschichte erfahren. Sie wird einem hier, verständlich, nicht so präzis zum Dinner serviert.

Ironie und Satyrspiel der Geschichte: Herthas Generalstraum ist sogar noch in Erfüllung gegangen, wenn auch anders, als sie dachte. Von 1945 bis 1949 war hier General Koenig mit seinem Stab einquartiert. Ein paar Jahre lang wurde die französische Besatzungszone von Bühlerhöhe aus regiert.

Danach muß es, vor allem in der Ära Adenauer, eine Zeit besonderer Blüte gegeben haben. Das Haus, schon seit den zwanziger Jahren von jenem Professor Stroomann geführt, der das Buch *Arzt auf Bühlerhöhe* hinterließ, wurde zu einem Musentempel. Die traditionellen »Mittwochabende« auf Bühlerhöhe sind noch heute berühmt: Carl Orff, Werner Egk, Boris Blacher, Elly Ney musizierten. Viele Schauspieler von Werner Krauß bis Heinz Rühmann, von Martin Held bis Maria Schell kamen. Ich besinne mich auf einen Abend, als ich hier Gustaf Gründgens gehört habe. Später dann, an einem anderen Abend, sprach Martin Heidegger. Ich lebte damals in Baden-Baden. Es hatte etwas vom Olymp der Erwählten, wenn man in diesen Kreis geladen wurde. Hohe

Gemeinde saß andächtig um den Meister versammelt. Lang ist das her.

Und heute? Als ich jetzt hier wohnte, war es wieder ein Mann von besonderem Rang, der mir die Tage hier zu einem beschwingten, intellektuellen Vergnügen machte. Ich kannte einige seiner Bücher. Ich kannte ihn aus der *Zeit*. Seine immensen politischen Kenntnisse haben mich immer fasziniert. Ich traf hier mit Theodor Eschenburg zusammen. Ich traf ihn jeden Nachmittag um fünf zum Tee in der Halle des Kurhauses. Ihr Rundbau ist von schöner, strenger Theatralik. Man sitzt da in Fensternischen wie auf einem Bühnenprospekt. Ich war nicht nur an einen großen Staatswissenschaftler geraten. Er erwies sich als Freund, als Kenner und sublimer Historiker ebendieses Hauses. Seit fünfzig Jahren kehrt der Tübinger Professor hier ein. Durch ihn bekam ich die höheren Weihen. Er war es, der mir aus den zwanziger Jahren erzählte, als von Bühlerhöhe aus einmal Weimarer Politik gemacht wurde. Im Jahr 1928 war er hier schon mit Stresemann zusammengetroffen. Innenpolitische Entscheidungen von großem Gewicht kündigten sich an. Für mich hat es etwas Bewegendes, solchen letzten Zeugen zu begegnen. Ja, ein alter Mann, der Professor, ein rüstiger Greis fast, aber von welcher Lebendigkeit im Gespräch, von wieviel Bildung, Kultur und Kraft des Erinnerns.

Ich werde seine große, stolze Gestalt nicht vergessen. Ich werde sein strenges, gütiges Gesicht nicht vergessen, das, von Falten zerfurcht, wie ein Felsgebirge jetzt fast zeitlos wirkte. Er rauchte Pfeife, ich rauchte Pfeife – sehr alte Untugenden, die sich in solchen Häusern der Genesung eigentlich nicht schicken. Und wir redeten dann, spulten das Garn der Geschichte rückwärts ab: Adenauer, Stresemann, Bismarck. Es war ein kritisches Vergnügen. Für mich waren die Tage belebt und reich durch seinen Geist. Ich meine: Männer wie Theodor Eschenburg zum Beispiel stehen für den besonderen Stil von Schloß Bühlerhöhe. Ein Herrenhaus, das lebt – kraft der Vergangenheit.

Deutsche Grenzgänge

Natürlich kann man sagen: Was soll's? Es ist bekannt. Es ist oft beschrieben worden. Man kennt doch die Bilder der Zonengrenze. Sie flimmern dann und wann, mit Sicherheit immer zum Tag des Mauerbaues, über unsere häuslichen Bildschirme. Eine düstere Art nationaler Pflichtübung wird da zelebriert, in der sich Erschrecken mit Gleichgültigkeit merkwürdig hilflos mischt. Was soll's? So ist das nun einmal geworden im Lauf der Jahrzehnte: lauter Sackgassen in Deutschland. Gibt es dazu noch etwas zu sagen?

In der Tat, so ist es – ganz von weitem gesehen. Alle meine Erfahrungen zur Sache aber sagen: Tritt man an dieses landesübliche Thema näher heran, so vergehen einem so handliche und allgemeine Wahrheiten. Steht man ganz plötzlich irgendwo am Ende einer Straße direkt vor diesem dunklen Zaun, so wird man still. Betroffenheit macht stumm. Es ist immer wieder neu: das Erstaunen, Erschrecken, daß es so etwas tatsächlich gibt, so barbarisch, so perfekt. So ist das also beschaffen? Die Wahrheit ist immer konkret. Es gibt keine konkretere Wahrheit über Deutschland und die Deutschen heute als diese Grenze. Geh hin und sieh sie dir an! Sie hat uns sehr viel zu sagen, politisch.

Wenn ich jetzt zum Beispiel an diese Woche im Werra-Meißner-Kreis zurückdenke: Ich kannte das Land nicht. Es war Sommer. Es war August. Es war eine Erinnerung an Sommerfrische, wie wir früher sagten. Überall stand das Korn reif auf den Feldern. Es ist ein schönes Land. Es roch nach Heu, nach Holz, nach Harz. Es ist ein herbes, sprödes Land, sehr still, vorwiegend hügelig. In sanften Schwüngen ziehen sich grüne Bergrücken hoch, sinken dann wieder in weite, offene Täler zurück. Die Wälder sind stumm, die Wiesen sehr weit. Pferdegestüte in der Ferne. Thüringen ist überall schon zu spüren, tiefdunkelgrün. Ich sah Eschwege, die kleine, geschäftige Kreisstadt, in die man am Wochenende zum Einkaufen fährt. Ich sah die schönen Fachwerkfassaden von Allendorf und Bad Sooden. Sie glänzten mit ihren Butzenscheiben wie frisch geputzt. Es gibt Schlösser und Burgruinen, auch hier – massenhaft. Und da und dort kleine, sehr lichte, hellgrüne Kirchen, die es durchaus in sich haben, innen, kunstgeschichtlich gesehen.

Also, wenn ich an all das jetzt zurückdenke: Viel tiefer als diese freundlichen Impressionen ging mir hier die Erfahrung der Grenze. Man kann ihr im Werra-Meißner-Kreis gar nicht entgehen. Sie ist dem grünen Leib der Region wie ein Brandmal eingedrückt. Man fährt durch Wälder, fährt traumverloren durch grüne Auen, stille Bergstraßen tragen empor. Ach, Deutschland, so grün, so tief – und oben starrt einem plötzlich in voller Breitseite dieses Ding entgegen. Es ist jedesmal wie ein Schock, ein Schlag vor den Kopf. Wach auf, du Träumer! »Achtung – Halt – Zonengrenze!« ist von unserer Seite aus geschrieben. Weißrote Stangen markieren sehr improvisiert die Grenze der Bundesrepublik. Und erst einige hundert Meter dahinter, also bewußt zurückgenommen, um letzte Schußfelder zu haben, beginnt jenes gewaltige Befestigungssystem, das mich einfach an Krieg erinnert – damals. Es ist ihm eine gewisse schauderhaft-militärische Großartigkeit heute nicht abzusprechen. Es ist eine sehr deutsche Grenze. So etwas an Perfektion macht uns wohl keine Nation nach – oder?

Ich spreche jetzt zum Beispiel von der Grenze zwischen Rittmannshausen/Bundesrepublik und Ifta/DDR. Es ist die Bundesstraße 7, die von Netra, noch Oberhessen, nach Creuzburg, schon DDR, führt. Sie trägt auch den Namen Europastraße 63. Europa ist hier hochdramatisch unterbrochen. Der Stacheldraht von früher ist längst durch einen dunklen, mannshohen Zaun ersetzt, der pieksauber, ganz akkurat aussieht. Die Zaunpfähle sind nach außen, also zur Bundesrepublik hin, gesetzt, damit von der DDR aus nichts zum Hochklettern ist. Und da die Grenze hier nach rechts einen weiten Bogen schlägt, also in sich selber entfernt zurückkehrt, kann man auch die Innenseite des Zauns gut einsehen. Da sind auf der Höhe der Zaunpfähle, jeweils versetzt, einmal oben, einmal unten, einmal in der Mitte, kleine weiße Kästen montiert. Das sind die automatischen Selbstschußanlagen jüngster Perfektion. Wer sie berührt, wird wie bei einem Dumdumgeschoß von einem Splitterregen explodierender Eisenteile getroffen. Die Tatsache, daß diese Tötungsautomaten an der Innenseite des Zauns montiert sind, widerlegt auf mörderische Weise die offizielle Formel vom »Antifaschistischen Schutzwall«. Ich meine: Ginge es hier wirklich um die Abwehr westlicher Feinde, müßten sie ja wohl auf der Westseite montiert sein. Doch was frage ich? Republikflüchtige sind gemeint.

Erst hinter diesem Todeszaun beginnt jener breite Gürtel militärischer Sicherungsanlagen, die man kennt. Es beginnt der geharkte Sandstreifen, der jeden Fußtritt erkennen läßt. Es beginnt eine meist sehr viel tiefer gesenkte Betonpiste für Kontrollfahrzeuge der NVA. Es folgen Gräben, Rinnen, Laufleinen, in denen Hunde eingesetzt werden können. Dahinter, meist um einige hundert Meter zurückgesetzt, steht dann der Wachtturm. Die alten Türme, die äußerlich zu sehr an KZ-Türme erinnerten, sind heute meist durch moderne, viereckige, hohe Betonklötze ersetzt, die militärischer wirken. Es wird wieder Krieg demonstriert. Es ist schon ein sehr merkwürdiger Krieg, »Grenzsicherung-West« genannt. Der Feind jedenfalls, der hier abgewehrt werden soll, wird aus dem Osten erwartet.

Und so, fast überall genauso perfekt zieht sich diese Grenze durch die ganze Region. Sie folgt präzis der historischen Landesgrenze zwischen Hessen und Thüringen, die außerordentlich verzwickt verläuft. Unter praktischen Gesichtspunkten ist die Grenzführung absurd. Überall Zickzacklinien, Einbuchtungen, Ausbuchtungen, die wechselseitig tote Leerräume erzeugen. Unten bei Philippsthal/Vacha überspringt die Grenze die Werra. Tiefe Eisengitter durchziehen den Fluß. Später klettert sie Berge hoch, zieht sich wieder im rechten Winkel zurück, läuft eine Weile in Niederungen hinein und frißt sich dann wie eine Autobahn in neue Waldhöhen empor. Der Wald ist in einer breiten Schneise abgeholzt. Die Grenze schlägt Haken, springt dahin und dorthin und ist dann weg, eine ganze Weile. Sehr viel später aber, oberhalb von Bad Sooden-Allendorf, ist sie plötzlich wieder da. Sie springt im Werratal bis hart an die Bundesstraße 27 vor. Die Straße ist sehr befahren. Ein Rastplatz: Autofahrer halten an, steigen aus, blicken eine Weile rüber, steigen dann wieder ein, schweigend. Was soll man sagen?

Ist das nun alles: Erschrecken, Verstummen, Kopfschütteln? Einerseits ja, andererseits ist nicht zu übersehen, daß die Region eben durch diese Abschnürung seltsame, sensible Gewinne zu verbuchen hat. Es ist eine Zone der Stille und Abgeschiedenheit entstanden, die ihren eigenen Reiz hat: Oasen der Ruhe, in denen private Erholungs-

Idylle fast skurril blühen. Der Nachmittag etwa, als wir unweit von Herleshausen, bei Wommen, auf einen kompletten Anglerverein stießen. Die Grenze nach Sallmannshausen, in der DDR gegenüber, schlägt hier wieder so absurde Haken, daß man es kaum unterscheiden kann: Ost oder West? Wir kletterten ins Tal, liefen durch Wiesen, und dann sah man es, schon ziemlich grotesk: Etwa dreißig Meter vom Zaun entfernt hockte um einen Weiher im sommerlichen Frieden ein ganzer Verein und veranstaltete sehr ernst sein »Preisfischen«, wie es hieß. Das Preisfischen ging vier Stunden lang. Und die Grenze hier, fragte ich nicht ohne Erstaunen, die stört Sie nicht? Den Anglern war es kaum ein Aufblicken wert. Na und? brummte einer. Ist doch fast ideal hier, die Stille. Bei Ihnen in Frankfurt ist doch alles vergiftet.

Das Letztere ist zumindest ungenau. Es ist bekannt, daß die Werra gerade durch die Kalilösungen aus der DDR besonders vergiftet ist. Wahr ist aber, daß gerade im Schatten dieser mörderischen Grenze auf unserer Seite Zonen entspannter Friedlichkeit entstanden sind, die dem Tourismus ganz neue Chancen eröffnen. Zonenrandgebiet – das könnte sehr attraktiv sein für viele Erholungsuchende. Hat man die Chancen schon erkannt? Hier donnern keine Starfighters, hier brummen keine Linienmaschinen. Die Straßen sind überall in vorzüglichem Zustand und fast immer leer. Die Preise in den Gasthöfen sind niedrig. Von einer heruntergekommenen Notstandsregion ist nichts zu sehen. »Unser Dorf soll schöner werden!« ist überall an den Ortseingängen zu lesen. So ist es auch, wenn man näher tritt. Die Dörfer sind schöner geworden. Überall Blumen vor frisch gestrichenen Bauernhäusern. Überall ist das Fachwerk sehr liebevoll renoviert. Sauber, freundlich, unerhört aufgeräumt wirkt die Region, beinah schmuck. Man merkt es nicht, daß die Welt nach ein paar Kilometern meist zu Ende ist. Das Wort Heimat ist ja wieder im Steigen, gegenwärtig. Ich empfehle also dieses Grenzland allen Freunden und Kennern einer subtileren Heimatkunde. Es lohnt.

Ich will zuletzt jenes Sonntagnachmittags gedenken, als wir wieder in eine Sackgasse geraten waren. Es war in Obersuhl. Wenn man den Ort ganz durchfahren hat, kommt man schließlich an das letzte Haus im Westen. Dahinter der Zaun, dahinter dann Untersuhl, schon DDR. Das Haus liegt nur zwei Meter von der Grenze. Es war eine kleine, bescheidene Villa aus den dreißiger Jahren. Das Haus war von Brettern eingerüstet. Zementsäcke und anderes Baumaterial hart auf unserer Grenzlinie, gelb.

Eine ältere Frau, Kissen auf der Fensterbank, lag im Fenster. Eine weiße Katze neben ihr, schnurrend. Insekten, die den Blumenkasten umschwirrten, erregten manchmal die Aufmerksamkeit der Katze. Es war eben so ein richtiges Sonntagnachmittagsidyll, mit Kaffeegeruch, Radiomusik und Langeweile gemischt. Die Frau sah auf die Grenze. Sah sie sie noch? Sie sah auch auf uns, die wir das alles etwas ratlos bestaunten wie Zoobesucher. Sie war das gewohnt. Die Betonmischmaschine stand still. Morgen würde hier wieder gebaut werden. Unser Dorf, auch unser Haus soll schöner werden. Heute aber war nichts als Ruhe und Sonntagsfriede zu spüren.

Ich meine: So leben die hier – etwas absurd, aber dabei ganz normal. Es lohnt sich sehr für Feinschmecker der Zeit, solche Grenzsituationen zu erkunden. Man spürt Deutschland, ganz tief. Man spürt Natur und Geschichte, schöne Vergangenheit, harte Gegenwart, und wie bestürzend sich das hier nun neu mischt.

Geschlagen von Ägypten

Warum soll ich es verschweigen? Es ist nun schon drei Jahre her. Ich war seither viel unterwegs. Ich war zweimal in der DDR, einmal in Ostpreußen, einmal im Baltikum, also in der Sowjetunion. Ich habe Rotchina gesehen zum erstenmal und hatte ein langes Wiedersehen mit Amerika. Ich war auch in Schottland und England, kurzfristig. Was noch?

Nein, hier wird nicht geprahlt. Es wird nicht wichtig getan mit Weltläufigkeit. Nichts ist mir unsympathischer als die pausbäckige Aufgeblasenheit professioneller Globetrotter, die förmlich platzen vor satter Welterfahrung. Ich finde sie ekelhaft. Es ist mir auch ihre flinke Vertrautheit mit der Fremde suspekt. Überall schon einmal gewesen, nicht wahr, Herr Doktor? Es gibt kein Geheimnis für diese Burschen, die, sonnengebräunt und wetterfest, sich auf allen Flughäfen der Welt auskennen, auch in den dazugehörigen Bars, versteht sich. Mir gelang das nie. Mir ist die Welt draußen immer sehr fremd geblieben. Nie war ich auf Reisen zu Hause.

Hat man es gemerkt? Ich bin mitten im Thema. Ich spreche schon von Ägypten. Denn das eben ist es, was ich zunächst sagen will: Obwohl alles das war in diesen letzten drei Jahren – die Reise nach Ägypten war von ganz anderer Art. Sie blieb unvergeßlich, unvergleichlich. Sie steht sozusagen quer zu allem, was danach kam. Sie war das eine, das größte Erlebnis meines ziemlich bewegten Reiselebens. Sie wird es bleiben. Ich wage den kühnen, für mich aber wohlbegründeten Satz: Man kann ungefähr die ganze Erde kennen, rundum – wer nicht in Ägypten war, hat nicht die Tiefe der Welt erfahren. Ägypten ist das A und O aller Reiseerfahrungen.

Es ist wirklich so. Man sagt immer Ah und Oh. Man staunt, ist fasziniert, ist abgestoßen, dann wieder hingerissen. Man ist fassungslos über das, was man sieht. Man stöhnt auch, heimgesucht von den ägyptischen Plagen. Die Reise dahin ist ja kein Zuckerschlecken. Sie ist eine sanfte Strapaze. Man mache sich da gar nichts vor: Mit Erholung und so ist da nichts drin, in Ägypten. Die Reise ist eine Art Heimsuchung. Ich bin, und dies kann ich von keinem anderen Land sagen, von Ägypten geschlagen zurückgekehrt, damals. Das Land hat mich entzückt und niedergeworfen zugleich. Es hat mich geschüttelt. Es war Verzauberung und Haß in mir, als ich zurückkehrte. Ich war auch krank geworden und war überhaupt ramponiert. Trotzdem wußte ich: Du hast das Größte erlebt, das man überhaupt auf Reisen erleben kann. Du warst in tiefer Vergangenheit, die immer noch lebt. Du warst fünftausend Jahre tief.

Ich werde jetzt nicht von der Reise selber erzählen. Ich will beschreiben, wie einem nachher zumute ist. Was bleibt? Was geschah eigentlich? Man ist nämlich verändert. Man kehrt aus diesem Land als ein anderer zurück. Und das bleibt. Es wurde da eine Tiefe der Welt aufgerissen, die Sprünge, Risse hinterläßt in der eigenen Tiefe. Soll ich es Magie, also einfach den Zauber des Anfangs nennen? Soll ich sagen: Die Bilder des alten Ägypten haben mich in ihrer vollkommenen Schönheit wie scharfe Pfeile getroffen? Schönheit kann schmerzen. So etwas jedenfalls sah ich noch nie: so viel Gold, so viel Glanz, einen strengen Stil von hohem Adel. Es ist eine Kultur, die, ganz am Anfang, wie ein Fanfarenstoß des Menschengeschlechts plötzlich einsetzt. Stolz und triumphal steigt sie aus dunkler Vorgeschichte, aus dem Schlamm des Nils zum Himmel empor, der hier meistens blau ist und blendend in heller Mittagshitze.

Es blieb also auch die Gewalt einer Naturerfahrung. Die Erde lebt hier noch aus mythischen Tiefen. Wer Theben-West sah, wer durch den glühenden Wüstensand in die Gräberstadt stapfte, unter der Glut der Sonne stöhnend, wer dann in das Dunkel der Pharaonengräber hinabstieg, dort ihn zum Beispiel liegen sah: den Knaben, den Jüngling, den kleinen Pharao, der heute als Tutanchamun die ganze Welt bezaubert – der war im Wunder des Anfangs zu Hause. Es ist wunderbar, durch die Tempel, den Säulenwald von Karnak zu wandern. Alles noch da und zum Greifen, was vor dreitausend Jahren hier einmal Gesellschaft und Macht, Kult und Politik war. Es ist von atemberaubender Pracht.

Der Nil ist noch immer so schwer und stumm wie zu Zeiten der Hatschepsut. Er ist kein Fluß; ein mythischer Strom, der zum Reich der Toten führt. Das ist keine Metapher; es ist wirklich so. Es ziehen noch immer wie damals die grauen Feluken gen Kairo. Sie ziehen wie Totenschiffe, so still und schwermütig, im sanften Abendwind. Man spürt überall den Atem der Geschichte. Übermächtig ist hier die Vergangenheit gegenwärtig. Das hat mir den Blick für Historisches verändert. Als ich ein Jahr später durch Pekings Kaiserpalast ging, zu den Ming-Gräbern geführt wurde, dachte ich: Schön und gut, sehr dekorativ, aber im Vergleich zu Ägypten ist das wenig. Es hat nicht die archaische Kraft. Die Chinesen sind, etwa an Abu Simbel gemessen, eine ganz unmetaphysische Nation. Sie essen sehr gut. Sie trinken auch gern. Aber sonst?

So, jetzt bin ich beim Wichtigsten. Ich sah hier zum erstenmal eine Kultur, die nur ein Thema kennt, um das sich ihr ganzes Leben dreht: den Tod. Alles ist in diesem Land eine immerwährende Auseinandersetzung mit dem Phänomen unserer Sterblichkeit. Alle Pyramiden, Tempel und unterirdischen Paläste sind hier ja nicht, wie wir meinen, festliche Gräber, also Totenmale. Es sind Häuser des Überlebens. Es sind Stätten naiver Unsterblichkeitshoffnungen. Der Pharao lebt, der Pharao stirbt: Er darf nicht sterben. Er wird weiterleben in seinen prächtigen Palästen, die wir für sein zweites Leben errichten. Ägypten ist eine einzige, heroische Leugnung des Todes. Das ist es, was mich traf: Der Tod ist und soll doch nicht sein.

Es hat sich also mein Verhältnis zum Tod durch Ägypten verändert. Ich bin ihm ein Stückchen näher gekommen. Auch heute stehe ich ihm nicht mit Gelassenheit gegenüber. Ich sage nur: Ich sah in Ägypten überzeugend, daß es keinen Sinn hat, den Tod zu leugnen. Er ist der Stärkere. Es ist gut, sich mit dieser Gewißheit einzurichten. Ich wiederhole, was ich schon einmal schrieb, damals, gleich nach der Reise: »Nur Liebhaber des Todes sollten nach Ägypten reisen.«

Natürlich ist das nicht alles, was blieb. Es wäre auch von den Schmerzen einer solchen Reise zu sprechen: den eigenen, aber auch denen der Einheimischen dort. Das Elend der Massen, die Verrottetheit der Infrastruktur der heutigen Gesellschaft ist unvorstellbar. Wenn man, ohne das Land zu kennen, Ägypten sagt, meint man immer: etwas zwischen Israel und Libyen, Vorderer Orient, immerhin. Ägypten ist aber ganz anders: viel älter, zerbrochener, auf eine biblische Weise noch unterentwickelt. Die Fellachen leben wie vor Jahrtausenden. Hier kann man Maria und Jesus noch auf ihrem Esel treffen.

Ich habe von daher auch ein neues Verhältnis zur heutigen Politik dieses Landes gewonnen. Ich blicke auf einen Mann wie Präsident Sadat nicht mehr etwas ironisch herab: Ach, so ein Levantiner, schlau – einmal für die Sowjets, einmal für die Amerikaner. Wer bietet mehr? Ich respektiere diesen Mann. Ich halte ihn für einen Glücksfall: für Ägypten, für Israel, auch für uns. Möge ihm sein schweres, mühsames Werk der Befriedung der Region wenigstens ein Stückchen gelingen. Ich bewundere seine Zähigkeit und seinen Mut.

Das also, ungefähr. Indem ich dies schreibe, überlese, prüfe, spüre ich: Das war die Reise, aber wirklich nur – ungefähr. Das Eigentliche, das Letzte, das mich in diesem Land getroffen hat, ist damit noch nicht formuliert. Ich weiß: Ich werde es nicht auf den Begriff bringen, nie. Ich kann nur sagen: Da war noch mehr. Es bleibt ein Rest, der nicht aufzulösen ist. Ägypten enthüllt sich nicht, gibt sich ganz nie preis. Es bleibt ein Geheimnis. Die Reise im ganzen war wie ein langer, tiefer Kindertraum: wunderbar, aber auch voller Ängste. Sie hat mich ganz unten im Unbewußten berührt. Dort, wo man nur träumend hinkommt oder mit Hilfe der Psychoanalyse. Ich denke manchmal, ich hätte auch Sigmund Freud, diesen alten, weisen Juden aus Wien, in Ägypten getroffen. Doch dies nur am Rande.

Mit Sicherheit kann ich meine Veränderung nur an äußeren Tatsachen ablesen, dort aber klar. Seit dieser Reise ist mir Ägypten einfach zum Maßstab für Reisen überhaupt geworden. Immer frage ich mich, wenn ich zurückkomme: Wie war das Stück Fremde, gemessen an der Ägyptenreise damals? Jetzt, nicht wahr, versteht man spätestens auch meine scheinbar ausschweifende Einleitung. Da war immerhin auch Amerika, Kalifornien, Death Valley danach: ein großes Reiseerlebnis. Trotzdem reicht es nicht an Ägypten heran. Es war wunderbar in Amerika. Aber das Land am Nil war das Wunder selbst: unübertrefflich. Dies ist meine erste Bilanz: Ägypten wird zum Maßstab für alles. Der Rest der Welt muß sich daran messen lassen – bei mir.

Es gibt noch ein zweites Indiz. Man kommt mit Zeitgenossen zusammen, die von ihren Reisen erzählen. Urlaubsgeschichten samt Dia-Vorführung gehören zum guten Ton unserer Gesellschaft. Meist läßt mich das kalt. Nur wenn einer Ägypten sagt, horche ich auf. Plötzlich ist mein Gleichmut verschwunden. Engagement und tiefere Passion regen sich: Tatsächlich? Wie war's denn? Ich will es ganz genau wissen. Stundenlang kann ich mich mit den Freunden über dieses Thema unterhalten. Ich bin hellwach, und das Komischste ist: Ihre Erfahrungen sind immer genau die meinen. Wir lachen dann immer: über die Hotels, die Taxis, die Bakschisch-Riten dort. Es gibt wohl so etwas wie eine Gemeinschaft, ach, wie einen Geheimbund aller Ägypten-Geschlagenen auf der Welt.

Schließlich als letztes, aber dies beinah privat, nur im kleinsten Kreis: Es gibt Freunde, die mich nach Reisezielen befragen. Wo soll man hin? Was könntest du uns denn empfehlen aus dem Schatz deiner Kenntnisse von draußen? Wohin sollten wir auf unserer nächsten Urlaubsreise?

Wer jetzt meint, ich preise Ägypten an, hat sich gründlich getäuscht. Im Gegenteil: Das sage ich eben nicht – in den meisten Fällen. Ich sehe mir die Leute sehr genau an. Ich befinde die meisten einer so großen Erfahrung nicht würdig. Ich sage dann: Ach, fahrt doch in die Rocky Mountains oder, wenn das zu weit ist, nach Santiago de Compostela. Genau das Richtige für euch, bestimmt. Ich verheimliche also meinen Schatz. Es gibt nur zwei Freunde, denen ich in diesen drei Jahren gesagt habe: Du mußt nach Ägypten fahren. Du bist der Jüngsten einer nun auch nicht mehr. Ich sage dir, bevor es zu spät ist: Du mußt noch da hin. Ich rate nicht nur. Ich befehle es dir, beinah! Erst danach nämlich kann man, getrost und wissend, ins Reich der Toten gleiten, mein Freund!

Erwachen in Hongkong

Alle hatten es vorher gesagt. Alle hatten gewarnt, abgeraten, wohlmeinende Ratschläge gegeben. Der Herr vom Bonner Auslands-Institut zum Beispiel, mit dem ich von Genf nach Peking geflogen war, zwei Tage, eine Nacht. Ich besinne mich genau, wie er, etwa hinter Kalkutta in der Maschine neben mir sitzend, plötzlich die Hände fast beschwörend gehoben hatte: Was, wirklich? Über Hongkong wollen Sie zum Schluß aus der Volksrepublik ausreisen? O Gott, machen Sie sich auf Furchtbares gefaßt. Es ist schon beschämend, nach Rotchina in diesen Dschungel des Kapitalismus zu geraten. Unsere westliche Freiheit wird hier ziemlich wild und grausam betrieben, barbarisch. Sie werden den klassischen Hongkong-Schock erleben!

Dann und wann, jeder kennt es, gibt es Augenblicke in unserem Leben, die man nie vergißt: Erinnerungen, die bis zum Tod bleiben, unten. Die Erinnerung an meinen ersten Tag in Hongkong gehört zu diesen Augenblicken, unauslöschlich. Ich war zwei Wochen durch die Volksrepublik gereist, übrigens ganz allein. Ich war von Peking nach Schanghai, von Schanghai nach Kanton gefahren, brav mit der Eisenbahn. Ich war nicht eben begeistert. Ich hatte aber viel gesehen und einiges erlernt. Das ist einzuräumen.

China ist ja, alles in allem gesehen, ein schönes Land: leicht, licht, sehr poetisch. Die Menschen sind, trotz ihrer graublauen Mao-Kostüme, die an Schlosserkittel erinnern, feingliedrig, sehr kultiviert und von jener stillen, fast rituellen Höflichkeit, die es dem Gast leichtmacht zu reisen. Ich war also auch nicht frustriert durch die unvermeidlichen Zwänge kommunistischer Planwirtschaft. Es gibt sie auch hier, aber sie werden sanfter, menschenfreundlicher gehandhabt als im Sowjetsystem. Nur ein bißchen langweilig war es schon gewesen – unterwegs, manchmal. Die Abende in Schanghai zum Beispiel: nicht trostlos, nicht bedrükkend, nur ein bißchen fad war es schon in der Zwölf-Millionen-Stadt am Meer gewesen.

Der Übergang von der Volksrepublik China zur britischen Kronkolonie Hongkong ist am Perlfluß gelegen. Man fährt von Kanton bis zur Grenzstation noch einmal zwei Stunden Bahn. Kommt man dort an, so ist man, jedenfalls als Berliner, der waffenstarrende Betongrenzen gewohnt ist, zunächst einfach verblüfft: So etwas wie Mauern, Todesstreifen, Zäune mit Selbstschußanlagen ist nicht zu sehen. Sie wirkt zivil, beinah normal, diese heißeste Systemgrenze in Asien, die so begehrt ist von Flüchtlingen. Sie wird natürlich bewacht, militärisch; nur ist es kaum zu sehen. Ein paar Häuser am Bahnhof: Zoll- und Grenzämter. Ein ziemliches Gedränge, Geschiebe von einigen hundert Touristen, die alle hinüberwollen. Die üblichen Ausweiskontrollen, Fragen, der prüfende Blick ins Gepäck. Ob man das Geld der VR auch zurückgetauscht habe?

Und dann, wenn das alles nach knapp einer halben Stunde erledigt ist, ist es soweit. Man muß seine zwei Koffer in die Hand nehmen und geht zu Fuß über jene berühmte Brücke, die zwei Welten trennt und die doch so undramatisch, fast belanglos wirkt, von nahem gesehen. Ich hatte sie mir viel großartiger vorgestellt. Sie erinnerte mich an Alt-Berliner S-Bahn-Brücken – nicht mehr. Man stolpert über

Schottergestein dem letzten Waggon der Hongkongbahn entgegen. Ein Bild der Queen an einem Mast. Bescheiden, fast schüchtern heißt es den Gast in der Kronkolonie willkommen. Ich saß dann in meinem Abteil. Zwei Geschäftsleute mir gegenüber, die westliche Zeitungen lasen. Ein junges Mädchen, das strahlend vor schöner Bräune mit blitzendweißen Zähnen von einer Reklametafel lockte, ist mir in Erinnerung geblieben. Tatsächlich sieht man so nackte Verführung mit neuen, etwas erstaunten Augen, wenn man aus der Volksrepublik kommt.

Also dieser eine Tag dann, von dem ich sagte: Ich werde ihn niemals vergessen. Was da eigentlich in mir geschehen war, weiß ich auch nicht. Ich kann nur sagen: Es war alles leicht, federleicht geworden. Ich wohnte in einem der riesigen Hoteltürme der City, die sich wie stolze Giganten strahlend am Meer hochrecken. Ich sah so viel Schönheit, so viel Licht und Luxus plötzlich. Ich war wie verzaubert und fühlte mich dauernd von einem schwebenden Glücksgefühl getragen, das nicht enden wollte: Mein Gott, war das schön hier – schön, gewaltig und kühn. Ich hatte mir alles ganz anders vorgestellt. Ich war doch gut vorprogrammiert worden – oder?

Ich hatte mir Hongkong als ein einziges brodelndes, stinkendes Flüchtlingslager vorgestellt. Und was sah ich? Was lag vor mir? Ich war in eine der gewaltigsten und herrlichsten Hafenstädte der Welt geraten, die wie eine Perle am Meer lag, glänzend. Ich hatte an eine sterbende Kolonie, einen untergehenden Rest des verfaulenden Westens gedacht. Und was war? Ich war plötzlich in einer blühenden Metropole des Kapitalismus, die zitterte in ihrer Produktivität und aus allen Nähten zu platzen schien vor Kraft.

Tatsächlich war das Spazierengehen unten in den Straßen etwas mühsam gewesen. Es wurde wie wild gebaut. Überall schossen neue Highways, U-Bahnen, Wolkenkratzer, Verwaltungshäuser für Industrie und Handel aus dem Boden. Die Stadt vibrierte vor Zukunftslust. Alles war hier Erwartung. Ich spürte sofort: Hongkong ist nicht am Ende. Die Stadt ist ein Sonderfall, etwas kurios. Gerade unter der schützenden Hand von Peking geht diese winzige, letzte Insel des Westens einem neuen, abenteuerlichen Kapitel ihrer absonderlichen Geschichte entgegen.

Und wie es oft ist, wenn man eine Grenze überwunden hat: Rückblickend zieht sich das Vergangene in einem einzigen Bild zusammen – Erinnerungen. Nein, es war ja nicht schlecht in der Volksrepublik gewesen. Sie war eine wichtige Erfahrung. Nur das Leben, mein Leben war etwas fad geworden. Es war mir in Hongkong plötzlich, als hätte ich in einem großen, grauen Kloster gelebt. Ich war der Schüler, der Novize gewesen. Ich hatte unter Millionen anderer sehr brav und folgsam gelebt. Ich war wie alle sehr früh schlafen gegangen am Abend. Ich war wie alle sehr früh am Morgen aufgestanden. Ich war ausgiebig belehrt worden, hatte einiges dazugelernt, unbestreitbar. Ich war sogar schmackhaft genährt worden. Die berühmte chinesische Küche hat durch die Revolution keinen Schaden genommen. Es war alles hinreichend gewesen. Nur: Wirklich frei war ich in der Volksrepublik natürlich nicht gewesen.

Ich glaube, in diesem jähen, fast blitzartigen Umschlagen in die absolute Freiheit muß jenes Glücksgefühl begründet sein, das mich hier fast wie ein Taumel heimsuchte, kurzfristig. Wer aus dem Westen nach Hongkong kommt, kann das nicht erleben. Nur von Peking her stellt es sich ein. Ich war nun entsprungen dem grauen Kloster. Ich war kein Novize mehr. Ich konnte nun selber bestimmen. Ich-Zuwachs ist immer beglückend. Mein ganzes, volles Ich war mir zurückgegeben. Ich erwachte aus einem langen Reiseschlaf. Ich stand wieder auf. Ich ging hinaus. Die Lust, dazusein, die Welt selbst zu erobern, stellte sich wieder ein. Faszination der Fremde. Wie wird es hier sein? Es mag auch viel Augenzauber, schöne Touristen-Illusion dabeisein, sicher. Für mich war es trotzdem ein Augenblick reiner Beglückung. Zauber der Tiefe und süße Verführung: Du bist frei. Du bist jetzt ganz frei. Niemand sorgt mehr für dich. Du mußt das Leben auf eigene Faust versuchen. Was ist Freiheit? Freiheit ist nichts als die Abwesenheit von Zwang.

Es ist wahr, daß man zur Erfahrung dieser Freiheit etwas Geld in der Tasche braucht. Wer es nicht hat, wird sicher ein anderes Hongkong erleben. Es wäre aber ein Irrtum zu glauben, die Reise durch die Volksrepublik habe nicht auch ihr gutes Stück Westgeld gekostet. Es gehört ja überhaupt zu den unausrottbaren Illusionen hier im Westen, Reisen in kommunistische Länder seien spottbillig. Vielleicht war es früher so. Heute werden überall für Gäste aus dem kapitalistischen Ausland kräftige Sätze erhoben, die zwar nicht unseren Leistungen, wohl aber unserem mittleren Preisniveau entsprechen. Der Westreisende zwischen Peking und Kanton, wenn er allein reist, ist gut beraten, wenn er mit zirka hundertdreißig Mark täglich rechnet. Für das Doppelte erlebte ich nun mein Hongkong. Ich möchte es luxuriös nennen. San Francisco hat kaum Schöneres, Glanzvolleres zu bieten.

Es war aber nicht nur die Stadt. Hongkong ist vor allem ein gewaltiges Naturerlebnis. Warum beschreibt es niemand? Griechisch verkarstet die Felsen, ein herrliches Meer mit Hunderten von kleinen Inseln, die vielen Buchten, Hänge und zarten Berge, die an Hollywood oder die Toskana erinnern. Das alles nicht grell, nicht mediterran. Das Licht ist mild, wie gefiltert von leichten Nebelschleiern. Die

Sonnenuntergänge sind von jenem pastosen, verwischten Graugrün, das wir von chinesischen Tuschzeichnungen kennen.

Freiheit und Tod – kam daher die Tiefe der Faszination? Es ist jedenfalls draußen in der Repulse Bay, der märchenhaften Bucht, gewesen, wo ich immer des Abends saß, dem Endspiel der Sonne zusah, die langsam ins Graue zerbröselte. Melancholien der blauen Stunde. War es der Whisky gewesen? Es überfiel mich hier der Gedanke: Bleib hier! Geh nicht nach Europa zurück. Hier versinken, auslöschen für immer. Was ist denn ein Mensch? Es gibt späte Stunden in Hongkong – zum Sterben schön.

III Loblieder

Auf Lesereise

Jetzt ist Saison für Lesereisen. Die Schreiber ziehen aus: einzeln, jeder für sich; etwas verschämt und doch zielstrebig. Sie fahren zum Beispiel nach Husum oder Castrop-Rauxel. Sie reisen trotz Kälte mit leichtem Gepäck. Sie frösteln. Sie haben Köfferchen mit etwas Wasch- und Schlafzeug und allerlei Eingemachtes bei sich: Literatur, die haltbar gemacht wurde, zu Hause am Schreibtisch. Sie reisen mit Mustern, Proben, Warenangeboten aus ihrer Werkstatt. Sie fahren kreuz und quer durchs Land, um daraus vorzulesen.

Die meisten wissen: Überwältigend wird der Erfolg nicht sein. Man ist kein Udo Jürgens als deutscher Schriftsteller. Man wird mit wogenden Massen, mit Polizeiabsperrungen nicht rechnen müssen. Es werden achtzig, wenn es gut geht, hundert Leute kommen. In den hinteren Sitzreihen wird gelbglänzend einiges leer bleiben. Der Veranstalter wird überall sagen: Ja, heute ist eben Fußball im Fernsehen. Wären Sie gestern gekommen – es wäre viel voller. Oder: Leider ist das Wetter heute zu schlecht. Oder: Leider ist das Wetter heute zu gut. Oder: Wir hatten vorigen Monat schon einmal einen Dichter hier in der Stadt. Das wirkt sich aus. Trotzdem, wir sollten guten Mutes sein. Immerhin haben wir fünfhundert Einladungen verschickt. Der Bürgermeister hat zugesagt, ist aber leider verhindert.

Natürlich gibt es heute ganz andere Methoden, neue Literatur unter die Leute zu bringen. Sie sind auch viel effektiver. Gemessen an den modernen PR-Institutionen der Buchverbreitung ist die persönliche Lesereise des Autors eine vergleichsweise schlichte und altmodische Einrichtung. Etwas Idyllisches und Biedermeierliches umgibt sie im Zeitalter der Massenkommunikation. Warum üben die Autoren immer noch diesen zopfigen Brauch? Zunächst steht wohl das nüchterne Kalkül des Verlegers dahinter. Meist wünscht der Verlag solche Tourneen, um den neuen Titel seines Autors bekannter zu machen, draußen im Land, das man gern das flache oder auch das platte nennt. Es klingt immer so, als lägen unsere Großstädte alle auf hohen Bergen.

Es gibt in der Bundesrepublik heute einige Vortragsämter und Literaturbüros, die großflächig wie Konzertagenturen arbeiten. Sie buchen bei den örtlichen Volkshochschulen, Stadtbibliotheken, Buchhandlungen schon ein Jahr im voraus präzis Termine und schleifen dann den Autor mit einem barbarischen Reiseplan zwei oder drei Wochen lang durchs Land. Jeden Abend muß der Ärmste in einer anderen Kreisstadt das gleiche Lied singen. Man kennt in seinem Repertoire genau die Stellen, wo die Leute lachen werden, wo sie sehr still und nachdenklich sitzen, wo mit Saalapplaus plötzlich zu rechnen ist, obwohl man auch immer wieder Überraschungen erlebt. Es gibt tief in der Provinz noch Gemeinden, wo reine Andacht, ehrfürchtiges Schweigen zu Hause ist. Man sollte sich durch solche unerwartete Stille nicht bedrücken lassen. Gerade sie zeigt die Ergriffenheit.

Für den Fall, daß bei solchen Auftritten auch Autoreneitelkeit, süße Lust am Sich-selbst-Produzieren im Spiel sein sollte, kann es sich eigentlich nur um blutige Anfänger der Branche handeln oder um pathologische Extremfälle von Selbstbestrafung. Spätestens am vierten Morgen, wenn der Autor in jenem gelbstichigen Hotelzimmer, das man bei uns immer noch »gutbürgerlich« nennt, wieder sein Köfferchen packt, zum Bahnhof eilt und auf zugigen und tristen Bahnsteigen auf den Eilzug in die nächste Kreisstadt wartet, wird er das Trostlose solcher Aktionen am eigenen Leibe spüren. So ungefähr müssen Vertreter für Briefpapier oder Parfümeriewaren leben: immer unterwegs mit Musterkoffern.

Es ist nämlich immer dasselbe: das Herumhocken im neuen Hotel, die Gefahr, noch am Nachmittag die örtliche Pfarrkirche, das Kunstmuseum, das neue Bildungswerk der SPD besichtigen zu müssen. Unmutige Aufmerksamkeit dabei, ob auch der eigene Name gut plakatiert wurde auf den Litfaßsäulen. Vorbesprechungen mit dem Veranstalter, der das schlechte Wetter in Rechnung zu stellen bittet: Immerhin, wir sollten guten Mutes sein!

Dann plötzlich der Auftritt, die Öffentlichkeit, die Lesung. Der Tatort; das Pult zum Beispiel, das leider keiner Vorbesichtigung würdig befunden worden war, ist meistens zu hoch oder zu tief und läßt sich nun nicht mehr umbauen. Man wird etwas gebückt lesen müssen. Immer erweisen sich auch die Saalmikrofone als störrisch. Zunächst funktionieren sie nicht. Einige aus dem Saal rufen: Lauter, lauter, wir hören nichts! Und der Dichter beginnt, sein Eingemachtes eine Weile mit kolossalem Stimmaufwand auszurufen, wie einer auf dem Jahrmarkt. Später dann sackt er wieder zusammen, wird leiser, findet zu seinem eigenen Ton zurück. Ob die Leute schon schlafen? Wer schnarcht da hinten? Heutzutage schließt sich an jede Lesung noch eine Aussprache an. Der Veranstalter hatte vorher zögernd, vortastend nachgefragt, ob der Vortragende damit einverstanden sei. Der hatte mürrisch etwas Unklares zwischen den Zähnen stehen lassen, das als Zustimmung ausgelegt wurde. Unsere Menschen hier lieben die Diskussion, hatte der Veranstalter hinzugefügt, vor allem unsere unruhige Jugend.

Nach einer bedrückenden Stille am Anfang fragen ältere Hörer dann meistens, was der Autor mit diesem Text eigentlich sagen wolle. Sie suchen ganz eindeutig eine Lebenshilfe, ein Rezept zur Heilung eigener Wunden, aus der Apotheke des Dichters nach Hause zu tragen. Sie fragen wie Kinder, die eine Medizin schlucken müssen: Warum muß es immer so bitter, so kratzend sein? Wo bleibt das Heilende und Positive? Die Jungen, Bärtigen, Langhaarigen, die vom Veranstalter schon zuvor stolz und drohend angekündigt worden waren: Wissen Sie, wir hier in Gelnhausen haben auch unsere Linke. Sie wird kommen, heute abend! Die also fragen meistens, warum der Autor seine Sache nicht klarer, soziologisch eindeutiger formuliert habe. Die schöne Sprache verschleiere doch nur die wahren Konflikte. Sie suchen keine Lebenshilfe. Oder doch? Sie suchen Klassenhilfe: jetzt, sofort. Sie wissen haargenau, wie die Welt beschaffen ist, und wollen es sich bestätigen lassen, heute abend.

Der Autor versucht vorsichtig, auf die Probleme des Schreibenden hinzuweisen. Literatur, sagt er schüchtern, sei nun einmal weder verkappte Theologie noch ausschmückende Soziologie, leider. Schreiben sei ein Machen mit Sprache, sei Handwerk, Formproblem habe mit Grammatik zum Beispiel mehr zu tun als mit unumstößlichen Wahrheiten, die es auch noch gebe. Aber er stellt bald fest, daß das niemanden interessiert, nicht einmal die anwesende Studienrätin. Die Leute, ob alt oder jung, wollen gemeinsam nur eins: Stoffe, Inhalte, klotzige Wahrheiten.

Und der Autor denkt: Welch eine unliterarische Nation, die Deutschen.

Später dann, wenn auch diese Aussprache »fruchtbar« abgeschlossen wurde, trifft man sich gern zum gemeinsamen Umtrunk im »Goldenen Adler« oder in der »Traube«. Man läßt sich von der örtlichen Studienrätin über den jüngsten Geist ihrer Prima unterrichten, viel zu angepaßt – sagen jetzt immer die Älteren. Man stellt plötzlich mit Verblüffung fest, daß es da und dort, ganz namenlos und unbekannt, sehr gute und wohlinformierte Literaturfreunde gibt, die ein erstaunlich sicheres und modernes Urteil haben. Auch das gehört mit zu den Erfahrungen in der Provinz: daß es sie geschlossen gar nicht mehr gibt. Sie dämmert, sie brütet noch immer am Ort, aber wird in einzelnen, in einem Buchhändler, einem Apotheker, mit dem man reden kann wie zu Hause, auch durchbrochen.

Dann, schon nach Mitternacht, Hände schütteln, etwas übermüdet, auch etwas angetrunken schon. Immer bringt einen ein Arztehepaar mit dem Auto ins Hotel. Im Hotel knarren die Treppen, wie sie nur in Deutschland nach Mitternacht knarren können. Das Licht im Zimmer ist so sparsam und düster, daß man es im Bett gleich löscht. Nur nichts sehen von diesen gräßlichen gelben Tapeten, die fleckig sind. Man liegt eine Weile schlaflos herum, wälzt sich, kämpft mit dem Kopfkissen, fühlt sich erdrückt vom schweren Federzeug und weiß: Morgen wird sich dasselbe in Pinneberg oder Gelsenkirchen wiederholen, haargenau.

Womit nur gesagt sein soll: Eitelkeit, Narzißmus ist hier nicht lustvoll zu befriedigen. Jede Lesereise ist im Grunde eine Kränkung der Seele. Man beobachtet sich, wie man irgendwo an Bahnhöfen oder unter Arkaden sinnlos-ausschweifend Krawatten, Hemden, wollene Schals kauft. Warum eigentlich? Man möchte sich trösten, wärmen, sich etwas Liebes antun. Man spürt Welttraurigkeit, die auf Bahnsteigen liegt. Man sehnt sich nach Hause, spätestens am fünften Tag.

Und doch lobe ich diese Institution. Ich liebe sie. Mehr noch: Ich suche sie. Das Ganze geht auf die uralte Institution der »Dichterlesung« zurück, von der man heute nur noch mit kaltem Hohn zu sprechen pflegt, obwohl jedermann aus der Branche weiß, daß das Persönliche und Private immer noch sehr entscheidend ist. Die Leute wollen sehen, hören, prüfen, wie sich einer als Mensch gibt, der doch zugleich in ihrem Bücherschrank steht, als Literatur. So ganz abwegig sind solche Wünsche nicht. Wen von uns würde es nicht interessieren, heute einen Kleist, einen Büchner, einen Fontane persönlich lesen zu hören? Auch wenn solche Klassiker der Literatur heute kaum unterwegs sein dürften, so bleibt doch die Legitimität der direkten Erfahrung. Ich selber hätte zum Beispiel gern einmal Kafka lesen gehört. Ich bin sicher, daß ich seine Bücher dann mit einem zusätzlichen Informationsorgan, nämlich mit dem Ohr, dem Gehör und seinen vielfältigen, untergründigen Schwingungen, lesen würde. Daß Schreiben etwas mit Leben und Literatur, etwas mit der unverwechselbaren Signatur des einzelnen zu tun hat, wird mir kein Literaturproduzent ausreden können.

Und dann doch wieder, irgendwann zwischen der drohenden Besichtigung der Pfarrkirche und dem nächtlichen Umtrunk, diese Rückfälle ins Komisch-Zopfige. Irgendwann zieht der Veranstalter immer ein ledergebundenes Gästebuch hervor, den Dichter um freundliche Eintragung, ein bleibendes Grußwort bittend. Er legt das schwere Buch etwas verschämt und doch hartnäckig vor: ein Poesiealbum, in dessen steifen Blättern man nun etwas ratlos herumzufingern beginnt. Bei feineren Seelen wie mir beginnt sich peinliche Angst, leichter Schweißausbruch unter den Armen zu melden. Um solchen Fatalitäten zu entgehen, ist es klug, immer ein paar süffige Sinnsprüche, einige gut pointierte Zitate, Kalenderverse mit auf Reisen zu nehmen: Was aber bleibet oder Wer spricht von Siegen? oder, moderner, Auch du, woher geschritten, auch du, wohin verweht? – zum Beispiel. Glücklich, wer so etwas jetzt verstohlen aus tiefen Taschen ziehen kann; er wird nicht länger schwitzen müssen.

Auch ist man erstaunt beim Blättern, von wie liebenswürdiger, ja schmeichelnder Seite sich hier die sprödesten Dichter Deutschlands zeigen. »Dank für diesen unvergeßlichen Abend in Salzgitter-Bad«, steht da in großen, langen Schleifen gezogen, die entfernt an Günter Grass erinnern. Und wie immer sie sonst heißen mögen: Irgendwann, irgendwem aus unserer jüngsten Literatur war es hier immer »ganz unvergeßlich schön« gewesen. Es gibt, wie ich zuverlässig erkundete, Großmeister dieser kleinen Form der Liebenswürdigkeit auf dem platten Land, Grußkünstler, nebenberuflich, die mich neidisch machten: Siegfried Lenz und Peter Härtling sind auch hier Spitzenreiter.

Haben solche Reisen einen Sinn? Ich glaube, ja. Lesereisen sind im Grunde Reisen zu Buchhändlern. Sie gilt es zu informieren, zu gewinnen, aufmerksam zu machen. Buchhändler sind viel wichtiger als Kritiker. Wenn sie zu einem neuen Buch ja sagen, ist das Entscheidende geschafft. Deshalb gehen Schriftsteller auf Reisen. Es ist ein mühseliges und kurioses Geschäft: singen gehen. Irgendwann kommt ein Echo zurück.

Plädoyer für den Luxus

Populär und zeitgemäß wird man das Thema kaum nennen können. Man sollte im voraus wissen: Es ist etwas ausgefallen, ein klein wenig kapriziös, fast anstößig, kein Stoff für breite Massen – Feinschmeckerkost. Was, Sie wollen für Luxus und schöne Verschwendung plädieren? Sind Sie von Sinnen? In welchem Jahrhundert leben Sie?

Ich bin ein Kind dieser Zeit. Ich weiß, daß die Zeit heute andere Sorgen hat – bei Gott. Die Zeit ist an Sparsamkeit, an technischer Rationalität, an Gerechtigkeit interessiert. Wer redet heute vom Luxus? Irgendwie scheint er unanständig. Wir leben im Massenzeitalter. Hochhäuser, Bürotürme, Satellitenstädte. Brave Mittelmäßigkeit ist gefordert, wird benötigt und produziert. Sieh dich doch um überall in Europa: Von Gibraltar bis Moskau ist eine einzige Soziallandschaft der Betonwüsten im Entstehen, der man hochentwickelte Rationalität und Abscheulichkeit zugleich kaum absprechen kann. Die Tugendlehre der Demokratie verlangt gleiche Chancen für alle. Das ist so und wird so bleiben. Ich akzeptiere es. Aber ich füge zugleich hinzu: Das ist noch nicht alles. Das ist nicht das Ganze. Der Mensch hat ein Recht auf mehr. Er hat auch ein Recht auf Luxus.

Schwer nun zu sagen, was das eigentlich meint. Das Wort Luxus ist schillernd. Da flirrt etwas wie bei einer sehr schönen Boa. Es will sich nicht fassen lassen. Es entzieht sich zunächst, und natürlich, man kann mit ihm auch Schindluder treiben. In Frankfurt am Main etwa kann es heute noch passieren, daß einem eine normale Drei-Zimmer-Wohnung, nur weil sie einen etwas aufwendigeren Teppichboden und zwei WCs hat, als Luxuswohnung offeriert wird. Autos mit vier Scheinwerfern und vier Türen heißen häufig de luxe. Und wenn in der Stadt ein leichtes Mädchen, heute Hosteß genannt, am heimischen Herd ermordet wurde, geschah das bekanntlich immer in ihrem »Luxus-Appartement«, obwohl es sich bei Tag besehen meist nur um eine kleinbürgerliche Ein-Zimmer-Wohnung mit Kochnische handelt, bei der höchstens der Mietzins ans Luxuriöse erinnern könnte. Abscheuliche modische Begriffsverwirrungen – so nicht. Das sei vorweg geklärt: Diese verluderte Verkaufssprache kleiner Gauner ist hier nicht gemeint. Wirklicher Luxus ist anders beschaffen. Wie?

Luxus ist Überfluß, das sollte man zunächst festhalten. Er ist im doppelten Sinn des Wortes das Überflüssige. Da fließt etwas über und ist zugleich nicht notwendig, brauchte nicht zu sein, ist überflüssig. Luxus erfüllt keinen Zweck; er will nur gefallen, verführen, schmeicheln, indem er überfließt – in Schönheit. Eine sehr luxuriöse Speisetafel, ein wirklich raffiniertes Abendkleid – darin bezeugt sich die Phantasie einer Kultur, sonst gar nichts. Es geht um Pracht, um pure Prächtigkeit, die, wenn sie überhaupt etwas will, die Fülle des Möglichen bezeugen will. Pracht will sagen: So schön, so reich, so glanzvoll könnte die Welt sein, und bitte – hier ist eine Kostprobe davon, für dich! Das alles ist drin im Reichtum der Erde. So hatte Gott sich einmal die Welt gedacht, ursprünglich, doch so wurde sie nicht: Paradies-Vision, der sehr luxuriöse Garten Eden damals. Wo war das?

Zum Wesen des Luxus gehört die Verschwendung. Sie wird heute gern als unmoralisch, asozial denunziert. Wieso eigentlich? Schon die Natur ist reine Verschwendung. Von Vernunft und Ökonomie her gesehen ist sie ein einziger Akt sinnloser Vergeudung. Verschwenderisch teilt sie jedes Jahr ihre Gaben aus – sagt man nicht so? Wieviel Blütenstaub bringt sie in zärtlicher Schönheit hervor, um später eine einzige Frucht zu treiben? Er ist nicht zu zählen. Wieviel Pracht und Herrlichkeit prangt schon auf einer Wiese, die blüht, die nur schön ist, sich zeigt, wächst und dann wieder verfällt, vermodert. Wofür bitte das Ganze? Es ist schöner Überfluß. Oder dort, wo die Natur noch wirklich groß, gewaltig, elementar ist: Sieh dir den Urwald an oder die Tiefsee oder den Sternenhimmel in einer klaren Nacht – nichts als endlose, prachtvolle Verschwendung.

Es ist ja nicht wahr, daß die Welt nur zur Vernünftigkeit geschaffen wäre. Wie dürr, wie arm wäre sie. Die Vernunft ist das Vehikel, mit dem sich der Mensch in ihr zurechtfindet. Die Welt im ganzen ist mehr: Sie ist in Fülle, in Reichtum, in schöner Verschwendung gedacht und gemacht. Sie ist ewiger Überfluß. In einem tieferen, philosophischen Sinn ist die Welt überflüssig. Sie müßte natürlich nicht sein und ist doch da – wie ein Wunder. Es wird doch wohl niemand im Ernst behaupten wollen, daß etwa der funkelnde Sternenhimmel über uns mit seinen unergründlichen Lichtstraßen »vernünftig« sei. Keine Spur: Der Kosmos ist auf zwecklose Prächtigkeit angelegt. Die Welt will im Tiefsten Schönheit und Reichtum bezeugen. Was sonst? Man muß kein gläubiger Christ sein, um das mit offenen Augen zu sehen. Goethe zum Beispiel sah das lebenslänglich.

Etwas von dieser ursprünglichen Fülle tritt uns im Luxus noch immer vor Augen. Er ist ein Abbild, nur ein schwacher

Widerschein, eine späte Erinnerung an frühe Paradiesherrlichkeit. Wie durch ein kleines, sehr exklusives Fenster wird sichtbar, was war, was ist, was sein könnte, was eigentlich gemeint ist mit dem Urphänomen Leben. Leben heißt doch nicht funktionieren. Das können Automaten viel besser. Leben heißt sich verschwenden aus Fülle, aus Liebe. Das ist der Grund, warum uns Schönheit und Pracht faszinieren, warum die Menschen dieses Ah und Oh hören lassen, wenn ihr Auge die Schönheit wahrnimmt, sei es nun die eines Sonnenuntergangs, einer Kathedrale oder die eines anderen Menschen. Wir staunen, und in diesem Staunen ist eine Art Urerinnerung am Werk. War nicht ursprünglich das Leben so gemeint?

Warum pilgern die Bewohner unserer modernen Satellitenstädte in ihrem Urlaub oder am Wochenende zu den Glanzpunkten des Tourismus? Warum strömen die Menschen heute mehr als früher etwa zu den Schlössern Ludwigs II. in Bayern? Warum besuchen sie nicht eine Autofabrik? Weil in der phantastischen und bizarren Architektur dieses schönheitstrunkenen Sonderlings etwas Stein wurde, was längst verlorenging, aber zum Leben gehört: Schönheit, die staunen macht. Warum kann uns, auch wenn wir nicht gläubig sind, der barocke Reichtum einer Kirche, die Pracht eines festlichen Hochamtes, eine Mozart-Messe im Wiener Stephansdom, ein Requiem im Straßburger Münster so viel sagen? Weil dieser ungeheure, wahrhaft »sinnlose« Aufwand an Farben, Formen, Stimmen, Klängen, dieser verschwenderische Reichtum römisch-katholischer Prachtentfaltung uns spüren läßt: Das eigentlich ist gemeint mit dir und der Welt. Das ist die Höhe des Lebens: Festlichkeit. Der Mensch ist mehr als ein Funktionssystem. Er hat ein Recht auf die Fülle.

Im Luxus kehrt diese Fülle schattenhaft wieder. Sie ist

heute nur noch in Ausschnitten, in Augenblicken, in wenigen festlichen Stunden zu haben. Immerhin, ab und zu braucht der Mensch diesen Ausschnitt wie einen Spiegel. Er arbeitet, er schafft, er macht sich halb krank in all seiner technischen Tüchtigkeit. Wozu eigentlich? Irgendwann hat er dann auch das Recht auf die festlichen, die luxuriösen Stunden. Es kommt dabei nicht so sehr auf Besitzverhältnisse und persönlichen Reichtum an, wie man heute meist meint. Auch wenn ich Neuschwanstein oder Schloß Linderhof in meinem Leben mit ziemlicher Sicherheit nie besitzen werde, so erfreut mich doch ihr ausschweifender Luxus. Auch wenn ich in der Spielbank von Baden-Baden nie gewinnen werde, so ist es in diesen prachtvollen Kasinoräumen schön und erquickend zu sehen, wie andere das tun. Auch wenn die luxuriösen Damen draußen in Iffezheim zur großen Rennwoche höchstwahrscheinlich nie die meinen werden, so ergötzt und bereichert mich doch ihr Anblick – mehr soll gar nicht sein. Das ist ja das Philosophische am Luxus, daß er nicht wirklich zu gebrauchen, zu verwerten ist. Er will nur sein. Es genügt, ihn zu sehen, an ihm zu nippen, zu riechen wie an einer sehr schönen Rose: wissen, daß es sie gibt. Die Last seines Eigentums mögen andere tragen: die armen Reichen. Man weiß, daß sie die Glücklichsten nicht sind.

Hat der Luxus heute noch eine Chance? Soziologisch gesehen ist er ganz eindeutig im Rückzug. Es waren immer Eliten, ganz kleine Gruppen, die ihn entwickelten, zu voller Entfaltung brachten: die Priester, die Fürsten, die Könige, später der Großbürger, der den verfallenden höfischen Sitten nacheiferte – elegante Welt. Das reicht, historisch gesehen, noch bis zum Ausbruch des Ersten Weltkriegs. Danach gibt es den Luxus im klassischen und feudalen Sinn nicht mehr. Masse und Luxus sind Widersprüche in sich, und wo sie gelegentlich auftreten, in Amerika, in Nevada, Las Vegas zum Beispiel, wirken sie eher komisch auf uns. Die luxuriösen Massen: geschminkte Mumien, die massenhaft glücklich sind.

Man sollte also den Mut haben, sich zum Exklusiven zu bekennen. Man sollte gerade in unseren anonymen Industriegesellschaften wieder Inseln einer neuen Prächtigkeit pflegen. Mittelmaß und Vernunft sind genug auf der Welt. Was wir brauchen, sind Oasen neuer, stilvoller Schönheit. Die Welt würde trist und öde ohne solche Glanzpunkte dazwischen. Eine Gesellschaft, die nur Gleichheit betreibt, wird grau, langweilig, spannungslos; sie wird immer sowjetisch riechen. Der Mensch braucht auch Feste, Stunden eines strahlenden Glücks, das sich verschwenden will. Man soll den Glanz nicht ganz aus den Augen der Menschen nehmen.

Sagen wir es endlich im Klartext: Wir brauchen nicht nur Bad Orb und Bad Salzuflen. In einer Gesellschaft, die lebendig und innerlich frei ist, brauchen wir auch Baden-Baden zum Beispiel. Ja, ein exklusiver Ort, ein Glanzpunkt für Feinschmecker und Kenner, kein Ort für jedermann. Ich schrieb es einmal: »Stern im Baedeker, weinfreudig, eßfreudig, geldfreudig. Grüner Salon für kurze Gastspiele: eine Stadt – zum Sterben schön.« Ich stehe dazu, immer noch.

Also: Mach die Probe darauf. Hier ist das Besondere, Exklusive noch immer zu finden. Dies ist kein Ort wie anderswo. Es ist diese Oase stilvoller Schönheit: schöne Drei-Wochen-Anmut. Geh durch die Lichtentaler Allee, setz dich in die Gönneranlage, betrachte die Rosen, wie sie hier blühen: in schönem Überfluß. Das Überflüssige ist so wichtig im Leben. Nimm auch einmal ein Dinner in Brenners Parkhotel. Einmal läßt sich das wohl bezahlen.

Du wirst Szenen des kultivierten Überflusses erleben, die unbezahlbar sind. Sie sind sonst nirgends in Deutschland zu haben. Geh durch die Stadt. Das Exquisite, das Extravagante, das Kapriziöse – laß dich verwirren. Laß dich von schönen Kleidern, von Pelzen, von blitzendem Schmuck gefangennehmen. Laß dich des Nachts, aus der Spielbank heraustretend, von der barocken, herrlich altmodischen Verschnörkeltheit der Kandelaber hier vor dem Kurhaus anmuten – du wirst spüren: Schönheit ist sehr human. Es gibt ein Recht des Menschen auf Luxus.

Die Kleider der Freiheit

Eigentlich sollte man meinen, das Thema sei jetzt vorbei. Aber das Merkwürdige ist: Es ist nicht vorbei. Es hält an, es geht weiter, es zeigt keinerlei Anzeichen von Verschleiß. Es ist absolut reißfest. Es ist die erste Mode unserer Zivilisation, die den rabiaten Konsumgesetzen der Modeindustrie offenbar widersteht. Hier wird nichts unmodern. Seit dreißig Jahren ist das bei uns Mode und hat gute Chancen, die Jugend der Welt noch etliche Jahrzehnte in ihren blauen Bann zu schlagen. Obwohl inzwischen uralt, wirkt sie in jedem Stück neu. Obwohl von Millionen gebraucht, umgibt sie noch immer ein Hauch von Individualität. Ich spreche vom strengen Kleiderritus unserer Jugend. Ich spreche vom Blue-jeans-Kult unserer Zeit: ein Thema der Bedenklichkeit.

Wie gesagt: Eigentlich hatte ich vermutet, daß dieser ehrwürdige Kleiderstil jetzt langsam aus der Mode käme. Jetzt, da all die Revolutionswellen, die Demonstrationszüge und Protestmärsche bei uns schon Geschichte sind. Jetzt, da wir doch, wie man allerorts hört, eher in den Jahren eines neuen Konservatismus leben. Ich hatte vermutet, daß wenigstens die jüngste Generation, die doch angeblich wieder so konservativ ist, daß selbst Franz Josef Strauß sie nicht mehr als rot empfindet, daß sie also endlich aus diesem rüden und linken Geschirr ihrer revolutionären

Vorgänger nicht ohne den Widerwillen von Saubermännern aussteigen würden. Aber nichts davon ist der Fall. Ich hatte vermutet, daß langsam auf Straßen und Schulhöfen wieder Schlips und Kragen zu Ehren kämen, daß Bärte und langes Haar der konservativen Denunziation anheimfallen würden als Utensilien einer verrotteten Klassenkampf-Ideologie. Aber nichts davon ist der Fall. Die Mode hält an.

Es wird heute immer schwerer, einen bayerischen Jungfunktionär der Schüler-Union, CSU-nahe, von einem Frankfurter Jungfunktionär des Spartakus, DKP-nahe, sauber zu unterscheiden: beide langhaarig, beide bärtig und beide, natürlich, in zünftiger Jeanskluft. Vielleicht daß der Rechte etwas versonnener blickt, etwas nachdenklicher argumentiert als der Linke. Das ist möglich: Konservatismus ist nie so glasklar gewesen wie Marxismus.

Aber sonst? Sonst sind sie genau nach einem Schnittmuster gekleidet, ausstaffiert in derselben Boutique, die gut dran ist: Phantasiereich und vielfältig muß das Sortiment nicht sein. Da hängen eben die Jeansanzüge massenhaft, fast wie in Kleiderkammern, verderben nicht, werden nicht unmodern, sind zäh wie Drillichzeug. So viel ist jetzt schon zu konstatieren: Es handelt sich um einen Uniformkult und Textilfetischismus paradoxer Art. Noch nie kleidete sich die Jugend der Welt so eintönig, so gleich, eben uniform, und noch nie wirkte sie zugleich in diesen Kleidern so persönlich, so salopp und ins Individuelle befreit. Also, das Phänomen ist buchenswert. Es ist hochproblematisch, wie man sehen wird.

Über den Siegeszug dieses Kleidungsstücks brauche ich nicht zu sprechen. Jedermann kennt ihn. Es ist eine triumphale Geschichte: Ob San Francisco oder Amsterdam, ob West-Berlin oder Jerusalem, ob Prag oder Ost-Berlin – wo immer nur ein Hauch von Liberalität herrscht, ein

Quentchen Selbstbestimmung, greift diese Mode unaufhaltsam Platz, erfaßt ganze Völker, Kulturen, Erdteile heimtükkisch wie ein Grippevirus. Dagegen ist kein Kraut gewachsen. Selbst die mächtige Sowjetunion hat davor kapituliert. Sie hat dieses blaue Textilsymbol kapitalistischer Wolfsgesellschaften halbherzig hinnehmen müssen und ist daran nicht zerbrochen, wie wachsame Chefideologen zunächst vermuteten. Aber nicht nur Politbüros, auch die Kirchen, die Konzertsäle und Opernhäuser, selbst die Veranstalter traditioneller Tanzstunden haben sich damit abgefunden. Jugend und Jeans sind identisch geworden. Was immer kreucht und fleucht auf dieser Menschenwelt und zwischen fünf und fünfunddreißig ist, geht so: ein strenger Ritus, Kult der Kinder dieser Welt.

Seltsam ist auch das Wort Jeans. Es wird heute überall als »Hosen« verstanden und übersetzt, obwohl es dieses Wort für Hosen im Englischen nicht gibt. Ich habe lange in Englisch-Lexika danach gesucht; es wird nicht aufgeführt. Erst *Webster's Dictionary*, sozusagen der Duden der Amerikaner, half weiter. Das Wort *jean* heißt einfach Baumwollstoff und ist, welch eine Überraschung bei diesem nach Coca-Cola doch zweifellos amerikanischsten Weltsymbol, aus dem Italienischen übernommen: Genova steckt immer noch, amerikanisiert, in dem Wort *jean*. Genua war nämlich einmal der traditionelle Ausfuhrhafen für diese geköperten Baumwollstoffe, die einfach Genueser Wolle hießen. Erst später wurde diese Stoffart zum Synonym für Hosen, ganze Anzüge. Nur am Rande sei noch hinzugefügt – und ich hoffe, niemand wird es als geheime Schleichwerbung empfinden –, daß der Firmenname der echten Jeans, der Urjeans sozusagen, die heute noch, nein, nicht aus Texas, sondern aus Kalifornien kommen, mich immer auf eine merkwürdige Weise an den Begründer des französischen Strukturalismus erinnert: Lévi-Strauss. Doch das muß ein Zufall sein. Ich sehe da keine Querverbindungen im Monopolkapitalismus.

Diese Urjeans, als sie bald nach dem Ende des Zweiten Weltkriegs zum erstenmal zu uns kamen, US-Importe, waren für uns sofort Amerika-Symbole, Cowboy- und Rancher-Kleider, waschechte Bonanza-Modelle; doch das kam erst später. Der sehr derbe Zwirnsfaden gab dem Stoff eine herbe und härene Steifheit, die gleichermaßen Männlichkeit und Unverwüstlichkeit vermuten ließ, was ja kein Gegensatz ist. Irgendwie roch diese neue Mode sofort nach Sattel, nach Leder, nach Whisky und etwas Pulverdampf, was wir Deutsche damals alles entbehren mußten.

Man wird es nicht glauben, aber es war so: Das Entscheidende war damals die enge Röhrenhose der Jeans. Sie war das Revolutionäre. Sie versicherte einer neuen Generation in Europa die Befreiung von der Bügelfalte, die Generationen von jungen Männern in ihrer steifen Tanzstundenkorrektheit angstvoll beherrscht hatte. Sollte es in unserer Nachkriegsgeschichte auch so etwas wie eine Emanzipation des Mannes gegeben haben – man kann das bezweifeln –, so begann sie auf jeden Fall mit dieser Befreiung von der Bügelfalte. Die Bügelfalte war wie der Scheitel eine der vielen Zwangsneurosen des alten Europa. Sie sind überwunden.

Plötzlich waren diese blauen, röhrigen Beinkleider da, die erst eine gewisse Knittrigkeit, Zerbeultheit, auch Querfaltigkeit wirklich schick machten. Der europäische Mann stieg in diese US-Hosen unendlich beglückt und befreit. Sie drückten und kniffen zwar anfänglich da und dort. Am besten, man setzte sich mit ihnen in die volle Badewanne. Welch ein Gefühl kompakter Sicherheit war so zu gewinnen! Jeans anziehen war, wie wenn man in Panzer des Friedens einstieg, nur lässiger, lockerer. Obwohl eigentlich ohne erotische Anmut, wirkten sie in sexueller Hinsicht als eine Art Elixier für Männer. Jeansträger kann man sich eigentlich nur enorm potent vorstellen. Oder täuscht hier der Schein?

Es gab Entwicklungen, Variationen, Moden in der Mode, unverkennbar. Oben, also an der Hüfte und am Gesäß, wurden sie allmählich immer enger. Hauteng, hieß die Parole. Unterhalb des Knies aber begann Anfang der siebziger Jahre jener Kult des »Ausstellens«, den wir in Europa andeutungsweise von Matrosenhosen kannten. Eine Weile mußten sich die Hosenbeine auf der Höhe der Waden wie Stoffglocken weiten, um schließlich fast wie Damenröcke breit auf die Schuhe zu fallen. Aber dann, Ende der siebziger Jahre, wurde ebendas wieder unmodern. Jetzt zog sich das Ganze wieder zusammen, wurde wieder auf eng umgestellt. Ganze Jeansanzüge kamen als lockere Monteurskittel auf den Markt. Und das Wichtigste war: unten immer enger, so eng, daß man nur mit äußerstem Zwang hineinkam. Karottenhosen heißt das und ist einstweilen überall letzter Schrei. Worin eigentlich die Schönheit von Karotten besteht, habe ich nie recht begriffen. Es ist nur so: modern.

Und daneben gibt es immer noch die kunstvoll zerrissenen, von teuren Fabrikanten kunstvoll geflickten und mühsam zerfledderten Jeans, die das Außenseitertum der Wohlstandskinder deutlich demonstrieren sollen. Aber täusche ich mich, wenn ich meine, daß diese Variante kapitalistischen Übermuts seit Beginn der ersten Wirtschaftskrisen schon deutlich rückläufig ist? Sie war wohl doch etwas frivol. Sie verwirrte auf jeden Fall Sowjetmenschen, die neugierig-gutgläubig Besuche in Westeuropa machten. Zurückgekehrt nach Kasachstan oder Usbekistan, berichteten sie nicht ohne sozialistisches Mitgefühl, daß die Jugend in Paris, Zürich oder London so arm und vom Kapitalismus so ausgebeutet sei, daß sie nur in geflickten Kleidern einhergehe. O holder Augenschein. Frühkapitalistische Ausbeutung und spätkapitalistischer Übermut – so leicht ist das nicht zu unterscheiden, von weitem. Das ist sehr wahr.

Was ist nun das Geheimnis des Ganzen? Was ist denn die Ursache dieses triumphalen und nicht enden wollenden Siegeszugs? Wie geht denn die Jugend darin? Wie steht sie in Diskotheken, umdröhnt von Pop- und Rockmusik? Wie sitzt sie auf Schul- und Parkbänken, auf Kinostühlen, Barhockern, in Autos, Eisenbahnabteilen, auf Büroschemeln, auf Baubalken? Ich könnte jetzt sagen: lässig, bequem, selbstsicher. Die Dinger sind ja sehr reißfest. Doch das meine ich nicht. Ich meine das Egalitäre, fast würde ich sagen: das Klassenlose. Es gibt keine Unterschiede mehr zwischen Armen und Reichen, Porschefahrern und Radfahrern, Dorfjugend und Villenbewohnern – in dieser Kleidung. Die Jugend der Welt hat ein Stück Identität gefunden. Sie geht überall gleich. Sagt sie nicht auch damit etwas? Was?

Kluges über den Klatsch

Mit dem Klatsch verhält es sich ähnlich wie mit unserer Verdauung. Solche Funktionen sind öffentlich verpönt. Und doch: Es geht eigentlich nicht ohne sie. Alle entrüsten sich über den Klatsch – mit Recht. Trotzdem: Wer frönt diesem Laster im kleinsten Kreis nicht mit Genuß? Das Laster erleichtert beträchtlich. Haben wir also wieder einmal geklatscht? Ach, es ist so entlastend, nach des Tages Arbeit und Mühe sich des Abends in die sanften Sessel privater Vermutungen fallen zu lassen. Wußten Sie das wirklich nicht, daß der schon mit der ... Mein Gott, schon lange nicht mehr! Was, das ist Ihnen entgangen? Bester, wo leben Sie? Also, so liegen die Dinge, in Wirklichkeit!

Mit einemmal wird alles so warm, so durchsichtig und verständlich. Natürlich, so ist es! Die Welt wird ein einziges großes Kindergesicht, das strahlt, das triumphiert, manchmal aber auch bösartig zuckt. Mehr nicht. Die kompliziertesten gesellschaftlichen Prozesse lösen sich nun in ein paar *human facts* auf. Die Zusammenbrüche von Ehen, Bankhäusern, Kommanditgesellschaften, kommunalen Parteienkoalitionen werden einsichtig, wenn man nur ihre privaten Hintergründe weiß. Der Klatsch transportiert sie zungenfertig nach oben. Er setzt sahnige Tupfer über meist ziemlich eisige Tatsachen. Humanisierung der Arbeitswelt kann man das nennen.

Darin, meine ich, liegt seine wichtigste gesellschaftliche Funktion. In unserer immer abstrakter und anonymer werdenden Bürokratiegesellschaft reicht uns der Klatsch die unterschlagenen Personalia nach. Kein Nachrichtenmagazin, so politisch es sich auch verstehen mag, keine Illustrierte, so fortschrittlich sie auch sei, verzichtet auf diese Rubrik, »Personalien« genannt. Hier werden uns die Großen der Welt von ihrer sterblichen Seite gezeigt. Daß und wie und warum Helmut Schmidt zum Beispiel Schnupftabak zu schätzen weiß. Das setzt dem stahlharten Macher plötzlich ein höchst menschliches Hütchen auf. Warum hatte die immer verspottete Margret Dünser ein so riesiges, treues Fernsehpublikum? Weil sie den Stars der Welt so naiv-entwaffnend und treuherzig-neugierig auf den Leib rücken konnte: Wie machten Sie das eigentlich, Lord X., daß Sie so steinreich werden konnten? Und, ehrlich, sind Sie nun glücklich in all Ihrem Glanz? So etwas baute Brücken, die die Tagesschau in ihrer Sachlichkeit nie bauen konnte. So etwas wärmt. Klatschbasen sind wie liebenswerte Großmütter. Sie stricken die Pulswärmer für Zeitgenossen.

Immer geht es im Klatsch um Personen, nie um Sachen. Der Mensch kann nun einmal schwer auf den Mitmenschen verzichten. Er braucht ihn als Hilfskonstruktion, um die Welt zu verstehen. Adornos Theorie von den objektiven Zwängen der Gesellschaft, in der seine Jünger heute unbestreitbare Höchstleistungen deutschen Soziologenkauderwelschs vollbringen, mag ihr Stück Richtigkeit haben. Für den einzelnen bleibt sie trotzdem eine intellektuelle Zumutung, die schwer zu ertragen ist. So unentrinnbar, so zwangsläufig soll das Ganze sein?

Im Klatsch wird uns die holde Vermutung nachgereicht, daß es im Grunde doch Personen, die einzelnen, ja ihr

Intimstes sind, was die Welt in Bewegung hält. Eigentlich geht es in dieser großen Industriegesellschaft, die niemand mehr überschaut und versteht, doch sehr natürlich, recht menschlich, ja, wie man sieht, nur allzu menschlich zu. Ich frage: Warum darf man so etwas des Abends beim Bier nicht vermuten? Es vereinfacht die Schwierigkeit dazusein beträchtlich.

Weiter: Der Klatsch ist ein soziales Gruppenphänomen, das den einzelnen produktiv macht, weit über seine natürlichen Anlagen hinaus. Niemand kann allein klatschen. Die Gruppe muß klein, auf jeden Fall überschaubar sein. Sie ist in der Dreier- oder Viererbesetzung am kreativsten. Aber auch die intime Zweierbeziehung ermöglicht schon erstaunliche Resultate. Der Mittagstisch in der Betriebskantine, der Stammtisch am Abend, das Telefongespräch am Sonntagnachmittag – das sind Konstellationen, die auch biedere Büroangestellte kurzfristig zu den Höhen poetischer Phantasien entrücken. Schöpferische Kräfte werden hier frei, jene Lust zum Fabulieren, die sonst nur den Dichtern erlaubt ist. Diese Kreativität beglückt und entlastet die sonst schweigende Mehrheit.

Weiter: Der Klatsch ist eine sehr intime Form sozialer Kommunikation. Er setzt eine kleine, überschaubare Welt voraus. Deshalb ist er zunächst und ursprünglich im Dorf und in der Kleinstadt zu Hause, wo jeder noch jeden kennt. Hier ist er sozusagen die gesprochene Zeitung, die alle in einem immerwährenden Prozeß kollektiver Kreativität betreiben. In unseren Großstädten ist er zu einem Zunftphänomen reduziert. Er setzt die gemeinsame Berufsgruppe, die Vertrautheit der Branche, am besten die Bekanntschaft unter Kollegen voraus. Es klatschen nicht die Bäcker über Komponisten, die Fußballer nicht über die Literaturkritiker. Die Schornsteinfeger haben nie Nachteiliges über die

Journalisten · gesagt, obwohl sie doch gerade in deren Wohnungen tief loten können.

Es klatschen die Schriftsteller immer nur über Schriftsteller, genau wie die Marktfrauen nur über Marktfrauen reden. Es gibt Soziologenklatsch, Medizinerklatsch, Psychoanalytikerklatsch, Universitätsklatsch. Nichts ist aufschlußreicher, als vier oder fünf deutsche Professoren des Abends zu Hause beim privaten Umtrunk zu hören. Was sich tagsüber als so gelehrt und streng wissenschaftlich geriert, entpuppt sich nun als eine einzige Sumpflandschaft, beredt im Ungefähren. Was steht zur Debatte? Kollegen, Rivalen, Konkurrenten. Es wird ausführlich über Lehrstühle hergezogen und deren Inhaber: warum dieser gottlob nicht, jener aber völlig zu Unrecht berufen wurde. Insofern gehört der Klatsch integral zur Arbeitswelt. Er ist freischwebender Personalaustausch in der Berufsgruppe.

Weiter: Es gehört zum Wesen des Klatsches, daß er Nachteiliges transportiert. Über einen Kollegen zu verbreiten, daß er fleißig, erfolgreich und seine Ehe vorzüglich sei, ist witzlos und längerer Rede nicht wert. So etwas verbindet nicht, hält nicht genüßlich zusammen. Die überbrachte Intim-Information wird erst durch einen gewissen Schlenker ins Giftige, ja Gehässige zu einem guten Klatsch. Es gibt überhaupt nichts Produktiveres unter den Menschen als die Bosheit. Sie wird bei uns weithin unterschätzt. Nur das Gift feiner und kluger Gehässigkeit weckt und belebt die zwischenmenschliche Szene. Der Neid ist zum Beispiel eine Triebkraft von historischem Rang.

Gewiß, die Bosheit darf nicht so weit gehen, daß sie den anderen zerstören, vernichten könnte. Das wäre Mord. Die gut kalkulierte Bosheit des Klatsches trifft vielmehr jenen einen Nerv, an dem der andere tatsächlich verletzbar ist. Sie lügt nicht platt. Sie hängt etwas an. Sie bauscht etwas auf. Sie deklariert Mögliches dreist zur Wirklichkeit. Sie ritzt dem anderen so ins Fleisch, daß es verletzt wird, gleichwohl aber noch heilen kann wie kleinere Wunden, die trotzdem schmerzen. Darin liegt der Befriedigungswert für uns. So wird latente Aggression sozial reguliert. Gestaute Ressentiments werden in kleinen Ventilen pfeifend abgelassen. Das tut gut. Verjüngt und erfrischt eilt man nach solchem Austausch zur Arbeit. Es lebt sich danach entspannter.

Ich meine, dies alles ist ein zu subtiles und produktives Gesellschaftsspiel, als daß es allein den Marktfrauen überlassen werden dürfte. Es klatscht sich nämlich um so ergiebiger, je höher der intellektuelle Rang und die Reflexionsstufe der Berufsgruppe sind. Es gibt eine hochentwikkelte Klatsch-Kultur unter Klerikern und Kirchenmännern, von der die Laien nur wenig wissen. Klöster sind verborgene Inseln solcher Nachrede, selig. Hier kommt noch der Verdrängungsdruck der Askese als Treibstoff hinzu. Ohne Zweifel sind Schriftsteller und Literaten Meister in dieser Kunst. Den Gipfel aber stellen nach meiner Erfahrung die Literaturkritiker dar. Sie sind die Könige unter den Klatschbasen. Warum?

Ich vermute, weil hier alles zusammenkommt, was einen wirklich kunstvollen Klatsch qualifiziert: universelle Beredsamkeit, umfassende Personalkenntnis mit Sachverstand, etwas Neid, etwas Rechthaberei, vor allem aber ein ausgeprägter Sinn für Sprache und Stil, verbunden mit einem gewissen Mangel an kreativer Durchsetzungskraft. Nur in einem so komplexen Zusammenhang erreicht der Klatsch die Höhe einer sozialen Kultur. In solchen vollendeten Formen kommt es ja nicht auf die bloße Information, den kruden Inhalt an, sondern auf die raffinierte und hinterhältige Art, wie der giftige Pfeil abgeschossen wird.

Das erfordert die Kunst der mimischen Zwischenzeichen. Eine beschwichtigende Handbewegung, ein Augenzwinkern, der Schwur, es niemandem weiterzusagen, sind wichtig. Rhetorische Präliminarien sind unerläßlich: Sie behalten es bestimmt für sich? Kann ich mich darauf verlassen? Schwören Sie das?

Was geschieht auf so einsamen Höhen der Kunst? Auf Kosten eines Abwesenden schaffen wir uns eine neue, diskretere Öffentlichkeit, an deren zarter Herabsetzung nur wir teilhaben. Klatsch ist mit einem Wort immer – Vertrauenssache.

Mit so einem Ei reisen

Sie können es im Grunde alle nicht recht begreifen: meine Freunde, Bekannten, Kollegen und lieben Nachbarn. Ich bin für sie ein Rätsel, beinah ein Fremder geworden, etwas suspekt. Sie blicken mich mißtrauisch an. Sie fragen, indem sie die Schultern leicht hochziehen: Ach, wirklich, tatsächlich? So etwas machen Sie ernstlich im Urlaub? Sie sagen es nicht, aber im stillen denken sie alle: Wie entsetzlich, wie gräßlich, der Ärmste. Was ist nur mit ihm? Ist er bankrott? Muß er mit dem Pfennig rechnen? Dieser Massenbetrieb, dieses schäbige Kleine-Leute-Gewimmel auf Campingplätzen. Wie nur kann er sich so etwas antun? Das soll ein Urlaub sein? Er muß am Ende sein.

Ich bin es nicht. Aber natürlich, ich frage mich auch manchmal: Warum? Warum machst du das eigentlich? Ich habe es längst aufgegeben, zu bekehren, zu überzeugen, Werbung für Caravans zu machen. Das Vorurteil der Menschen ist bekanntlich sehr stabil. Es erhält sich, wie man weiß, um so stereotyper, je weniger Erfahrung dahintersteht. Ein solches Vorurteil bei uns lautet zum Beispiel: Also bitte, das mögen Arbeiter, Handwerker, kleine Leute machen, die eben nichts Besseres kennen, die etwas scheu und unsicher sind an der Rezeption eines Grandhotels. Es fehlt ihnen wohl auch an Geld. Aber unsereiner, der doch etwas Besseres, Feineres, Gehobenes ist, beste Mittelklasse sozusagen – haben wir das nötig? Uns geht doch nichts über ein gepflegtes Hotel und einen gediegenen Service. Caravan-Urlaub? Das ist doch nichts für Individualisten. Kein Reisestil für Einzelgänger.

Seitdem ich mit meinem Wohnwagen auf Reisen gehe, bin ich nicht mehr so sicher, ob das alles stimmt; zum Beispiel das, was den Individualismus betrifft. Ich erinnere mich, wie das früher einmal bei mir ohne Wohnwagen war: immer des Abends, wenn man erschöpft und todmüde in die nächste Stadt zum Übernachten einfuhr, dieses endlose Suchen nach einem Parkplatz, nach einem Hotel im Citygewirr. Ob wir hier einen Strafzettel kriegen? Dann das Pflastertreten, das Kofferschleppen, die Trinkgelder am Lift. Die Anzüge waren beim Auspacken meist total zerknittert. Man konnte sie nicht anziehen heute abend. Dann das Sitzen im Speisesaal, der Kampf mit dem Kellner, der eine bemerkenswerte Fähigkeit hat, einen zu übersehen. Er bedient immer die anderen. Später sank man in fremde und harte Betten. Entweder war das Kopfkissen zu schmal oder das Bett zu kurz; von Liebe will ich erst gar nicht reden. Man konnte meistens nicht einschlafen, weil das Zimmer, so fremd, natürlich zur Hauptverkehrsstraße lag. Noch um Mitternacht drangen Busgedonner und Barmusik hoch. Am nächsten Morgen wieder das Koffergepacke, Heruntergezerre, der Kampf mit dem Frühstückskellner. Und dann wieder Trinkgelder. Ich frage die Menschheit: Wo ist denn da feineres Einzelgängertum? Sind das nicht die Riten zivilisierter Horden?

Wer mit dem Wohnwagen reist, ist all solcher Sorgen für immer ledig. Er kann den schönsten Urlaub erleben, den totalen Urlaub. Was ist das: totaler Urlaub? Eine sehr eigene Erfahrung. Für mich heißt das: Abschied von einer üblichen Lebensform – Hochhaus, Lift und Parkettfußboden. Ausscheren aus dem Räderwerk des Gewohnten. Einmal im Jahr ganz anders sein, ganz anders leben, weg von der Gesellschaft, raus aus den Großstädten, sich fallen lassen, absinken in eine andere Welt. Etwas Ursprünglicheres, etwas mehr Erde. Nennen wir es doch ruhig einmal die Natur. Zum Beispiel eine Wiese in der Normandie, ein Strandstück in der Bretagne, direkt am Wasser. Das Meer vor der Tür täglich, der Caravantür, meine ich, drei Wochen lang. Natürlich ist auch etwas Primitivität, eine Lust am Wilden, ein winziger Nachgeschmack von Zigeunertum mit dabei. Man macht sich manchmal tatsächlich die Hände dreckig. Das ist schon wahr. Das ist der Preis.

Das Entscheidende ist: Wer mit dem Wohnwagen verreist, verläßt für die Urlaubszeit die Steinwüsten unserer erschöpften Zivilisation. Man ist immer im Freien, im Grünen, man ist immer draußen, die Städte weit weg. Man geht nicht mehr mit Tasche und Hütchen an den Strand für drei Stunden – man wohnt dort fest mit seinem Ding, ist zu Hause am Meer wie sehr alte Fischer. Man macht nicht einen Spaziergang in die Berge, sondern haust da oben zwischen Felsen und einem Bach in Badehose und mit Holzpantinen. Man ist jetzt ein Bergbauer. Und man hat doch seinen ganzen vertrauten Kram: vom Bücherregal über die Whiskyflaschen bis zum Fernseher alles dabei. Mit so einem Ei reisen heißt mit seinem höchst privaten Mikrokosmos der großen, bunten Welt entgegenrollen. Wie eine Schnecke mit ihrem Haus, nur sehr viel schneller.

Natürlich gibt es auch Schwierigkeiten, man soll das nicht verschweigen. Vor allem für Anfänger. Natürlich will das An- und Abkuppeln gelernt sein, das Fahren auf voller Straße, das Überholen im günstigen Augenblick – man braucht da ganz andere Freiräume. Ich warne auch Anfänger vor der vertrackten Kunst des Zurücksetzens, etwa in einer neapolitanischen Sackgasse, vor einem Gemüsegeschäft vielleicht. Da kann manches ins Rollen kommen, nicht nur Wohnwagengespanne.

Es gibt auch Campingplätze, die überfüllt oder schäbig sind. Bei Gott, genau wie Hotels. Aber wer zwingt dich, hier einzukehren? Du bist eine Schwalbe: Zieh weiter, flieg ab! Mit so einem Ding, diesem Ei auf Rädern, bist du ganz frei. Du bist ungebunden. Fahr also zehn Kilometer weiter, und du wirst plötzlich einen ganz stillen, herrlich verträumten Platz finden. So etwas gibt es abseits der großen Routen. Ich erlebte das oft vor allem in Frankreich: an der Loire, an der Rhone oder in Burgund. Ach, Burgund oder das Elsaß – ein schönes, uraltes, stilles Land! Es riecht hier alles nach Käse und Rotwein. Hier laß uns bleiben, unsere Hütte bauen! Wie lange? Eine Nacht? Drei Tage? Zwei Wochen? Ach, frag doch nicht jetzt. Wir sind frei. Wir bleiben, wie es uns paßt. Wenn es uns reicht, werden wir weiterziehen. Das ist, was ich mit dem Wort meine: der totale Urlaub. Er ist wirklich der schönste. Aber für jeden ist er nicht. Er braucht sehr spezielle Liebhaber.

Ich schäme mich auch gar nicht zu sagen, daß da noch mehr im Spiel ist, Ernsteres, Größeres: so etwas wie Naturerlebnis. Es handelt sich um Erfahrungen der Erde, die uns Großstädtern längst entglitten sind, die uns also neu und verblüffend anmuten. Du sitzt draußen vor deinem Ei. Die Nacht fällt ein. Du siehst, wie der Himmel fahler, blasser, glasiger wird: Dämmerung, Dunkel fällt ein. Du siehst, wie die Mondsichel immer schärfer heraustritt, wie es pechschwarz wird eine Weile, dann wieder etwas heller und wie schließlich die Sterne groß und flimmernd über dir stehen. Solch ein Schauspiel zum Beispiel gibt es nicht in Grandhotels. In Grandhotels ist es jetzt eher fad.

Oder die Morgende: der Augenblick des Erwachens.

Meistens weiß man, aus tiefem Schlaf kommend, zunächst nie so recht, wo man nun eigentlich steht mit seinem Kasten, heute morgen. Man muß sich die Augen reiben, man fingert an den Gardinen herum, muß etwas Feuchtigkeit vom Fensterglas wischen, guckt dann schlaftrunken hinaus. Ein Weinberg, ein Bach, ein Kreuz am Weg da draußen: Ist das die Toskana? Wo sind wir denn eigentlich?

Es ist sechs Uhr früh. Tatsächlich wacht man im Caravan sehr viel früher auf, wie man ja auch sehr viel früher schlafen geht. Also, es ist ein taufrischer Morgen. Draußen hat eben ein neuer, strahlender Tag begonnen. Man hört Vögel pfeifen. Man schleicht hinaus und findet einen frischen, blitzblanken Morgen vor, einen Tag, der noch nicht verbraucht ist, sondern glatt und rein wie Seidenpapier. Man weiß: Um zehn wird alles schon vorbei sein, zerknittert, also wie immer. Aber jetzt hier draußen ganz für sich eine Viertelstunde im Gras hocken, genußvoll die erste Zigarette rauchen, vor sich hin meditieren, gar nichts tun: Das ist auch eine Stunde des Menschen, eine kostbare Erfahrung, tief und rein. Ich meine, obwohl ich Grandhotels schätze: Das kann kein Grandhotel bieten.

Und später dann nach dem Frühstück? Dann kommt das Ankuppeln, das Einsteigen, das vorsichtige Gasgeben: sehr langsam herausfahren. Es ist halb zehn. Wo fahren wir eigentlich hin, jetzt? Die Welt ist so weit! Man ist auf eine sehr erholsame Weise frei und durch nichts genötigt. Herumzigeunern, das tut man. Also noch einmal die Frage: Wo fahren wir denn nun hin, heute morgen? Der Sonne entgegen, sage ich. Keine Sorge: Das Ei kommt mit!

Mit dem Greyhound durch die Staaten

Es war in Denver, Colorado, also noch auf dem Hinflug. Wir waren abends in diesem Steak House gewesen; die gewaltigen Fleischstücke, blutend vor Saft und Kraft – nicht übel, gemessen an Amerikas miserabler Küche. Die Kellnerin war auch nicht übel. Sie hatte mir beim Nachschenken des Weins jedesmal wie ein Kerl, freundschaftlich-bekräftigend, auf die Schulter geschlagen: Okay, everything allright, Sir? Das sind so die Standardformeln des Landes. Nur, ich zuckte immer zusammen unter ihren sanften Pranken. In Colorado, das merkt man am ersten Abend schon, ist eine derbe, handfeste Rasse zu Hause, fast wie in Bayern.

An diesem Abend also, es war schon nach Mitternacht und wir auf dem Weg ins Hotel – da sah ich ihn zum erstenmal wirklich. Lag es an meiner leichten Trunkenheit? Es war wie ein Schock. Es war kein Bus – ein stählernes Ungeheuer, ein Mythos, der kam. Da bog er bebend, schnaufend in seine Greyhound Station: ein wildes Tier, das dröhnte und knurrte, wirklich ein grauer Steppenhund, der den Staub der Straßen, die Weite und Ruhelosigkeit des Landes mitbrachte.

Im Licht der Scheinwerfer sah ich die Leute aussteigen: erschöpfte, müde Gesichter. Die Leute taumelten noch wie im Schlaf die Stufen herunter. Eine Negermamie setzte ihr schlafendes Baby auf den dreckigen Asphalt. »St. Louis«, stand auf dem Bus. Steigen Sie ein? Fahren Sie mit, Sir? fragte der Fahrer mich. In sechsunddreißig Stunden sind wir in Saint Louis. Ich weiß, daß mich da etwas wie Beklemmung, wie Gruseln befiel, einen Augenblick. Das ist deine Zukunft? Das willst du machen: mit dem Greyhound durch die Staaten? Es wird furchtbar werden.

Ich habe das Ganze gemacht. Ich bin zwei Wochen lang von San Francisco bis New York mit dem Bus gefahren. Ungefähr braucht man das: vierzehn Tage, mit zwei, drei Ruhepausen dazwischen. Ich wollte das schon immer: Amerika hautnah und konkret, ganz alltäglich. Diese imponierende Gigantenwelt ganz von unten: Tankstellen, Straßen, Brücken, Motels, Snackbars – lernt man da nicht ein Land kennen? Ich hatte mir zuvor in Deutschland das Ticket gekauft, das den Touristen berechtigt, mit allen Bussen der Greyhound Corporation einundzwanzig Tage lang nach Belieben durchs Land zu fahren. Diese verrückte Idee: fahren, fahren, immer nur fahren. Das Land ist ja endlos. Wohin eigentlich? Das ist nicht wichtig. Das Fahren selber war mein Ziel.

Und ich sage nun gleich im voraus: So beängstigend, so alptraumartig, wie es mir in dieser ersten Nacht in Denver schien, war es nicht. Man kann diese Tour machen. Man wird sehr viel sehen und kennenlernen. Sie ist auch nicht monoton, wie ich fürchtete. Aber für jedermann, das ist einzuräumen, ist sie nichts. Wer sich entspannen und erholen will, wer hauptsächlich die Schokoladenseite Amerikas zu genießen hofft, sollte die Finger davon lassen. Greyhound ist ziemlich anstrengend, etwas strapaziös. Aber wer auf die Welt, wie sie ist, neugierig ist, einen Rest von Wagemut und Abenteuerlust in sich spürt, dem wird sich auf diesem Weg ein Amerika öffnen, an das er sonst nicht herankommt: nicht so schnell, nicht so intensiv, so vollkommen unverstellt, ja nackt. Noch eine Warnung ist angebracht. Passionierten Rauchern ist zu sagen: Im Greyhound ist das Rauchen meistens verboten. In einigen der fünfzig Staaten gibt es eine bescheidene Raucherlaubnis für die letzten vier Sitzreihen, aber nur für Zigaretten. Zigarre und Pfeife sind überall streng verpönt.

Man hockt also plötzlich mittendrin in diesem Alptraum Amerika, fahrend. Man sitzt in einer Gesellschaft, die fremd ist und die man doch zu kennen meint von all den Western und Kriminalfilmen. Abstraktes wird nun konkret. Wie ist das nun wirklich? Ein Texaner sitzt neben einem; der große Rancher-Hut, das bunte Hemd, die Nietenhosen, diese Kaugummilangeweile im Gesicht – lauter Klischees, die hier wirklich sind. Ein Indianer steigt später zu. Rothäute sind gar nicht rot, sondern gelb, olivgelb bis bräunlich; sie wirken mongolisch. Sie sind sehr klein, gemessen an den baumlangen Yankees. Sie tragen meist langes, schwarzglänzendes Haar, in der Mitte sauber gescheitelt. Das Haar fällt ihnen weit über die Schultern. Sie tragen ein Stirnband als Schmuck. Von daher kam damals die Hippietracht?

Weiter: Man sieht die außerordentliche Höflichkeit, in der die Menschen hier miteinander umzugehen pflegen. Amerika ist brutal, aber untereinander bedienen die Amerikaner sich der freundlichsten, ja liebenswürdigsten Formen. Riten sozialen Umgangs; dieses dauernde May I help you? – Pardon – Thank you – Excuse me, please. Sie entschuldigen sich eigentlich dauernd, die Amerikaner. Ihr Verhalten hat etwas von Kugeln in gutgeschmierten Kugellagern. So geht es einfach glatter, sanfter, unaufwendiger. Sie lassen immer dem anderen den Vortritt; nie kommt es zu unseren deutschen Drängeleien. Niemand will hier der erste sein, auch nicht auf der Autobahn. Also das zum Beispiel sieht man am besten im Bus: Eine zivilisierte Nation sind sie, wenigstens untereinander.

Diese stereotype, törichte Vorstellung bei uns: Amerika – also Wolkenkratzer, Industrie, Mammutstädte. Natürlich gibt es sie, und wie! Was man beim Busfahren dazulernt, ist die Natur Nordamerikas: ihre endlosen Weiten, ihre Größe und Gewalt. Es gibt hier eine Landschaft, die einfach überwältigend ist und die sich wie in einem Film dauernd ändert. Tag für Tag wird dir ein anderes Panorama vor Augen geführt. Du sitzt im Bus wie im Kino. Du siehst zum Fenster wie zur Leinwand. Always on the road.

Starte in San Francisco. Fahr dann durch Kalifornien, die Südroute am Pazifik nach Los Angeles runter. Es ist wie ein Traum von Europas Süden, nur viel größer, gewaltiger, alles viel leerer unterwegs. Kalifornien ist wie ein Rausch der Sinne. Dann kommt Las Vegas, Nevada; dann Arizona, Flagstaff zum Beispiel. Plötzlich ist man in einem Tal, das zweitausenddreihundert Meter hoch liegt. Die Sonne sticht scharf und heiß. Dann der Grand Canyon: eine einzige rötliche Pilzwucherung, die sich quer durch das Land zieht. Die Berge sehen aus wie Borkenschokolade, rissig und aufgebrochen. Im Abendlicht geht ihr Braun ins Gelbe und Grüngelbe, dann ins Graue über. Und später dann in New Mexico: Wer kommt schon nach Albuquerque als deutscher Tourist? Spanien umgibt einen plötzlich: Kathedralen, Klöster. Alles wirkt südamerikanisch, also alt, rissig, arm, stehengebliebene Zeit. Auch das ist Amerika.

Das Innere der Busse kann man als akzeptabel bezeichnen. Sanft, weich, aussichtsfreundlich sind sie nicht, aber doch sauber meist, immer air-conditioned. WC ist eingebaut. Sie rasen nicht. Sie rollen nur rasch. »Discover America by Greyhound«, steht außen geschrieben. Man kann das. Es stimmt.

Es gibt Riten des Busbetriebs, also Eigenarten, die man als Fremder erst lernen muß. Das Einchecken zum Beispiel, jeden Morgen dieses umständliche und aufwendige Spiel, bis man endlich drinsitzt im Kasten – ziemlich strapaziös. Die Busstationen liegen in den Städten immer zentral, was für den Fahrgast viele Vorteile mitbringt. Man braucht keine Taxis, keine Anschlüsse zu suchen. Und immer ist hier auch an der nächsten Ecke ein Motel, wo man sich einquartieren kann. Die Greyhound Stations sind eigentlich die Hauptbahnhöfe dieses Landes, in dem ja die Eisenbahn, jedenfalls zur Personenbeförderung, nur eine unbedeutende Rolle spielt. Also, man muß sein Sammelticket aus Deutschland jeden Morgen neu abstempeln lassen am Fahrkartenschalter. Lange Schlangen davor. Man muß sich in Geduld üben. Man darf den Koffer nicht bei sich behalten. Auch er muß eingecheckt werden wie bei einer Fluggesellschaft. Und abends ist es meist genauso langwierig, ihn wiederzufinden.

Jetzt muß man sich am Ausgang der Wartehalle aufstellen, der die Stadt, die man anstrebt, ankündigt. Sagen wir: Chicago. Der Bus nach Chicago fährt um 9.30 Uhr, aber schon um 8.45 Uhr entsteht vor der Tür, die Chicago verheißt, eine Schlange, die unsereinen an Kriegszeiten erinnert. Die Schlange ist eigentlich ganz sinnlos, denn jeder kommt mit. Je mehr Gäste, um so mehr Busse werden eingesetzt. Niemand braucht zu fürchten, keinen Sitzplatz zu bekommen. Stehplätze sind nämlich verboten. Trotzdem stehen alle in endlosen Schlangen. Das bedeutet, daß man jeden Morgen mindestens eine halbe Stunde lang sich die Beine in den Leib stehen muß, um sich so Schritt für Schritt langsam durch die große Halle voranzuarbeiten. Wie passen diese Warteriten eigentlich zu dem fixen Amerika? Ich habe es nie begriffen.

Dann das Einsteigen, wieder ein Ritus. Der Driver, der vorne endlich die Hallentür zum Bus geöffnet hat, ist nicht einfach ein Fahrer wie bei uns. Er hat etwas von einem Chefpiloten, nur patriarchalischer. Man spürt, das ist der Captain des Jet. Er hat absolute Macht. Er ist eine Vaterfigur. Bevor er dich nicht akzeptiert, hast du kein Gastrecht auf seinem Schiff. Er muß dir sehr sorgsam das Ticket abgerissen haben, er muß das Ticket in ein gelbes Kuvert geschoben haben, er muß dich einen Augenblick lang kritisch und streng angeblickt haben wie ein Zöllner oder gar ein Beamter vom FBI – wenn er dich dann akzeptiert hat, darfst du hinein in sein Schiff. Du wirst nun zuverlässig bedient werden. Aber wage nie, dich einfach selbständig in seinen Bus zu setzen, wie wir es doch aus Europa gewohnt sind. Ich tat es einmal unwissend in Amarillo, Texas, fünf Uhr morgens. Ich war so verschlafen und hoffte, im offenen Bus etwas weiterdösen zu können. Ich werde es nie mehr versuchen. Diese älteren, seriösen Männer, die eigentlich vertrauensvoll wie Senatoren wirken, können ausgesprochen ekelhaft werden, wenn du ihren Ritus des Draußen-vor-der-Tür-Akzeptiertwerdens nicht brav einhältst. Da kommt aus diesen ruhigen Vaterfiguren plötzlich eine Brutalität hervor, die einen verschreckt für den Rest des Tages. Sie stehen drohend wie Bullen vor dir und scheuchen dich aus dem Bus. Das zärtliche, verführerische Amerika kennt sehr rauhe Sitten, bisweilen.

Glücklich also der, der vom Vater geladen wurde. Er wird nun gut und verläßlich betreut werden. Zunächst fängt es fast wie bei einem Flug an, nur etwas schäbiger. Der Driver hat ein Mikrofon vor sich. Er begrüßt die Gäste. Er stellt sich vor. Er weist auf sein Namensschild hin, das er vorne neben der Tür eingeklemmt hat. Jeder kann's prüfen. »Your operator: Donald F. Smith«, ist geschrieben. Man wird durch Schrifttafeln vermahnt, keine »berauschenden Getränke« im Bus zu sich zu nehmen. Daneben das Rauchverbot, in jedem Staat etwas anders. Der Fahrer mahnt: Prägen Sie sich die Nummer unseres Wagens ein. Our number is seven two seven two. Er wiederholt das dreimal halb wie ein Schulmeister, halb wie ein Hypnotiseur. Es kann einem nämlich während einer Pause, als man sich draußen die Beine vertrat, bei der Rückkehr tatsächlich passieren, daß plötzlich fünf Busse mit dem gleichen Ziel New York nebeneinander stehen. Mein Gott, weißt du noch unsere Nummer?

Weiter: Der Fahrer gibt jetzt die Route bekannt. Er nennt die Städte und die Zeiten unserer Ankunft dort, lokal. Sprachlich ist das meist schwer zu verstehen für unsereinen. Sie sprechen einen Slang, der es in sich hat, dazu dunkle Dialekte, die natürlich überall anders sind. Trotzdem erahnt man einiges. Es wird mit einer Pünktlichkeit und Präzision gefahren, die man fast preußisch nennen muß. Man kann sich auf alle Angaben verlassen, vor allem auf Zahlen. Wenn der Driver sagt: We arrive Las Vegas fifteen fifteen, kann man sicher sein, daß einen spätestens um 15.20 Uhr die ersten Geldspielautomaten, diese einarmigen Banditen von Las Vegas, in der Empfangshalle strahlend begrüßen.

Die Strecken, die ein Bus fährt, sind sehr groß, aber zugleich immer mit Vernunft unterbrochen. Der Fahrplan ist so eingerichtet, daß etwa alle drei Stunden eine Pause eingelegt wird, die gut für einen kurzen Lunch reicht. Und ob es nun Utah oder Ohio, Illinois oder New Jersey heißt: Ziemlich genau nach drei Stunden biegt dieses silbergraue Tier von der Autobahn rechts ab, schlängelt sich durch die Stadt, hält plötzlich in der City stöhnend, pustend vor einem Gebäude: der Greyhound Station. Man steigt aus, auch wenn man weiterwill. Hitze, Treibhausluft, Waschküchenschwüle schlägt einem entgegen. Ach, der Süden: Der Süden ist immer heiß. Wie angenehm kühl doch der Bus war, und die gleiche Kühle erwartet einen nun in der Halle.

Mindestens am dritten Tag kennt man sich in diesen Riten des Pausemachens sozusagen blind aus. Man riecht einen anderen Staat, eine neue Stadt. Man sieht alte Männer vor TV-Automaten. Sie schlafen in Plastiksesseln. Alles ist praktisch organisiert. Immer ein Gift Shop zunächst, dann eine Cafeteria, dann ein Restaurant, Selbstbedienung. Man stellt sich an, greift nach dem Besteck, dem Teller: Gekochtes liegt schön präpariert in großen Kesseln und schmeckt garantiert nach nichts. Auch ohne Sprachkenntnisse kann man sich sein Steak, sein Chicken mühelos auftellern lassen. Ein miserabler Kaffee dazu ist Pflichtauflage.

Und dann sitzt man eben da mit den anderen, säbelt in seinem Fleisch herum, denkt: Warum machst du das eigentlich? Warum quälst du dich wie eine Ameise unten durchs Land? Du könntest doch fliegen. So teuer ist das hier nicht. Und dann tönt es aus den Lautsprechern: All passengers, bus number seven two seven two... Also weiter, denkt man, nicht nachdenken. Die Augen offenhalten: sehen, fahren, fahren und sehen. Ein Dia-Vortrag über Amerika ist die Tour.

Erfreulich sind solche Touren nur, wenn man sie vorher klug begrenzt. Man sollte sich Tagesrouten zusammenstellen, die nicht übermüden, nicht zur Anstrengung ausarten. Man kann das haben: deutsche Raserei. Man kann von Los Angeles bis New York in drei Tagen und drei Nächten durchpreschen. Mein Fall ist das nicht. Ich hatte mir schon in San Francisco ein »Time-Table« arrangieren lassen. Die Gesellschaft verfügt in den großen Städten überall über

Büros, in denen einem sehr hilfreich individuelle Fahrpläne entworfen werden. Die Strecke von der Westküste zur Ostküste ist fast fünftausend Kilometer lang, und es ist vielleicht etwas beschämend für deutsche Tüchtigkeit, wenn ich offen sage: Ich machte diese Strecke in zehn Stationen, fuhr also mit einigen Pausen am Tag nur fünfhundert Kilometer. Nur so bleibt man frisch und fröhlich, bleibt aufnahmebereit unterwegs. Bei solcher Einteilung braucht man morgens nicht früh aufzustehen, und schon gegen fünf Uhr nachmittags hat man sein Ziel erreicht. Noch bei Helligkeit bezieht man sein Motel. Das geht immer problemlos. Und daß man des Abends der Kriminalität wegen in den Citys hier nicht mehr ausgehen könne, las ich zwar in der deutschen Presse. Ich kann es nicht bestätigen. Wenigstens mir ist hier niemand zu nahe getreten. Aber das kann auch an mir liegen, versteht sich.

Ja, ein bizarres und ziemlich verrücktes Land. Es ist uns nur scheinbar nahe und ähnlich. Im Grunde ist uns Amerika sehr fremd. Man spürt diese Fremdheit im Bus gelegentlich: Untere Mittelklasse fährt Greyhound. Nicht die Armen, nicht die Reichen – die kleinen Leute dazwischen. Ein Kellner, ein Vertreter, Studenten, Rentner, die alten Damen, die Opas und Halbwüchsige – in allen Hautfarben wirst du sie treffen. Du wirst neben ihnen sitzen, du wirst sie fragen hören: May I help you? Excuse me, pardon – oh, you are from Germany? Und alle werden sagen: Its's lovely, Germany. Niemand wird damit die DDR meinen, alle meinen die Bundesrepublik. Last year I was in Heidelberg. Wonderful!

Am fünfzehnten Tag kam ich in New York an: 44. Straße, eine neue große Zentralstation, wieder mal mittendrin, kurz vor dem Times Square. Bequemer geht es wirklich nicht. Manhattans schöne Gewalt nahm mich gefangen. Ich war müde, ich war erschöpft, ich war durchgeschüttelt. Ich war voller Bilder, die sich nicht ordnen ließen, einstweilen. Ich kam auch gar nicht dazu, denn nun begann wieder das Geduldsspiel mit der Kofferausgabe. Greyhound ist wirklich wie eine Fluggesellschaft – nur auf der Erde, ganz unten.

IV Klagelieder

Meine Messe-Memoiren

Fünfundzwanzig Jahre geht das nun schon. Fünfundzwanzigmal getreulich zur Frankfurter Buchmesse gefahren, meistens bei milder, schräger Herbstsonne: Oktoberlicht. Fahren kann man das in der Stadt eigentlich nicht nennen. Es war ein Stocken und Stöhnen, ein Schwitzen und manchmal Wütendwerden – hinter dem Steuerrad. Ein Vierteljahrhundert lang einen Parkplatz gesucht am Messedamm: Da kommen auch Beulen zusammen. Und dann all das Händeschütteln, Grüßen, Nicken und Wegsehen. Dann die Gespräche: die leichteren so am Rande, die ernsteren im Kojenstand – ein Vierteljahrhundert lang. Ich meine: Es reicht, um Randbemerkungen zu sammeln, Marginalien eines Besucherlebens. Ich will meine Messe-Memoiren vorlegen, natürlich nur stenografisch: dies und das, was hängenblieb bis heute.

Sicher wird man es heute nicht glauben: Ganz am Anfang nahm ich die Buchmesse blutig ernst. Irgendwie hatte sie etwas mit Pfingsten zu tun in meinem geistigen Leben. Höhere Weihen wurden da ausgeteilt. Wie die Zeit doch vergeht! Es muß 1954 gewesen sein, vermute ich heute. Ich kam aus der Provinz. Ich war ein junger Funkredakteur, so ein richtiges Greenhorn im literarischen Leben und nahm alles ungeheuer wichtig, was da geschah.

Damals, ganz am Anfang, war mir die Buchmesse fast wie

ein Informationsstand des Weltgeistes für fünf Tage. Welch ein Glück, dort wandeln zu dürfen von Koje zu Koje, mit Büchern, also sehr ernsten Problemen befaßt. Ich hatte das *Börsenblatt* schon zu Hause aufmerksam durchgearbeitet. Ich hatte mir bei jedem Verlag, der mich interessierte, drei oder vier Titel angestrichen, die mir als Neuerscheinungen bedeutend erschienen.

Ich kam also aus Baden-Baden angereist, voller Wißbegier, etwas schwitzend und mit der schon damals sehr stattlichen Messe-Sonderausgabe des *Börsenblatts* unter dem Arm. Ich wußte haargenau, wohin ich auf dem Messegelände wollte. Heute ist mir das alles verlorengegangen. Heute schlendere ich nur so rum. Damals aber peilte ich zielstrebig Bücher an und verlangte nun Auskunft und Atzung für meinen Geist.

Ich sagte damals oft: Um ein Buch beurteilen zu können, muß man es wenigstens fünf Minuten in der Hand gehabt haben. Und das tat ich dann auch. Ich hielt in der Hand. Ich suchte Kontakt. Ich kontaktierte Verlagsangestellte. Mein Gott, muß ich damals noch gläubig und schlicht gewesen sein! Ich fragte doch ernstlich, den neuen Lyrikband der A. aufschlagend: Würden Sie meinen, daß sie sich weiterentwickelt hat, die A.? Sehen Sie Fortschritte in ihrer Entwicklung? Ein sehr beachtliches, aber noch unausgereiftes Talent, fügte ich kennerisch hinzu. Ich weiß nicht so recht – ihre Genitiv-Metaphern sind mir suspekt!

Ich war beglückt, immer nur Positives aus sehr kultiviertem Verlegermund zu hören. Ich versprach kritische Aufmerksamkeit, ernste Beachtung, stellte sogar eine Rezension in Aussicht, vielleicht von eigener Hand. Das brachte mir manchmal ein Freiexemplar, das ich schnell in der Tasche versteckte. Ich ging befriedigt zum nächsten Stand. Ich war überhaupt auf dem letzten Stand damals, fuhr dann meist Sonntagabend beglückt und bereichert nach Hause. Ich hatte am Weltgeist genippt.

Wie sich dann das verlor im Lauf der Jahre? Es muß ungefähr so verlaufen sein wie in der Liebe. Sie wird älter. Die Sache wird einem geläufig, Eigentum, fester Besitz. Sie wird Gewöhnung und schlimmer: Routine, und beginnt dann so langsam uninteressant bis fad zu werden. Der Glanz ist weg, die Entdeckerfreude.

Mein nächstes Kapitel jedenfalls trägt den Titel »Vom Gleichmut zu sanfter Gereiztheit«. Ich möchte die Phase so Anfang der sechziger Jahre lokalisieren, bei mir. Man ging immer noch hin, jedes Jahr. Man nahm alles hin und mit, wie gehabt. Man begrüßte, lächelte, schüttelte Hände, aber schon etwas müder, mit einem Unterton Resignation. Sie auch wieder hier? Haben Sie was Neues entdeckt? Nein, Sie auch nicht? Ein schwacher Herbst, literarisch fast nichts!

Der Gleichmut, die Lustlosigkeit galt eindeutig den Büchern. Sie waren immer noch da, all die Zehntausende von Neuerscheinungen, aber so recht interessierten sie nicht mehr im Detail. Das einzelne Buch trat zurück in der Neugier. Damals sagte ich öfters: Es ist nichts als ein Fest der Bücher. Frankfurt ist einfach der Ort der Begegnung. Was da alles zusammenkommt aus der Welt: Kommunikation und geistiger Austausch ist die Messe: eine literarische Hauptstadt auf Zeit. Ist die Messe nicht so was wie ein Berlin-Ersatz? Muß man sich so nicht das Romanische Café vorstellen, kleiner natürlich? Wenn ich bedenke, wieviel Große der Zeit ich heute hier sah, im Vorübergehen. Das ist schon einmalig. Wo gibt es das sonst in Deutschland?

Man merkt, daß ich einer neuen Illusion aufsaß? Sie hieß Begegnung. Anfang der sechziger Jahre war »Begegnung« in Deutschland fast so ein Schlagwort wie heute »Selbstfindung«. Man begegnete sich immer. Wie gut, Sie wieder zu sehen, Herr Kollege! Ich suchte also die Menschen, atmete die trockene, etwas staubige Luft der Bücherfreunde und erfreute mich an Gesichtern, da und dort. Man nennt das wohl Atmosphäre. Buchmenschen, das meine ich auch heute noch, sind von Natur feiner, sensibler, sublimer als zum Beispiel Bierbrauer. Es ist sicher: Sie werden keine Kriege anzetteln. Für einen Intellektuellen wie mich war es beglückend, lauter Intellektuellen zu begegnen. Man kann sich der schönen Vermutung hingeben, die Welt sei tatsächlich auf Geist und Kultur gegründet. Ich genoß das in vollen Zügen: die Republik der Literaten und der Leser. Beinah wie in Paris, sagte ich manchmal. Das Buch ist hier in Frankfurt fast so geachtet wie am Boulevard Saint-Michel. O holder Wahn, Anfang der sechziger Jahre! Hatte ich Holzwolle im Kopf?

Ich erinnere mich, daß ich damals Empfänge, Partys, Autorenlesungen zu bevorzugen begann. Hier geschieht doch das Eigentliche, sagte ich. Das Eigentliche geschieht immer im kleinen Kreis. Der Jargon der Eigentlichkeit blühte damals noch. Noch hatte Adorno Heidegger nicht verspottet. Ich stand also mit meinem Cocktailglas da, begrüßte, nickte, knüpfte neue Beziehungen. Ich begegnete eben mit Nachdruck der Welt. Ich hörte aufmerksam zu, wenn ein Dichter las. Ich weiß, daß ich solche Lesungen sehr kritisch aufnahm. Ich war ganz Ohr, nippte manchmal an meinem Glas, zog die Stirn etwas bedenklich hoch, wenn mir ein Satz fragwürdig schien, versuchte, durch Augenblinzeln und leichte Grimassen mir die Bestätigung der Dame vis-à-vis zu gewinnen. Ist er nicht doch rückläufig? Läßt er nach?

Ich jedenfalls war auf der Hut und ließ mich auch durch die anschließende, sehr opulente Bewirtung durch die Verlegergattin nicht irre machen. Man wird es nachprüfen müssen, wenn das Buch vorliegt, sagte ich zurückhaltend bis kalt, während die Gattin persönlich mir ein Fleischklößchen am Spieß reichte. Ich ging, dem Hausherrn begegnend, auf Distanz. Und als ich dann wieder zu Hause war, etwas erschöpft, etwas ermüdet von all den Begegnungen, stellte sich zum erstenmal dieses Gefühl leichter Gereiztheit ein. Ach, es ist doch immer dasselbe, sagte ich mit einem Unterton der Verachtung. Ich weiß nicht, ob man da wirklich hinmuß. Es ist im Grunde doch immer das gleiche: Kommerz und Drumrum.

Ob es nun an mir oder an den Zeitläuften lag? Ende der sechziger Jahre glich die Buchmesse tatsächlich einem ungeheuren Spektakel. Meine Aufmerksamkeit und meine Sympathie schlugen jetzt um in Widerstand, ja glatten Protest. Unmut breitete sich aus, leichtes Erschrecken. Man war es satt und sagte schaudernd: Wieder Buchmesse? Wie furchtbar! Muß man da hin? Man sieht ja vor lauter Büchern kein Buch, vor lauter Menschen keinen Menschen mehr. Es ist doch nichts als ein Rummel, ein Jahrmarkt der Eitelkeiten, ein Fest der Konzerne, die Geist sagen, Geld meinen. Als Schriftsteller kann man da nicht hin. Mit Literatur hat die Messe überhaupt nichts zu tun. Es geht um Vermarktung und Mehrwert: den Warencharakter des Geistes.

Man merkt diese feine, sehr eindeutige Wendung nach links, die Ende der sechziger Jahre umzugehen begann? Marxismuswellen begannen damals sanft anzubranden. Man sprach plötzlich vom Klassencharakter der Literatur – das war nun endlich mal was ganz Neues in dieser Unternehmer-Republik. Man sprach plötzlich von Ökonomie so subtil wie früher von Lyrik. Damals lag ja die Poesie im Sterben, wie man sich erinnert. Enzensberger hatte ihr, feinfühlig vorauswissend, schon den Totenschein ausgestellt. Ich war nicht so sicher. Ich staunte nur über den ökonomischen Sachverstand überall unter Literaten. Lauter Wirtschaftstheoretiker waren die über Nacht geworden. Die wußten einfach so viel vom Mehrwert und von Vermarktungsprozessen, die ich nie beachtet hatte. Damals übernahmen ja die Literaturproduzenten den Laden. Die Revolte begann.

Die Messe hatte tatsächlich etwas Monströses angenommen. Sie war eine Heimsuchung geworden. Und ich? Ich war wie alle: blanker Protest, und fuhr dann doch hin, wie alle. Man traf sich, man sah sich, schüttelte sich teilnehmend die Hände. Es war, als käme man zu einer Beerdigung. Begrüßungen im Kondolenzton, Teilnahme und Schmerz schwangen mit, ein ganz tiefes Seufzen der Heimsuchung, Schicksalsgebärden: Meine Liebe, tatsächlich Sie auch? Mußten Sie sich das antun? Sie Ärmste, auf wieviel Empfängen waren Sie gestern? Ich hab' da keine Einladung bekommen, wie merkwürdig! Ist ja doch alles Leerlauf. Eigentlich ist es hier noch strapaziöser als zu Weihnachten! Ja, Sie haben ganz recht: Man sollte die Buchmesse, das Weihnachtsfest und den Fasching zusammenlegen, wie wahr! – see us later, Madame?

Ja, so ungefähr war es Ende der sechziger Jahre. Es war alles etwas zu aufgetrieben und fett geworden – monströs. Ich erinnere mich an Empfänge, die wilden und wütenden Dampfbädern glichen. Spätes Rom, dachte ich. So gehen Weltreiche unter im Glanz von Hotelsuiten und bei kaltem Büfett. Sieh dir das an: Auch vor der Französischen Revolution muß es so pompös gewesen sein. Fünfhundert waren vom Verlag geladen, mindestens dreitausend kamen. Man quälte sich mühsam durch Massen. Massen sind immer schlimm; Massen von Intellektuellen aber sind einfach die Hölle. Ich jedenfalls stelle mir die Hölle so vor:

ein Buchmessen-Empfang mit tausend Kritikern. Sie sind wie tollwütige Hunde, wenn sie nur etwas zu knabbern und sehr viel zu trinken bekommen, gratis natürlich. Sie reden und lachen und trinken und schnattern und blicken dabei schon zum Nächsten aus. Wo ist denn da noch ein wichtiger Mann, mit dem man auch reden, trinken, lachen kann? Wo bleibt eigentlich das Fernsehen? Ach, da hinten? Entschuldigen Sie bitte, gnädige Frau, ich muß mal da hin.

Ich will sagen: Ein ungeheures Geschiebe und Geschubse, ein Blödeln und Schnattern war damals der Ritus dieser Empfänge geworden. Niemand sprach mehr von Büchern, auch nicht von Kommerz. Man boxte sich überall durch, fraß alles leer, warf alles um. Anarchie kam hoch. Die Hotelsuite sah wie ein Schlachtfeld aus, hinterher.

Vorletztes Kapitel meiner Memoiren; es heißt »Das Frankfurter Revolutionstheater« und schließt sich harmonisch an diese Gastmähler der Anarchie an. Es war damals eine mächtige Welle kritischen Bewußtseins durch das Land gelaufen. Worte wie Gesellschaft, Aufklärung, Widerstand, Protest waren plötzlich in Mode, und diese Welle schwappte nun vom Studentenprotest auf den Frankfurter Straßen hinein ins Messegelände und sorgte für kalte Duschen von Wasserwerfern. Da war nun was los auf den Bühnen der Revolution: etwa 1969 bis 1971. Länger, tatsächlich, währte das Ganze nicht, das uns noch heute manchmal mit wehmütigen Erinnerungen erfüllt. Damals war die Jugend noch forsch und frech, nicht so angepaßt und duckmäuserisch wie heute, nicht wahr?

Linke Nostalgien kommen hoch in mir. Klassenkampf-Erinnerungen sind wie Kriegs-Erinnerungen früher: Wißt ihr noch, damals, alte Kameraden, als der Klassenkampf tobte, Halle fünf? Es gab eine Zeit, da es eine Apo gab, die sehr gefürchtet war, rundum. Ob wohl die Apo kommt? Es gab eine Zeit, da sieben Langhaarige Polizeikompanien nervös machten, einfach durch ihre Bärte. Wo ist das hin? Heute sind die Polizisten die Bärtigen. Wißt ihr noch, damals, als ihr auf den Barrikaden standet, so rund um die Paulskirche, und mit Pflastersteinen und anderem schleudertet? Cohn-Bendit war wie der Heilige Geist immer dabei. Mein Gott, war das schön: für euch, nicht für die anderen. Endlich hattet ihr eure Bühne gefunden: das Forum, die Szene, die groß und freundlich genug war, euch ausschweifend zum Zuge kommen zu lassen. Ich meine: Die Commerzbank oder die IG Metall hätten sich das nie gefallen lassen. Den freundlichen Büchermachern konntet ihr es zumuten. Sie sind doch so liberal.

Ich erinnere mich: In jeder Ecke jeder Messehalle tagte jetzt ein Revolutionsrat. Der Rat war empört und zu äußerstem Widerstand entschlossen. Flammende Beschlüsse wurden gefaßt. Brüderliche Grüße wurden entboten, Delegationen zwecks Solidarisierung entsandt. Jeder war Sprecher von was. Von was eigentlich? Alle waren entschlossen dagegen. Wogegen eigentlich? Das war nicht wichtig. Wichtig war die Protesthaltung an sich: ein sehr deutsches Phänomen, Haltung annehmen. Es war wieder Geschnatter und Wirrwarr wie auf den Empfängen, nur sehr viel progressiver und jünger. Das war eine neue Generation. Göttliche Anarchie sprach aus ihr.

Alles ging durcheinander: Berechtigtes und Verrücktes, Moral und pure Provokation. Es kam zu Konfrontationen, ziemlich hart. Niemand sprach jetzt mehr von Büchern, von Kommerz oder Geld. Es ging um Gewalt. Feinsinnigere Theologen, die in solchen Situationen immer mit Rat zur Stelle sind, lehrten, die Gewalt gegen Sachen von der Gewalt gegen Personen abzutrennen, und die erstere sei von

Gott erlaubt, die letztere noch nicht. Aber wer soll, einmal ins Schlachtengetümmel der Revolution geraten, so subtile Differenzen stets im Auge behalten? Es gab nicht nur blaue Flecken. Es floß Blut. Damals räumten einige Ausländer freiwillig ihre Stände. Es war ihnen etwas unheimlich: diese teutonische Wut. Tatsächlich gab es Augenblicke, da man meinte: Die Buchmesse kippt um. Aus und passé, gestorben, das schöne Kind.

Wie doch alles vergeht und versinkt und einfach verbraucht wird von unserer Verbrauchergesellschaft! Ich meine: All das ist im Reißwolf der großen Verwertungsdynamik längst untergegangen. Auch die Bildbände und Materialien zur Revolution, die noch zwei, drei Jahre danach das große Spektakel nostalgisch auferstehen ließen, sind längst Makulatur: vorbei und vergessen. Was war? Was ist? Auf Rausch folgt stets Depression. Nach Euphorien verbreitet sich Katerstimmung. Heilsame Ernüchterung und feinere Melancholien stehen jetzt auf dem Programm. Die Revolution ist dahin. Die Literatur aber ist wieder im Kommen. Es wird wieder erzählt, war schon Mitte der siebziger Jahre aus maßgeblichem Verlegermund zu hören. So ist es auch eingetroffen. Seit Ende der siebziger Jahre sind tatsächlich wieder Bücher zu sehen auf der Messe. Junge deutsche Literatur spricht plötzlich wieder in Massen, als wäre nie etwas gewesen. Und Ruhe und Friedfertigkeit sind eingekehrt. Schon sagen die ersten, die man trifft zwischen den Ständen: Etwas fad, nicht viel los, ein schwacher Herbst – meinen Sie nicht auch, Herr Kollege?

Ich will nichts behaupten. Ich bin kein Prophet. Ich könnte mir trotzdem vorstellen, daß sich die Buchmesse in diesen letzten Jahren endlich eingependelt hat auf das, was sie ist in Wirklichkeit. Es war alles etwas überspannt und verrückt, was ich erlebte in fünfundzwanzig Jahren. Vom

Lyrikband bis zum Pflasterstein: alles Überschätzungen, Verkennungen, Mißverständnisse, lauter Literatenlatein. Es war ziemlich blöd von mir, die poetische Entwicklung der Lyrikerin A. am Messestand ihres Verlegers erforschen zu wollen. Es war pure Kinderei von euch, die Gesellschaft ausgerechnet von der Buchmesse her revolutionär aufrollen zu wollen. Die Wahrheit ist vielleicht einfacher und bescheidener. Eine Messe ist nichts als eine Messe.

Also merke, halte das fest, präg es dir ein, wenn du jetzt wieder losziehst im Herbst nach Frankfurt am Main, hoffnungsvoll und bedrückt, bitter klagend und doch neugierig: Eine Messe ist nichts als eine Messe. Mehr nicht, aber auch nicht weniger. Alles andere heißt: Holzwolle im Kopf.

Ein Literat auf der IAA

Ganz am Anfang war alles wie erwartet. Wir kurvten, wir kreisten rund um das Messegelände. Wir kamen nicht ran. Über uns immer nur die Transparente, die zu neuen Batterien, neuen Zündkerzen, zu noch besseren Vergasern einluden. Hoch über uns immer das stolze IAA-Motto: »Besser leben mit dem Auto!« Sind die von Sinnen? Wollen die uns auf den Arm nehmen? fragte ich. Die Unverschämtheit der Industrie grenzt schon an Hohn!

Als wir dann das drittemal auf der Wiesbadener Schnellstraße die Zufahrt zum großen Parkplatz am Rebstock verfehlt hatten, immer noch kreisten, entstand etwas wie Grimm in mir. Genau wie erwartet, sagte ich. Es hat keinen Sinn, mit dem Auto zur Automobil-Ausstellung zu fahren. Man kommt da nicht ran. Besser lebt man ohne Auto. Und überdies: Wozu soll man sich etwas angucken, was hier doch massenhaft rumsteht? Was sind schon die paar Modelle in den Hallen gegen die Zehntausende von Autos hier draußen? Absurdes Theater in Frankfurt am Main: Diese riesigen Parkplätze hier – sie sind doch die Show, die imponiert. Sie lohnt es zu sehen. Ob wir jetzt umkehren, heimfahren?

Aber dann fanden wir bei der vierten Umrundung des Messegeländes schließlich ein Löchlein. Das sind die wahren Gnadenerlebnisse des modernen Menschen: inmitten von Tausenden von Autodächern plötzlich auf einen leeren Platz zu stoßen. Man glaubt seinen Augen nicht trauen zu dürfen. Nun sieh bloß: ein Parkplatz, leer. Welch ein Glück. Den nehmen wir! Wir sind dann zehn Minuten zu Fuß gegangen.

Es war kühl. Es war regnerisch. Ein verregneter Sonntagnachmittag. Windböen flogen. Dunkle Wolken am Himmel. Tristesse-Gefühle. Die Gegend hier am nördlichen Rand des Messegeländes, die Gegend also zwischen Rebstock und Kuhwald, ist von überwältigender Häßlichkeit. Freiwillig kommt man hier nicht hin. Güterbahnhöfe, Eisenbahngleise, Rangiergelände, diese kahlen, öden Mietshäuser der dreißiger und der fünfziger Jahre. Zwischen Schiene und Straße ein komischer Grünstreifen: Lauter kleine Schrebergärten der Bundesbahner sind hier angelegt, jetzt im September mit späten Tomaten, mit Dahlien und Astern, die etwas hoffnungslos anblühen gegen Güterwagen. Häßlicher, man kann auch sagen: hessischer geht es nicht mehr. Frankfurt hat schlimme Seiten.

Was sieht hier ein Literat, der dieses Gelände höchstens von den fröhlich-turbulenten Tagen der Buchmesse her kennt? Er sieht als erstes das Volk, möchte ich sagen. Er sieht Volk und Gesellschaft, vorwiegend Arbeiterklasse, von der unsere linken Literaten doch immerzu reden. Nur: Kennen sie die wirklich? Das wirkliche Volk sieht ganz anders aus. Es riecht nach Bier und Schweiß von Fußballplätzen. Es ist Anfang Zwanzig, Anfang Dreißig. Das Volk kommt uns wie Schlachtenbummler der Weltmeisterschaften entgegen: in der einen Hand die Plastiktüte mit Prospektmaterial, in der anderen Hand die Braut, die auch eine Plastiktüte trägt. Keine Anarchistenbärte – eher Motorradtypen. Massenhaft strömt uns das Volk entgegen. Lauter Frühaufsteher und Sonntagsfahrer aus Augsburg,

Hannover, Stuttgart, Kassel. Keine Spesenritter, keine Hotelgäste. Jetzt, nachmittags um drei, treten sie schon wieder die Heimreise an. Die IAA ist ein Volksfest der motorisierten Massen, die offenbar hochzufrieden sind mit der Schau. Sind das die Stillen im Land? Ist das also die schweigende Mehrheit? Sie kommt hier laut.

Die Überraschung dann in den Messehallen. Komisch, ich hatte mir den Autosalon als ein strahlendes, chromblitzendes Fest unserer potentesten Traumindustrie vorgestellt. Ich hatte eine Art Kintopp in Blech vermutet: Bikinimädchen auf Kühlerhauben, Prunkkarossen, von Glamour und Musik überflossen, dazu wilde Lederkerle auf gewaltigen Motorrädern, und das alles sich drehend, vervielfacht in tausend Spiegeln. Ich hatte jenen Warenfetischismus der geheimen Verführer erwartet: die kapitalistische Ausbeutung als gleißende Verdummungs-Industrie. Keine Spur davon war zu sehen. Ein kahler, ziemlich schmutziger Holzfußboden ließ Sparsamkeit erkennen. Nur da und dort ein paar Quadratmeter Teppiche, ein Spiegel, ein paar Hocker. Der Stand von VW oder BMW sah sehr viel bescheidener aus als zur Buchmesse die poppigen Riesenkojen unserer großen Verlage.

Immerhin, Halle fünf hat auch hier ihren Reiz. Hier steht sozusagen die Belletristik, die Poesie in Blech, die in der nüchternen Sprache der Techniker »Personenkraftwagen« genannt wird. Es herrscht der Geist eines soliden und zeitgemäßen Konservatismus vor: Sparen, sparen, das sparsame Kleinauto liegt im Rennen, ganz vorn. Trotzdem geht von diesen frisch aus der Schale gepellten Modellen wie von Frühstückseiern ein stiller Glanz, ein eigener Charme aus. Sie wirken sanft, nicht aggressiv. Sie stehen wie Frauen da, die durch Anmut und Schönheit gefallen wollen. Werbung durch Anmut – warum nicht? Ich hatte mir hier alles viel härter und wilder vorgestellt. Autoaussteller sind keine Literaten. Das lernte ich zunächst.

Es stehen seriöse, ältere Herren in sehr korrekten, dunkelblauen Maßanzügen und mit randlosen Goldbrillen neben diesen Damen aus Blech. Sie stehen wie hochkultivierte Zuhälter, die höflich und bescheiden auf Anfrage Auskünfte erteilen über die Preise der Damen. Sie preisen nicht an wie Verleger. Sie haben so gar nichts von der Verkaufstüchtigkeit mancher Verlagsherren, die ihren dikken Kolportageroman auf der Messe kurzfristig zum Buch des Jahres hochquasseln: Ja, fast ein *Ulysses*, könnte man sagen, gewissermaßen! Sie weisen eher auf Probleme und Schwierigkeiten hin: Ja, unser neues Diesel-Modell; wir müssen das selber noch weiter testen. Wir sind noch gar nicht so sicher. Der Preis sei auch noch nicht ausgemacht. Sie müssen sich noch gedulden, mein Herr! Und da, als der stille Herr neben einer rassigen Dame das zu mir sagte, ging es mir hier zum erstenmal durch den Kopf: Mein Gott, was ist die Autoindustrie doch solide! Sie sind viel vorsichtiger und bescheidener als unsere Literatur-Produzenten.

Trotzdem spürt man geheime Lüste in den Massen, die hier schlendern. Worauf beziehen sie sich eigentlich? In Bücher kann man die Nase stecken. Es soll sogar auf der Buchmesse vorgekommen sein, daß jemand ein Buch angelesen hat: Schnuppergefühle des Geistes. So schreibt der also? In Autos kann man sich hier höchstens reinsetzen, mehr nicht. Die Kuriosität der Automesse besteht darin, daß Dinger, die zum Fahren gemacht sind, hier feststehen wie Wohnwagen auf Campingplätzen; Dauerparker sind zu besichtigen. Die lustvollen Massen ergötzen sich also auch immer nur an jenem Dauerritus der Messe, Sitzprobe genannt. Welch ein erhebendes Erlebnis, das offenbar auch weiteste Anreisen legitimiert: Man wartet eine Weile in der

Schlange und steht dann plötzlich vor der offenen Tür des neuen Modells. Man kann einsteigen. Man läßt sich sanft in den Führersitz fallen. Man nimmt das Steuerrad in die Hand. Man fingert an Knöpfen und Schaltern herum, die alle tot enden, nichts hergeben. Man gibt Gas und bremst, obwohl beides nicht geht. Man blinkt und kurvt um Ecken, feststehend. Man ist verblüfft, auch etwas erfreut, bei solchen Manipulationen neben sich plötzlich ein schönes, fesches Kind sitzen zu sehen, das eben von der anderen Seite zustieg. Kommen Sie mit auf die Reise? Ja, wird das gehen: wir beide im neuen Modell, unterwegs? Dann erhebt man sich wieder, schafft sich hoch, sagt: Doch, doch, ich hatte ein sehr gutes Sitzgefühl! Probier du mal! Ob wir den nehmen? Ich lernte: Im Grunde ist die IAA eine einzige Sesselprobe, für uns blutige Laien wenigstens.

Ja, und dann, später, gab es auch noch diese Erleuchtung. Ich stand vor einem Modell-Motor. Ob es nun ein Mercedes, ein BMW oder ein Porsche war, spielt hier keine Rolle. Der Motor war der Länge nach aufgeschnitten. Man konnte die ganze hochkomplizierte Mechanik beobachten. Er lief sehr langsam, so daß man die einzelnen Abläufe verfolgen konnte. Welch ein subtiles und hochpräzises Spiel vom ersten Augenblick der Benzinansaugung bis zur Erzeugung der Drehbewegung der Kardanwelle. Man weiß das ja irgendwie. Aber wenn man dann mit Augen sieht, wie hier Tausende von mechanischen Prozessen in feinster Millimeterarbeit ineinandergreifen, diese Präzision und Rationalität, mit einem Wort: die Sauberkeit im Handwerklichen – dann ist man, wenigstens als Literat, doch entzückt und fast etwas neidisch. Ach, ging es mir durch den Kopf, noch einmal, wie grundsolide doch die Autoindustrie ist. So ähnlich wie dieser Motor waren auch einmal die Romane von Thomas Mann gearbeitet, der *Zauberberg* etwa oder die

Joseph-Tetralogie. Aber heute? Wie darf gepfuscht werden in unserer heutigen Literatur?

Nein, ich will jetzt keine globale Autorenschelte beginnen. Ich will nicht von all den Machwerken reden, die, heute hochgejubelt, morgen schon wieder vergessen sind. Ich dachte an Heinrich Böll und seinen jüngsten Roman. Ein guter Einfall – eine schlechte Konstruktion. Man kann ihn nicht lesen, ohne sich ein eigenes Personenregister anzulegen. Einige Figuren gehen unterwegs auch einfach verloren. So etwas kann man eben nur in der Literatur abliefern. Die Autoindustrie hätte unserem Kölner Poeten sein Werk nach kurzem Test zurückgereicht. Es ist nicht ausgereift, hätte sie geschrieben. Sie müssen sich das Modell noch einmal genau durch den Kopf gehen lassen, hätten sie hinzugefügt. Wissen Sie, wir von der Industrie verantworten die Sicherheit von Millionen Menschen. Es geht immer um Leben und Tod bei uns. Mit Autos darf man nicht pfuschen. Sie verstehen das, Herr Kollege?

So verrinnen die Stunden, so verfliegt ein Sonntagnachmittag mühelos. Es ist sehr lehrreich: Anschauung führt zur Reflexion. Es steht für mich fest, daß es heute mehr gute Autos als gute Bücher gibt, in der Bundesrepublik Deutschland. Auch das hat etwas Beruhigendes, wenn man dann wieder im eigenen Wagen sitzt. Du kannst dich auf dieses Ding verlassen. Es war dunkel geworden. Im Dunkel sieht das Gelände hier oben etwas milder, etwas weniger gräßlich aus. Eine endlose Autoschlange staute sich vor uns. Kilometerlang sah man nichts als Rücklichter, die zart aufglühten. Wir atmeten tief und dankbar die Abgase des Vordermanns ein. Welch ein Glück müßte es sein, jetzt zu Fuß zu sein. Besser leben mit den Beinen – wer sagt das?

Ich wußte: Ich werde wiederkommen. Schon in drei Wochen ist wieder Buchmessenzeit. Halle fünf und Halle fünf a werden nicht wiederzuerkennen sein. Es wird alles überquellen von Geist und Genieblitzen: lauter Spitzenprodukte, rundum. Es wird alles viel glänzender, auch aufgeregter sein. Ach, unser deutscher Geist, und wie er doch immer wieder so aufgeregt herumfuchtelt, vorwiegend im Leeren. Ich möchte ihm Nachilfestunden empfehlen, eine Art Propädeutikum für das Leben und Schreiben. Geht doch einmal bei einem Ingenieur, einem Techniker, einem Tankwart in die Schule, liebe Kollegen, möchte ich raten. Ihr seid doch so für die Arbeiterklasse. Sie sind viel präziser und pingeliger im Handwerk als ihr. Da gibt es viel zu lernen – für Literaten.

Frankfurter Spezialitäten

Wo immer ich hinkomme, versuche ich es. Ich versuche, das Vorurteil, Frankfurt betreffend, zu korrigieren. Ein deutsches Vorurteil, provinziell, etwas hochmütig. Die Welt teilt es nicht. Die Menschen draußen von Jerusalem über Kairo bis New York sind eher angetan, wenn ich meine Herkunftsstadt nenne. How nice, sagen sie. In Frankfurt leben Sie, wie schön! Und ich wiegle dann vorsichtig ab. Nun ja, eine Schönheit ist Frankfurt nun auch wieder nicht. Übertrieben wäre es, das zu behaupten.

Immerhin, von Zeit zu Zeit versuche ich, meinen Landsleuten ernst ins Gewissen zu reden. Diese Stadt, sage ich, ist besser als ihr Ruf. Ihr kennt sie nur nicht. Nicht wirklich von innen und aus Lebenserfahrung. Frankfurt, etwa vom Eisernen Steg, also von der Mitte des Mains aus betrachtet, ist so unmenschlich nicht, wie es ein zähes Gerücht zwischen Flensburg und Passau immer noch wahrhaben will. Die historische Mainfront mit dem Kaiserdom zum Beispiel, der eigentlich nur eine Pfarrkirche ist, ist sehr respektabel. Schopenhauer hat hier an der Schönen Aussicht gewohnt. Aber auch die andere Seite des Mains, das neue Museumsufer, kann sich sehen lassen. Es läßt sich auch heute in Frankfurt mit Anstand leben. Ich versuche das.

Natürlich denke ich jetzt nicht an München und seinen

barocken Glanz. Ich spreche nicht von Hamburg, seiner kühlen, vornehmen Würde. Ich vergleiche auch nicht mit der verfallenden Schönheit, der Humanität von Berlin. So hoch will ich nicht greifen. Aber auch Frankfurt hat sein eigenes Gesicht, das sympathisch ist. Fleiß und Tüchtigkeit stehen darin geschrieben. Ein breites, gemütliches Gesicht, das oft schwitzt, ein offenes Gesicht, das sich nichts vormacht, ehrlich. Es kann manchmal brutal offen sein. Viel deutsche Wirklichkeit ist in ihm zu lesen. Manchmal auch Mutterwitz, den ich anheimelnd, also beinah berlinerisch finde. Ein Sachsenhäuser Kellner, dem ich neulich ein etwas größeres Trinkgeld hinterließ, sagte zu mir nicht einfach danke. Er sagte: »Wir danken für Ihre hervorragende Mitarbeit in unserem Betrieb!« Das ist Frankfurter Witz. Ich lebe hier, weil ich mich hier mittendrin fühle in Germany-West. Ich fühle mich beinah zu Hause in diesem tüchtigen, traumlosen, etwas unheimlichen Volk, dem ich zugehöre.

Und gibt es, füge ich manchmal ins Weite blickend hinzu, in der Bundesrepublik noch eine zweite Großstadt mit so reicher und unterschiedlicher Umgebung? Wo, bitte? Frankfurt hat einen hohen Freizeitwert, von dem nur keine Firma spricht. Schlage einen Radius von fünfzig Kilometern um die Stadt! Mach am Sonntag einen Autoausflug in dieser Region. Man ist im Taunus – sehr grün. Man ist im schwingenden Rheingau, wo die Metternichs und die Mumms prickeln. Man ist genauso schnell im Odenwald, wo die Nibelungen zogen. Man kann in den dunklen Spessart fahren, ins herrlich verwinkelte Frankenland. Welche Stadt hat so unterschiedliche Auswahl zu bieten? Schon in Aschaffenburg, vierzig Kilometer hinter Frankfurt, hat man den Weißwurst-Äquator überschritten. Man hat den Freistaat Bayern erreicht. Ist das kein Argument für Frankfurt?

Etwas verschweige ich meist. Etwas bedrückt mich hier schon. Es gibt ein Argument gegen Frankfurt, das stimmt und sticht, sehr böse. Es gibt ein Ärgernis, das das Leben hier beschwerlich, ja manchmal zu einer sanften Hölle macht. Es wird in dieser Stadt zuviel, zu rabiat und sinnlos gebaut. Die Stadt, so lange ich sie kenne, ist von einer rasenden Bauwut befallen, die alle Züge der Tollwut trägt. Es ist wie eine Krankheit. Ist Frankfurt eine gewachsene Stadt? Es ist eine immerwährende Baugrube mit Straßen und Häusern dazwischen.

Komisch ist das. Wenn ich in dieser Stadt morgens zur Haustür heraustrete, nur um Milch oder Zeitungen zu holen, kann ich sicher sein, im Umkreis von dreihundert Metern wieder eine neue Baustelle zu finden. Irgendein Trupp wühlt sich da immer in die Tiefe, reißt dröhnend mit Preßlufthämmern den Asphalt auf, kocht mittags in großen Kesseln dunkle Teersuppen, die manchmal Blasen schlagen. Immer werden hier Schächte gezogen, Gruben gebaggert. In der City dröhnt und hämmert und stampft es seit fünfzehn Jahren. Man stolpert täglich über neue Sandberge. Täglich werden andere Straßenzüge gesperrt. Halbe Stadtteile müssen umständlich umfahren werden. Selbst Taxifahrer kennen sich oft nicht mehr aus. Frankfurt – eine Rauschgift- und Anarchoszene? Ach Gott, die Stadt ist zunächst einmal ein Paradies für amtlich bestellte Kaputtmacher.

Es ist nicht wahr, was die Leute draußen immer meinen. Als Frankfurter ist man in dieser Stadt nicht gewohnt, an Banken, Büros und hohen Versicherungspalästen vorbeizugehen. Wenn's nur so wäre! Es ist schlimmer. In Frankfurt leben heißt lebenslänglich an Bauzäunen vorbeigehen. Bretterwände und Holzbohlen begleiten mich durch die Stadt und durch mein Leben. Sie begrüßen mich am

Hauptbahnhof mit Lust. Die Bauzäune sind meistens hellblau, preisen manchmal auch dies und das an: Reklameträger. Sie begleiten mich auf der Zeil. Sie haben längst den Main überschritten, sind mit voller Kraft dabei, das stillere Sachsenhausen zu verschandeln. Seit einem Jahr haben sie mich sogar im vornehmen Frankfurter Westend erreicht. Böse Vorzeichen, die sich von der Bockenheimer Landstraße zu mir in die Mendelssohnstraße vorarbeiten: Blaue Bauzäune werden angekarrt, geschichtet, errichtet. Frankfurter Spezialitäten sind das. Sie verbergen Fortschritte, die ich nicht mehr erleben werde.

Natürlich, der ganze Stadtkern, die City und das alte Westend sind in den letzten zwanzig Jahren zerbrochen, zerstört, umgepflügt und neu aufgebaut worden. Die Resultate sind klar zu erkennen. Ein Wald von Hochhäusern, Bürotürmen, gigantische Wolkenkratzer des Kapitals wucherten und gaben der früher eher betulichen Stadt jene Skyline amerikanischen Zuschnitts, die die Stadt inzwischen berüchtigt gemacht hat. Mich hat das weniger gestört, als man glauben wird. Ich habe nichts gegen Wolkenkratzer, wenn sie, zu einem Ensemble schön gruppiert, die Mitte der Stadt weit signalisieren. Es ist zwar Zeitgeist heute, den Mächtigen des Kapitals unheimliche Machenschaften zu unterstellen. Aber wenn ich ehrlich bin, muß ich einräumen: Die großen Bürotürme der Innenstadt wuchsen eigentlich lautlos heran. Sie wuchsen wie Riesenpilze. Auch der Fernsehturm in Ginnheim wuchs so pilzartig, fast stumm über Nacht. Anlaß zu großer Bürgerklage war kaum gegeben. Katastrophengefühle riefen sie nicht wach in mir. Es mag hinzukommen, daß Banker, also waschechte Kapitalisten, schneller, vernünftiger, lautloser bauen als Kommunen. Ich weiß, wie gewagt diese These heute ist. Darf ich sie trotzdem erwägen?

Das Ärgernis dieser Stadt ist der kommunale Straßenbau. Es wird dauernd aufgerissen auf Frankfurts Straßen. Aber was, bitte, entstand dabei wirklich neu? Was ist im Straßensystem dieser Stadt neu konzipiert und kühn durchgeführt worden? Die Stadt war doch nach 1945 kaputt: Tabula rasa. Man hätte sich hier ein neues Konzept einfallen lassen können. Es geschah nichts. Nichts als die Berliner Straße und ihr kleines Autotunnelchen am Theaterplatz. Für Autofahrer ist außer ein paar Parkhäusern nichts geschehen. Das Frankfurter Straßensystem kann man heute nur als anachronistisch bezeichnen. Neidvoll sehe ich manchmal in anderen Großstädten die Linien des technischen Fortschritts wachsen. Ich komme nach Düsseldorf, sehe neue, kühne Hochstraßen, die den Cityverkehr schnell und elegant in die Außenbezirke tragen. Ein Hauch von Los Angeles am Rand des Ruhrgebiets. Staunend sehe ich selbst in West-Berlin die Stadtautobahnen wachsen. Sie schwingen sich intelligent in luftige Höhen, sie durchfahren kühn neue Wohnblocks, sie fliegen über den Dächern der Stadt ins Weite, ich meine: zur Mauer hin.

Ich schäme mich dann fast etwas, an Frankfurt denkend. Welch eine wichtige und lebendige Stadt – und wie kümmerlich und phantasielos ihr Straßensystem. Richtig provinziell, will mir scheinen. Es gibt keine einzige neue Mainbrücke, keine Hochstraße, keine nennenswerten Untertunnelungen. Immer noch funktioniert der Autoverkehr auf der Frankfurter Hauptader, der Kaiserstraße, nach dem uralten Dorfstraßensystem: Einer muß eben immer anhalten, wenn ein anderer aus der Querstraße kommt. Immer noch quält sich der ganze Cityverkehr durch völlig überalterte, enge, verwinkelte Straßen. Keine Hoffnung hier, ob oben oder unten, auf kreuzungsfreien Verkehr. Hier ist alles eng und altmodisch geblieben. Hinweisschilder, die in frecher Großspurigkeit einen »Cityring« ankündigen, verweisen in Wirklichkeit auf die alten Wallanlagen. Natürlich hat auch das seinen Reiz. Man muß viel halten als Autofahrer. Zur Rush-hour kommt der Verkehr mühelos zum Erliegen. Niemanden regt das hier auf.

Nein, ich werde jetzt keine Schuldfrage stellen. Es soll hier auch nicht personalisiert werden. Ich sage nicht wie der Taxifahrer: Die da oben, Schlafmützen, Bonzen! Mit Einzelpersonen oder Parteipolitik hat es nur indirekt etwas zu tun. Es gibt objektive Schwierigkeiten, die in der Struktur dieser Stadt liegen. Sie ist in ihrem Citybereich so klein, so eng gebaut, also so drangvoll überlastet, daß man hier beim Ausschachten nicht einfach frisch-fröhlich durchstechen kann in deutsche Erde. Hier liegen auf jedem Quadratmeter innerstädtischen Bodens Knäuel von Leitungen: Wasser, Strom, Telefon, Kanalisation, die erst einmal vorweg umgelegt werden müssen, bevor man überhaupt mit dem Umbau beginnen kann.

Die beträchtliche Dynamik des innerstädtischen Geschäftslebens spielt sich zwischen Hauptbahnhof und Zeil auf lächerlichen vier Quadratkilometern ab. Ein Drittel aller Frankfurter Arbeitsplätze liegen in diesem winzigen Quadrat. Das bedeutet höchste PKW-, Strom- und Telefondichte. Es bedeutet auch die höchste Anzahl von Angestellten, die jeden Morgen einpendeln. Alles tertiäres Gewerbe: Dienstleistungsbetriebe. Der U-Bahn-Bau ist fortgeschritten. Man kann von der Hauptwache schon bis zum Flugplatz, kreuzungsfrei und in zwölf Minuten. Aber der Rest ist schlimm. Bis 1990 soll es sich bessern. Für das Jahr 2000 steht sogar ein gewisses Zusammenspiel zwischen U-Bahn und S-Bahn zu erwarten. Wer weiß das genau? Ich jedenfalls werde solch Glück nicht mehr erleben. Nur dessen bin ich sicher.

Schöne Perspektiven, kluge Einsichten – helfen sie mir weiter als Zeitgenossen? Machen sie mir die Frankfurter Spezialität, das Leben mit Bauzäunen, leichter? Wohl kaum, meine ich. Gewiß könnte ich jetzt, als Verteidiger dieser Stadt ohnehin unrühmlich bekannt, tief in die deutsche Harfe greifen. Poetenkunststücke gefällig? Ich könnte zum Beispiel sagen: Bauen ist doch ein Zeichen von Leben. Eine Stadt voller Bauzäune ist kraftvoll, lebendig. Sie strotzt von Vitalität. Wer baut, baut die Zukunft – oder? Ich verkneife mir solchen Tiefsinn. Ich würde nur gern in einem intakten Frankfurt leben. Ich träume manchmal von einem vornehmen Villenviertel mit Kastanienalleen, wo Vögel zwitschern und Kinder spielen und nur manchmal eine Dame mit ihrem Wagen vom Einkaufen kommt. Ich werde es nicht mehr erleben.

Prominenz – was ist das?

Partys, Empfänge, eine Cocktailstunde im kleinen Kreis, ein Abend bei Freunden, die andere Freunde geladen haben – das alles sind Formen der Geselligkeit, die man von Zeit zu Zeit absolvieren muß. Ein Verleger gibt einen Empfang, ein wichtiger Kulturmanager bittet in sein Haus, ein Diplomat betreibt bei Kaviar und Sekt etwas Public Relations für sein Land, obwohl er eigentlich vorgibt, eine Bilderausstellung zu eröffnen. Ich finde solche Zusammenkünfte, die sich nach dem Modell der amerikanischen Party in unserer Gesellschaft so erfolgreich eingebürgert haben, überaus angenehm und entlastend.

Nicht sehr oft, aber zwei oder dreimal im Monat lasse ich mich gern darauf ein. Diese Empfänge werden in unserem traditionslosen Land heute erstaunlich stilsicher praktiziert. Da ist nichts mehr von der verhockten Steifheit früherer Staatsempfänge, nichts mehr von der muffigen Nestwärme altdeutscher Hausabende, bei denen zu vorgerückter Stunde die Dame des Hauses mit schrillen Liedern am Klavier drohte. Gerade weil das Ganze nicht mehr so verbissen ernst genommen wird, weil es offener, lockerer, freier geschieht, vollzieht sich mehr Geselligkeit, Umschau, fluktuierende Sozietät.

Ich möchte von einem speziellen Element erzählen, das ich auf solchen Empfängen wiederholt beobachtet habe.

Merkwürdig, es geschah immer wieder, daß sich plötzlich etwas verzog in dieser offenen und lockeren Gruppierung der Party, daß sie plötzlich stramm wurde und sich ausrichtete: Ein Prominenter trat ein. Etwa an einem Abend in der Godesberger Redoute. Die Gäste waren schon etwas ermüdet, etwas gelangweilt vom vielen Herumirren durch die festlichen Säle. Da trat ein Herr namens Schmidt ein. Man könnte sagen: Na und? Schmidts sind doch wie Müllers – was soll's? Jedoch der Zustand, der sich nun einstellte, war merkwürdig. Die Lockerheit und Offenheit der Gesellschaft verrutschte etwas, polarisierte sich nun zwangsläufig um dieses Gerücht. Der Bundeskanzler ist da, nur ganz privat, nur auf einen Sprung, ging es vorsichtig wispernd durch alle Gespräche. Damen hauchten den Satz, zwischen Blumen sitzend, Herren übernahmen ihn etwas entschiedener, mit dem Whiskyglas in der Hand. Wer, wo, wie – der Bundeskanzler persönlich?

Man dreht sich zögernd um, sucht, sieht: Tatsächlich, da hinten, das ist Helmut Schmidt persönlich. Im ersten Augenblick ist man enttäuscht. Man kennt ihn, glaubt ihn zu kennen, weil man ihn doch fast täglich im Fernsehen sieht. Wieder einmal stellt man fest, wie ungenau, wie verändert, obwohl präzis, diese exakten elektronischen Kameras die Wirklichkeit eines Menschen, seine Alltäglichkeit reportieren. Sie glätten, schönen, machen immer etwas mehr, geben Bedeutungsfülle, deutlich vermehrt. Mindestens das haben Fernsehbilder mit großer Porträtkunst gemein: Sie heben den Kopf deutlich an. Der Mann sieht ja in Wirklichkeit viel bescheidener, viel normaler, fast mittelmäßig aus. Sein Gesicht ist nicht rötlich durchblutet, eher grau, etwas fahl. Außerdem ist er so klein. Das also ist der Kanzler persönlich?

Ein andermal in einer Berliner Journalistenwohnung. Die

Party war auch schon vorgerückt und löste sich langsam in jene allgemeine und grundlose Heiterkeit auf, die guter Alkohol bewirkt; man kennt das auch von der Buchmesse. Da sagte ein Herr neben mir: Helmut Kohl ist da! Tatsächlich, wieder dieses vorsichtige Rumgucken, dieses Suchen, Forschen, dann aber Sehr-schnell-Finden: Da stand er, riesengroß. Der Mann ist ja ein Hüne, ging es mir durch den Kopf. Wenn es nach dem Körpermaß ginge, müßte er wirklich der Größte sein, jedenfalls größer als Schmidt. Im übrigen wirkte er ungemein sympathisch: ein gutgelaunter Landesvater, pfälzisch, dem man anmerkte beim Trinken, daß er etwas von Weinen versteht. Er kaute den Wein fast wie Kenner. Die großen Auftritte, zu denen er im Parlament als Oppositionsführer genötigt ist, sind offenbar eine Nummer zu groß für ihn. So intim, so privat ist er ein Mann mit Gemüt, ja Herz. Von Schmidt wird man das nicht behaupten können. Jemand sagte: Kohl kommt gerade aus Bonn. Das war wie ein Glockenschlag in Berlin. Wichtigkeit, Welt wehte um solche Worte. Die Party zerfiel nun für den Rest des Abends deutlich in zwei Lager: die Leute um Kohl und die ohne ihn. Ich pendelte dazwischen.

Und so oder ähnlich wiederholt es sich öfters. Einer sagt: Grass ist eben gekommen. Tatsächlich, da stand er: klein, dunkel, mit jenen überlangen Haaren, die ihm etwas Balzacsches jetzt geben. Der Bart beherrschte unverändert das ganze Gesicht und erinnerte mich einen Augenblick an die brachiale Gewalt kaschubischer Feldwebel, obwohl ich einräumen muß: Solche habe ich nie gesehen. Man stellt sie sich nur so vor, wie Grass. Einer sagt: Da hinten steht doch Augstein! Es war wieder in Hamburg, und ich war wieder erstaunt, wie klein und jung und graziös er in Wirklichkeit wirkt. Er versuchte, vom kalten Büfett etwas für sich zu ergattern. Die Art, wie er dabei zugleich mit einer älteren

Dame, die adlig wirkte, zu plaudern begann, war fast noch von jungenhaftem Charme. Mein Gott, dachte ich, die wirklich Prominenten bleiben offenbar immer Ende Dreißig. Wie machen sie das?

Und auf der letzten Buchmesse wurde ich tatsächlich – war es ein Irrtum, ein Mißverständnis? – vor dem Stand seines Verlages Rainer Barzel vorgestellt. Der Mann ist ja inzwischen unter die Romanautoren gegangen. Die Affäre dauerte nur kurz. Ich war erstaunt, wie gesund, braungebrannt und adrett der CDU-Mann wirkte. Er soll wieder im Kommen sein, sagen manche. Aber nicht als Romanautor, sage ich. Ich war etwas verwirrt hinterher, etwas mißtrauisch mir gegenüber und fragte: Was hast du eigentlich gegen diesen Mann? Er sieht untadlig aus.

Seitdem frage ich mich öfters, was das eigentlich ist: Prominenz. Es hat offenbar mit Markt, mit Verbreitetheit auf dem Markt zu tun. Es hängt von wichtigen Geschäften ab, die einer ausübt. Aber nicht die Wichtigkeit seines Geschäftes entscheidet über den Grad seiner Prominenz. Sonst wären die Chefs aller Geheimpolizeien, die Generaldirektoren unserer Großbanken und Konzerne die Prominentesten. Sie gerade sind es nicht. Die, die alle Fäden der Macht in der Hand halten, bleiben meist höchst absichtsvoll im Halbdunkel des Hintergrundes. Prominenz ist mit realer Macht und Bedeutung nicht identisch. Prominent ist die jugendliche Filmheldin, nicht ihr mächtiger Produzent, der sie morgen feuern kann. Prominent ist der alberne, verspielte Quizmaster im Fernsehen, nicht sein Intendant, der ihm, gottlob, schon gekündigt hat.

Offenbar gehört neben der Leistung, die einer erbringt, noch etwas anderes hinzu: ein besonderer Touch für Publicity, eine Art Sex-Appeal für Öffentlichkeit. Das Außerordentliche ist gar nicht gefragt. Ein Sinn für große

Auftritte, für Massenwirkung, für Selbstregie in der Öffentlichkeit ist notwendig. Durchschnittlichkeit ist kein Hinderungsgrund, eher fördernd: Sie muß nur etwas angehoben sein, einen kleinen Stich ins Bedeutsame und Markante besitzen. Jeder muß sich im Prominenten erkennen und zugleich etwas überhöht sehen. Der Große Bruder ist der Prominente: unerreichbar und doch ganz vertraut.

Liegt das alles in der Ausgangslage vor, dann beginnt dieses merkwürdige Spiel dauernder Reproduktion, das ja erst die Prominenz des Prominenten ausmacht. Man erkennt ihn daran, daß er ständig veröffentlicht, reproduziert, auf unendliche Weise immer neu vorgeführt wird. Er ist das Leitbild immerwährender Präsenz. Weil er gestern da war, ist es wichtig, ihn auch heute zu hören, zu sehen, um seine Meinung zu wissen. Und weil er heute so wichtig ist, ist es wichtig, sich ihn auch schon für morgen zu sichern. Der Prominente hat etwas vom Gott des Massenzeitalters. Er ist auf der Bühne der Gesellschaft allgegenwärtig: alles wissend, hörend, aber auch alles weisend und führend – ein Schutzengel für Millionen.

Es kann sich kaum jemand dieser merkwürdigen Faszination entziehen, wenn er einem solchen Leitbild der Öffentlichkeit privat begegnet. Da hat sich etwas verändert: Der Mensch ist Individuum und Imageträger zugleich. Beim näheren Zusehen erweist sich der Prominente als ziemlich normal, mit seinen Vorzügen und Schwächen wie alle; aber es umgibt ihn zugleich die Aura totaler Öffentlichkeit. Alle kennen ihn, sind mit ihm vertraut. Von so viel totaler Öffentlichkeit geht eine eigene Magie aus. Mit Augstein essen gehen ist dann eben nicht mehr das Essen mit einem erfahrenen Publizisten. Es weitet sich zu einem Nippen an der Omnipotenz seines allgegenwärtigen Namens in Deutschland. Mit Werner Höfer plaudern heißt dann eben nicht mehr mit Höfer plaudern: Sein Stammtisch-Image fließt ein. Es ist für Sekunden, als sähen Millionen schamlos zu. Oder täuscht man sich?

Mit Günter Grass ist ein naives und absichtsloses Gespräch kaum noch möglich. Nicht weil er dazu nicht bereit wäre; er ist es. Sondern weil sich zugleich sein Image totaler Öffentlichkeit dazwischenschiebt. Das Gespräch wird leicht zu einem Austausch mit Autoritäten. Man stellt im Gespräch mit ihm bald fest, daß er über die Politik der nächsten Jahre so ziemlich die gleichen Hoffnungen und Sorgen hat wie man selbst. Aber wenn Grass diese Vorstellungen formuliert, sind sie fast eine Nachricht, eine interessante und verbreitenswerte Information: *news*. Warum? Weil die Öffentlichkeit seiner Person der Meinung zusätzliches Gewicht gibt. Man kann damit selber wieder Politik machen.

Ach, es fing alles so harmlos, so freundlich und locker an mit meinen Partys, und nun sitzt man tief im Gestrüpp einer Metaphysik der Öffentlichkeit. Habermas müßte her. Was ist das eigentlich: Öffentlichkeit in der Demokratie? Ich weiß es nicht. Ich sage nur: Ein Prominenter tritt ein, bringt sich selbst als Image mit, und alle drängen, drehen, wenden sich. Wo, wie, was – tatsächlich? Willy Brandt, sagen Sie, steht da in der Ecke? Wo ist da plötzlich die Gleichheit, die Freiheit der Bürger? Er und ich, groß und klein, oben und unten – offenbar sind das doch die alten Strukturen einer infantilen Gesellschaft.

Bekenntnisse eines Fußballmuffels

Zugegeben, dies sollte ein böses Klagelied werden. Die Wochen der Weltmeisterschaftskämpfe im Fußball kann man nur als Heimsuchungen bezeichnen. Es ist eine beträchtliche, vorwiegend weibliche Minderheit, die in diesen Wochen auf das scheußlichste mißhandelt, sozusagen ganz öffentlich und kaltlächelnd vergewaltigt wurde. Wir Gleichmütigen und Gleichgültigen, denen es schlechthin schnuppe ist, welche Mannschaft da gegen welche Mannschaft gewinnt oder verliert – wer, außer ein paar kurzatmigen Glossisten am Rande, nimmt eigentlich unsere Rechte wahr? Diese wunderliche Spezies Mensch, der das ganze Gerenne, Gezerre und Geschrei um ein Stück Leder – ist es überhaupt Leder, nicht vielleicht Kunststoff? – eher hysterisch bis infantil vorkommt, sie ist immer bös dran, wenn die Weltmeister antreten.

So viel ist sicher: Wir haben Gewicht. Rein quantitativ ist unsere Minderheit so beachtlich, daß wir, verbündet mit allen Ehefrauen und Müttern, durchaus zu einem massiven Gegenstoß ansetzen könnten. Aber wir tun es nicht. Wir haben uns niemals solidarisiert. Wir leiden immer noch auf eine unendlich altmodische und humane Weise, stück- und fallweise und als einzelne, jeder hübsch für sich im Wohnzimmer, auch im Schlafzimmer. Wir sind passiv. Wir sind unpolitisch. Also wird uns auch keiner jener ideologischen Weltverbesserer, die sonst mit feiner, kritischer Nase kleinste Minderheiten und andere unterprivilegierte Gruppen aufspüren, um das »System« zu entlarven, hilfreich unter die Arme greifen. Kein zünftiger Marxist wird unsere miserable Situation zur Lage der Arbeiterklasse zählen und an die große Glocke der Weltrevolution hängen. Die Marxisten und Leninisten aller Länder mischen ja kräftig mit bei den Spielen. So widerfuhr uns das klassische Minderheitenschicksal mit voller Wucht. Es bestand immer darin, einfach übersehen, beiseite geschoben, unter den dicken Teppich des Kollektivs gekehrt zu werden.

Wie gesagt: So ein starkes Klagelied war von mir vorgesehen. Aber merkwürdig, jetzt, da ich es zu formulieren beginne, will es mir nicht so laut von den Lippen. Es stellen sich Produktionshemmungen ein. Wie soll ich beginnen? Natürlich könnte ich dieses Lied mühelos anstimmen. Es würde sich fast von selbst schreiben und lesen, wie von einer Matrize reproduziert. Es würde sich anhören wie ein alter Refrain. Ob Schottland gegen Jugoslawien, ob Chile gegen Australien, Bulgarien gegen die Niederlande – uns klingt das immer wie Wasserstandsmeldungen im Ohr: ermüdend monoton. Man erträgt es meist still, muckt nur manchmal auf, wird dann störrisch, sagt wie in Kindertagen: Diese Suppe mag ich nicht! Nun stell doch endlich den anderen Kanal ein! Vielleicht plaudert im Dritten Bahro über den Sozialismus oder Joachim Kaiser über Puccini. Schön wär' das schon.

Ich bin wahrlich ein Betroffener in dieser Sache. Ein noch größeres Greenhorn in Sachen Fußball ist nicht denkbar. Selbst die einfachsten Regeln dieser hehren Volkskunst sind mir immer rätselhaft geblieben. Ich kann einen Linksaußen von einem Mittelstürmer nicht unterscheiden. Für mich rennen ohnehin alle immer durcheinander. Ich weiß nicht, was ein Foul ist, ein Freistoß, ein Strafraum. Und wenn ich immer höre: Niederlande–Argentinien vier zu null, muß ich immer erst einen Augenblick nachdenken, wer denn nun eigentlich gewonnen hat. Wird die größere Zahl dem Besiegten oder dem Sieger zugerechnet?

Es geht mir da ähnlich wie bei gewissen Halteverbotsschildern und Parkverboten. Wenn unter dem Schild steht: 7–9 Uhr, 16–18 Uhr, frage ich mich immer ratlos: Gilt das Parkverbot nun für diese Stunden? Oder darf man überhaupt nicht halten, wohl aber zu diesen zwei extra ausgewiesenen Zeiten? Man mag es wunderlich finden. Mir bereitet so etwas Kopfzerbrechen. Ich weiß mich da übrigens in guter Gesellschaft. Mindestens Karl Valentin hätte meine Sorgen verstanden. Er hätte einen Sketch daraus gemacht: *Das Halteverbot.* Das *Halteverbot* wäre ein Renner bei Valentin-Fans.

Also dies alles eingeräumt, meine Torheit, meine horrende Unbildung – es bleibt doch als Novum nach den Weltmeisterschaftsspielen zu registrieren: Die ganz große Wut, die tiefe Erbitterung, die unterdrückte Minderheiten immer zum Schluß zur Revolution treibt, hat sich bei mir nicht eingestellt, diesmal. Was ist geschehen? Es ist von einer seltsamen Friedfertigkeit und heiteren Gelassenheit eines notorischen Fußballmuffels zu berichten. Ob es am Wetter, an meinen zunehmenden Jahren oder an den kapitalistischen Produktionsverhältnissen schlechthin liegt? Ich war nachsichtig, beinah mild diesmal. Welch eine Überraschung.

Ich nahm zum Beispiel alle Behinderungen auf der Autobahn und den Zubringern hier in Frankfurt, alle Staus in der Stadt mit einem Gleichmut hin, der mich selber verblüffte. Randalierende Schotten abends hier in den Kneipen brachten mich nicht in Rage. Ich sagte: Bitte, laß die doch. Die sollen sich ruhig mal austoben können, diese rotblonden Puritaner. Ich nickte verständnisvoll, als mir bei einer Lesung aus meinen Büchern der Veranstalter sorgenvoll den halbleeren Saal zeigte. Sicher, sicher, sagte ich. Heute spielt doch Brasilien gegen Zaire. Daran gemessen finde ich den Saal hier halb voll, Herr Doktor.

Vieles war mit mir geschehen. Ich war nicht nur bereit, auf mehr als die Hälfte unserer Fernseh- und Hörfunk-Programme zu verzichten. Man wird es nicht glauben: Ich habe mir freiwillig zwei oder drei Spiele im Fernsehen angeschaut. Niemand nötigte mich. Ich war ganz allein zu Haus. Es war pures Interesse bei mir zu beobachten, was die da eigentlich machen. Ich wollte es endlich einmal wissen, warum das Millionen bewegt, und muß, rückblikkend, sagen: Obwohl ich das alles nicht begriff, das Gerenne – verlorene Zeit war es nicht. Es hatte für mich ungefähr den Entspannungswert, den ich auch manchmal bei Robert Lembkes Berufsratespielen empfinde. Ich schmiere mir dabei in der Küche mein Schmalzbrot, schneide Tomaten und Zwiebeln, koche etwas Kakao und laufe dann und wann ins Wohnzimmer zum Fernseher rüber, um zu erhaschen, was da jetzt läuft. Was, hatte ich es nicht geahnt? Regenwurmzüchterin ist diese aparte Frau? Dann eile ich wieder zu meinem Kakao.

Also Fußballspiel-Erfahrungen auf meinem Niveau. Das Grün des Rasens zum Beispiel hat mich entzückt. Es ist ein so frisches Grün, das zusätzlich noch angestrichen sein soll, wie mir Gewährsleute versicherten. Grüner geht es wirklich nicht. Und wie dieses Werk aus Kunst und Natur im Lauf der Kämpfe dann langsam dahinsiecht und immer schwarzstreifiger wird. Ich dachte: Mit dem Rasenanstreichen ist es wie mit der Kochkunst. Beide gehören, wie schon die Griechen sagten, zu den tragischen Künsten. Der Augenblick ihrer Vollendung fordert gebieterisch ihre Vernichtung. Man ißt alles auf, wenn es am besten schmeckt. Der Held muß untergehen im letzten Akt – das schöne Grün auch.

Weiter: Die zarten Doppelschatten, die die Spieler zu vorgerückter Stunde immer mit sich herumtragen, hatten mich nachdenklich gemacht. Ein Scheinwerfereffekt natürlich. Da man aber als Fernseher die Scheinwerfer nicht sieht, stellen sich seltsame, magische Assoziationen ein. Daß wir Menschen tatsächlich zwei Schatten werfen können, hat mich philosophisch gestimmt. Man hat, gemeinhin, schon an seinem einen Schatten genug. Vielleicht wird es später einmal Peter Handke auf seine tiefer gehende Weise so deuten: *Der Doppelschatten des Tormanns beim Elfmeter.* Ich würde das lesen.

Dann das Meer der Farben, Fahnen, Wimpel, Transparente, diese fabelhaften Reklame-Chancen unserer Werbe-Industrie. Werden die Markenbilder, die da die Kamera schwenkend mitnimmt, eigentlich nach Sendeminuten oder pauschal abgerechnet? Der Gedanke, daß so ein Werbespot für ein Waschmittel, ein Fruchtsaftgetränk bis zu einer Milliarde Menschen in den Sekunden ihrer größten Aufgeregtheit einfach so untergejubelt wird, ist ein faszinierender Aspekt des Massenzeitalters. Warum annonciert mein Verleger nicht meine Bücher vor solchem Hintergrund? dachte ich. Der Einsatz würde sich lohnen, für mich.

Aber auch ganz anderes habe ich wahrgenommen: den Einmarsch, den Abgang der Gladiatoren zum Beispiel, römisch im Stil. Die sehr ernsten und wettergegerbten Gesichter der Trainer, faltenzerfurcht. Sie müssen einfach mehr Großhirn haben als ich. Man sieht es ihren markanten Männerköpfen an, daß sie all das verstehen, was ich nie begreifen werde. Am überraschendsten war aber für mich zu beobachten, wie da plötzlich ein Spieler in einer Art Todesstarre im Gras lag und wie dann der Schiedsrichter aus seinem Brusttäschchen nicht etwa ein Riechfläschchen, sondern eine gelbe Karte zog. Das Gelb diente nicht der Erweckung. Es soll sich um eine Art Verwarnung handeln. Weshalb verwarnt man Halbtote? Das ist mir wieder entgangen.

Das ganze Spektakel wird für unsereinen noch interessanter, wenn man sich eines Tricks bedient, den mir fußballerfahrene Freunde gottlob rechtzeitig vor Beginn der Spiele verrieten. Man muß beim Fernseher nämlich den Ton abstellen. Man muß zugleich in das stumme Bild den Ton der Radioübertragung einfließen lassen. Der Effekt ist faszinierend. Man hat alles doppelt, kriegt es viel genauer erklärt: das Bild zum Wort sozusagen. Die Spieler auf dem Bildschirm machen tatsächlich immer genau das, was der Sprecher im Radio aufgeregt ankündigt. Sie wirken wie Marionetten des Hörfunks. Das Medium ist wirklich die Botschaft.

Doch dabei blieb es nicht. Auch in mir, ganz tief im Unbewußten, geschah etwas. Ich sah dieses kolossale Spektakel, diesen Massenrausch, dieses Drama für Millionen: die Erde, ein Fußball. Ist nicht ein Fußball die Erdkugel? Ich hörte das »Halleluja« und das »Kreuzigt ihn« der Volksmassen, diesen tiefsten Aufschrei der Volksseele, die man kochend nennt in solchen Augenblicken. Es erinnerte mich an den Sportpalast in Berlin. Natürlich sind das rauschhafte Hysterien des klassischen Nationalismus. Natürlich sind das neue Völkerschlachten. Was sonst?

Aber noch einmal: Mich regte das nicht auf. Ich nahm es milde. Warum nicht? dachte ich. Bisher gab es mindestens in jeder zweiten Generation das große Gemetzel, das Stahl- und Blutbad, Weltkrieg genannt. Jetzt geht das nicht mehr.

Wenigstens in unserem alten Europa ist zum Ende dieses Jahrhunderts ähnliches kaum mehr zu erwarten, gottlob. Lange Friedensepochen sind gar nicht so leicht zu verkraften für die brachliegenden Energien der Massen. Vor allem die Jugend will Kampf, braucht Herausforderung, muß irgendwo ihre überschüssige Kraft messen. Sollen sie es so ausleben, ersatzweise, Kriegsspiele friedlicher Art.

Ich sah das alles: diesen Rausch, diesen Jubel, diese kollektive Aggression. Ich dachte: Lieber lebenslängliche Weltmeisterschaften als nur einen einzigen Tag aus dem Zweiten Weltkrieg noch einmal. Der Sport ist ein ehrbarer Stellvertreter. Ob daher meine Nachsicht kam?

Rauchers Klage

Machen wir uns wenigstens in dieser Sache nur keinen blauen Dunst vor: Unsere Lage ist ernster als vermutet. Sie ist ziemlich hoffnungslos. Unser Ende ist vorprogrammiert. Wenn der Kampf, den die vereinigten Gesundheitsapostel der Welt schon immer gegen uns führten, nur noch zehn Jahre in der Öffentlichkeit so rabiat und rücksichtslos tobt wie gegenwärtig, so sind wir verloren. Man wird uns vernichtet haben, wie lästige Stinktiere. Es wird keine fröhlichen Raucher mehr geben.

Ich vermute, noch vor der Jahrtausendwende wird unser öffentliches Ableben zu beklagen sein. Es wird ein stiller, ruhmloser Tod sein. Wer wird uns beklagen? Ein »Gesetz gegen die Herstellung, Verbreitung und den Genuß nikotinhaltiger Dörrstoffe« wird unser Ende sein. Das Gesetz gegen weitere Umweltverschmutzung wird auf Antrag der fortschrittlichen Gesundheitsministerin im Bonner Parlament mit großer Mehrheit aller Fraktionen beschlossen werden. So etwas rieche ich; das wird kommen.

Und in der gesunden, klaren Luft, die dann herrscht, wird man plötzlich erkennen, was da verlorenging: Wieder wurde ein Stück ehrwürdiger Kultur des alten Europa zur Strecke gebracht. Man hat den Salon, das alte Kino, das Kaffeehaus abgeschafft – jetzt, ziemlich zum Schluß, kommen die Raucher dran. Europas Geschichte war aber, mindestens seit dem 18. Jahrhundert, immer eine Raucherkultur. Politik und Tabak gehörten substantiell zusammen: vom berühmten Tabakkollegium des Preußenkönigs über Churchills Zigarren bis zu dem verbissenen Pfeifenzug Herbert Wehners. Nicht zwischen Salatköpfen, Quark und Mohrrüben – nur in der bedächtig-würzigen Atmosphäre, die der Tabak, blauwölkig, erzeugt, reiften die Entscheidungen, die die Geschichte zum Guten, ja Großen beförderten. Hitler war ein fanatischer Nichtraucher – damit ist eigentlich schon alles gesagt.

Sehe ich zu schwarz? Übertreibe ich, wenn ich hier mein ziemlich unpopuläres, fast tollkühnes Plädoyer für die feineren Nasen-, Zungen- und Gaumengenüsse fast schon im Trauerstil eines Nachrufs beginne? Zu heiteren Betrachtungen gibt unsere Lage keinen Anlaß. Ich sehe nur Geländeverluste, Abtrünnige, Überläufer rundum. Jeden Morgen muß der Chef im Büro im Kreis der Sekretärinnen mit einer weiteren Dame rechnen, die sich mannhaft über Nacht ins Lager der Nichtraucher geschlagen hat. Man sieht es ihren blassen, zusammengepreßten Lippen an, wieviel Seelenkraft sie die jüngste Askese kostet. Jeden Abend muß man im Freundeskreis auf eine neue Abweisung gefaßt sein: Nein, danke, ich bin Nichtraucher, seit vorgestern. Mit flatternden Händen und einem Lutschbonbon im Mund wird das versichert. So schrumpft unsere Runde immer mehr zu einer Minderheit, die man im Jargon der Epoche durchaus als verfolgt bezeichnen kann. Wir leben wie Zigeuner. Wohin denn mit uns und unserem erquicklichen Qualm? Wo wird man geduldet? Überall ist man lästig.

Unsere Verfolgung geht rund um die Uhr. Sie beginnt schon am frühen Morgen beim Besteigen der öffentlichen Verkehrsmittel. Jedermann weiß, daß zur Bekämpfung der obligaten Morgendepression neben der frischen Zeitung vor allem die erste Zigarette gehört. Ach, tut sie gut. Nie ist der erste Zug so genußreich-belebend wie zu dieser frühen Stunde. Selbst grausamste Gattenmorde, die die Zeitung vermeldet, nimmt man nach ein paar tiefen Zügen milder, sozusagen genußfähiger zur Kenntnis. Sie bekommen etwas von dem delikaten Reiz englischer Kriminalromane: der Mord, als schöne Kunst betrachtet. Nur, wo darf der Bürger dieser Republik als Verkehrsteilnehmer so kleinen Freuden noch frönen? Ob Bus oder Straßenbahn, U- oder S-Bahn: Im kommunalen Verkehrssystem wurde uns Rauchern inzwischen der totale Krieg erklärt.

Raucher sind ihrer ganzen Natur nach liberale Zeitgenossen. Sie neigen zu Besinnlichkeit, Toleranz, ja grenzenloser Großmut. So bin auch ich der Meinung, daß den Nichtrauchern immer auf großzügigste Weise Waggons zur Verfügung stehen müssen. Mögen sie doch im lauen Mief der anderen ihre Bazillen schlucken. Es ist ihr gutes Recht in einem freien Land. Nur ist nicht recht zu verstehen, woher dieses jüngste totale Rauchverbot im städtischen Verkehrssystem eigentlich seine demokratische Legitimation bezieht. Wurde das Volk zur Sache befragt? Entschied so der Mann auf der Straße? Ich bezweifle es. Ein Fall von deutscher Diktatur der Ämter, klammheimlich, ist zu registrieren. Und was geschieht? Wie immer hierzulande: Alle kuschen, sitzen still und dösen vor sich hin. Ein junger Mann kaut still im Bus Lakritze.

Unsere Verfolgung zieht weitere Kreise. Schon gibt es Taxifahrer, die sich weigern, Raucher zu befördern. Schon gibt es U-Bahn-Systeme, im schönen West-Berlin zum Beispiel, bei denen das Rauchverbot bereits am Eingang der Gebäude beginnt. Wieso eigentlich? Warum dürfen die werktätigen Massen, die nach Dienstschluß auf ihren Zug nach Hause warten, nicht einmal auf den leeren Bahnsteigen sich dieser bescheidenen Lust hingeben?

Noch führt die Bundesbahn Raucherabteile. Ich frage vorsorglich: Wie lange noch? Noch darf ich in meinem eigenen Auto, wenn's mir gefällt, ein Zigarillo entzünden. Ich frage wieder: Wie lange noch? Schon hört man von Bestrebungen in Bonn, auch diesen letzten Freiraum aufzuheben. Es wird, das ist sicher, eines nicht fernen Tages neben der allgemeinen Gurtpflicht auch das Rauchverbot für den »privaten Kraftfahrer« geben. Zweifelhafte Gründe dafür lassen sich immer erbringen. Dieses künftige Verbot wird unseren Polizisten und Hostessen ganz neue Bußgeld-Chancen eröffnen. Nur das ist nämlich sicher: Der Fortschritt macht uns täglich schuldiger.

Und abends dann zu Hause im kleinsten Kreis? Ich spreche nicht von der Zimmerwirtin oder der Gattin, die um die Reinheit ihrer Gardinen fürchtete. Mein Gott, das waren rührend kleinbürgerliche Vorgeplänkel. Man kann dazu nur milde lächeln. Heutzutage wird der Kampf gegen uns großflächiger und anonymer geführt. Mit vollen Breitseiten schießen die Medien des öffentlichen Rechts in mein privates Unrecht. Raucher-Entwöhnungskurse laufen in Radioprogrammen flächendeckend über drei Bundesländer, mit meinen Gebühren finanziert. Keine Woche, in der nicht durch Presse und Funk die alte, immer neue Meldung geistert, jenes berühmte Professorenteam aus Amerika, das keiner kennt, dem aber alle glauben, habe eben jetzt, streng wissenschaftlich natürlich, bewiesen, daß. Was eigentlich? Das kann man getrost vergessen. Ich bin sicher: Außer Sprudel und Frankenwein ist von diesem Team fast jeder Nährstoff der Erde als krebsfördernd entlarvt worden. Im Fernsehen dann manchmal das abendliche Gespenster-Ballett: Siehst du die Opfer dort im Tal? Die gräßlichen

Reste des Lasters – sie röcheln nur noch, sie husten, sie deuten mir, unweit des Grabesrandes wankend, mit versiegender Stimme an: Sieh her! Sieh uns! So wirst du enden, bitte!

Und ich? Ich sehe das mit gebührendem Respekt. Ich bin betroffen: Schlimm, wie doch der Mensch so endet. Nicht ohne Nachdenklichkeit greife ich zum Tabaksbeutel, stopfe mir bei diesen Bildern des Schreckens etwas behutsamer die Pfeife, zünde gemächlicher an, atme tiefer durch, lasse den Rauch in zärtlichen kleinen Wölkchen gedankenreich aufsteigen. Ja, schon, der Tod ist wirklich der Sünde Sold, wie Paulus sagte. Er ist uns sicher. Doch ist es mehr das Leben davor, das mich interessiert.

Mein Gott, wenn ich an mein Leben denke zum Beispiel: Seit vierzig Jahren bin ich Raucher. Ich begann mit zwanzig und werde es nicht mehr lassen, höchstwahrscheinlich. Ich bin kein Opfer der Sucht, ich bin kein Kettenraucher. Maßvoller Genuß bringt Gewinn. Es ist schön und förderlich, nach dem Mittagessen eine Zigarre zu rauchen. Es inspiriert mich, später am Schreibtisch, arbeitend, eine Pfeife zur Hand zu haben. Und, zugegeben, des Abends die Flasche Wein schmeckt erst ganz vollmundig, wenn auch der Tabakduft miteinfließt. Ich kann es einstweilen nur pauschal bilanzieren: Es hätte mir tatsächlich im Leben auf dieser Erde etwas gefehlt ohne Tabak. Was? Was ist es denn nun gewesen, das dich, die beklagenswerte Lage bedenkend, jetzt so beredt macht?

Ich meine: Wer raucht, schafft sich eine Atmosphäre individuellen Vergnügens. Das ist meine erste These zur Verteidigung dieser untergehenden Kultur. Er demonstriert, daß es ein winziges Stück privater Lust gibt, das er sich öffentlich nicht versagen will. Dieser Lustgewinn beflügelt, steigert zugleich die eigene Leistung. Das ist nicht nur meine Erfahrung. Wenn sich Günter Grass, etwa bei einer Podiumsdiskussion, eine Zigarette handeigen zu drehen beginnt, weiß man, daß Sätze von breitester Bedeutsamkeit folgen werden. Wenn Helmut Schmidt im Fernsehen zwischen zwei Journalistenfragen blitzschnell eine Prise Tabak schnupft, kann man sicher sein, daß nach dieser kurzen Zeremonie einige Antworten von schneidender Schärfe kommen, die fast das Gewicht einer kleinen Regierungserklärung haben. Wir sind eben schon als einzelne etwas mehr, etwas leistungsfähiger, dem Tabak ergeben. Man sollte einmal eine Literaturgeschichte schreiben unter besonderer Berücksichtigung des Nikotinverbrauchs unserer Dichter. Ich vermute, mindestens die Hälfte unserer großen Romane verdanken wir dieser zarten Begleitung durch Rauch.

Aber das ist es ja nicht allein. Das Rauchen befördert zugleich unsere kommunikative Tendenz. Nichts öffnet uns mehr dem anderen als das blaue Gewölk, das zwei Köpfe, zart vernebelnd, gleichwohl verbindet. Wer raucht, zeigt sich zu kultivierter Geselligkeit bereit. Mitmenschliche Nähe, ja Partnerschaft entsteht. Ob nun der Staatsanwalt mit dem Angeklagten das Prozeßverfahren berät, ob der Chef mit seinem jungen Bewerber ein erstes Einstellungsgespräch führt – wenn da die erste Zigarette entboten und entzündet wurde, so ist ein Bann der Fremdheit gebrochen. Es geht nun entspannter, menschlicher zu. Ein neuer Ton sozialer Freundlichkeit zieht mit dem blauen Dunst durch das Büro. Das schöne alte Wort aus der Indianerzeit: Wir wollen eine Friedenspfeife miteinander rauchen, macht deutlich, was ich meine. Das Rauchen ist ein friedliches Geschehen.

Weiter: Das Rauchen ist, historisch gesehen, tatsächlich eine vorwiegend männliche Beschäftigung gewesen. Aber welch eine hervorragende Rolle hat es in der Geschichte der Emanzipation der Frau gespielt: Von Bismarcks Schwiegertochter zum Beispiel wird berichtet, daß sie neben ihren Reitkünsten am kaiserlichen Hof vor allem durch das Rauchen von Zigarren von sich reden machte. Tatsächlich: Erst die Frau, die öffentlich raucht, hat sich aus alten Erniedrigungen befreit. Sie lutscht nicht mehr Bonbons, sie knabbert nicht Pralinen, infantile Lustgewinne, die ihr der Mann zugewiesen hatte. Sie zeigt sich frei und gleichberechtigt. Bei einer Dame, die sich unaufgefordert unter Männern eine Zigarette entzündet, kann man durchaus mit Weiterungen rechnen. Tut sie dasselbe gar mit einem Zigarillo, verbreitet sich um sie der Geruch grenzenloser Souveränität. Es hat etwas Königliches an sich. Ist sie eine Dänin? Ach, keine Spur; sie ist nur gänzlich frei. Und überhaupt: In der Beziehung der Geschlechter, geistig und leiblich, würde das subtilste Ausdrucksmittel fehlen ohne diese Requisiten. Die Art, wie ein Mann das Feuer reicht oder wie die Frau die letzte Zigarette, eben entzündet, schon wieder im Aschbecher zerquetscht, kann Bände sprechen. Die Sprache der Symbole geht tiefer als alle Worte.

Soll ich nun noch weiter ausholen? Soll ich von dem uralten Rauchopfer sprechen, das noch heute in der katholischen Liturgie im Kult des Weihrauchschwenkens weiterlebt? Dem Menschen zum Vergnügen und Gott zur Ehre? Ich fürchte, auch meine tiefsinnigsten Argumente werden den Niedergang dieser schönen Kultur nicht aufhalten. Aber dies wenigstens sei doch festgehalten: Alles Geräucherte ist allem Nichtgeräucherten überlegen. Geräucherter Tee, geräucherter Schinken ist immer aromatischer. Weshalb sind die Frankfurter Würstchen den Wieners tatsächlich überlegen? Weshalb ist ein Kaßler Kotelett schmackhafter? In Würzburg erfreut sich selbst unter

Weinkennern das köstliche Rauchbier einer gewissen Hochachtung. Weshalb? Wer räuchert, macht Rohes mundfreundlich. Er macht Fades würzig. Übrigens auch haltbarer, überlebensfähiger.

Nur wir selbst, wir Zeitgenossen dieser aufgeklärten Epoche, sollen uns dieser schönen Kultur entziehen? Ich beklage das. Wer das Rauchopfer verbietet, zerstört tiefste kultische Erfahrungen der Menschheit. Es wird dann danach das Zeitalter des Kaugummis beginnen – eine fade Vision. Ich frage: Wollt ihr das wirklich?

V Der Zug der Zeit

Links oder rechts, bitte?

Das Bändchen liegt vor mir. Es ist etwas zerfleddert. Ein letztes Restexemplar von Taschenbuch, nach siebzehn Jahren deutlich in Auflösung begriffen. Vielleicht gut so. Vielleicht ist das wirklich erledigt. Das Bändchen heißt: *Was ist heute links?* Wer weiß es noch? Ich selber habe es 1963 herausgegeben. Ich sammelte Stimmen zu dieser Frage, die damals neuartig wirkte. Niemand hatte in den fünfziger Jahren an so was gedacht. »Thesen und Theorien zu einer politischen Position«, lautete so auch, vielleicht etwas zu großartig in der Diktion, damals der Untertitel.

Anfang der sechziger Jahre umgab solche Sammelbände noch ein Hauch von Fortschrittlichkeit. Freiheitlich wirkte so etwas. Sanfte Provokation gegen den Adenauer-Erhard-Kiesinger-Geruch im Lande spielte mit. Linkssein war damals eine saubere, ja schöne Sache. Man war gegen die Reste der Nazi-Ideologie, die noch immer, nicht nur personell, durch diese Republik geisterten. Es gab damals beachtliche Parteigruppierungen auf der rechten Seite des Parlaments, die sich irgendwie als »entrechtet« verstanden, die neue Wirklichkeit nach 1945 noch immer nicht akzeptieren wollten. Man war gegen die platte Wirtschaftsvergottung, die sich gut christlich als Wunder verstand. Man war für die Oder-Neiße-Linie, für die Anerkennung der DDR, überhaupt für einen vertraglichen Ausgleich mit Osteuropa.

In summa: Linkssein war damals ein Synonym für politische Vernunft und moralische Integrität der Deutschen nach Hitler. Der Geist stand damals links, auch meiner. Ja, wo denn sonst?

Heute, nachdem all diese Fragen längst geregelt sind, sieht die Welt total verändert aus. Eine neue, junge Generation ist auf der Bühne der Zeit angetreten. Sie kennt unsere Schmerzen von damals nicht mehr. Sie kennt nur die Wirklichkeit dieser zweiten Republik, die ich trotz aller Krisen, die es gibt, ziemlich gelungen, durchaus vorzeigbar in der Welt nennen möchte. Trotzdem leidet die Jugend an dieser Republik, findet sie grundverkehrt. Sie träumt wieder den alten, tiefen Traum von der Revolution, von der schönen neuen Welt, die im Zeichen des Sozialismus den Menschen das Glück besorgen wird. Die gesellschaftspolitische Aussagekraft des Wortes Sozialismus ist dabei ungefähr mit der des Wortes Christentum im 18. Jahrhundert vergleichbar: Darunter kann man sich nun alles, höchst Verschiedenes oder auch gar nichts vorstellen. Trotzdem graut es mir manchmal vor so viel kollektiver Beglückung von Staats wegen. Denn verstaatlicht muß werden, das versteht sich. Das Unglück ist die Privatinitiative. Der einzelne steht rechts, das Kollektiv aber links. Ach, ist es so?

Jedenfalls ist diese neue Generation noch immer dabei, die Welt aus den eschatologischen Heilsbegriffen des Karl Marx zu interpretieren. Es geht um Erlösung aus einer sublimeren Form von Sklaverei. Um dies einleuchtend zu machen, wird eine junge, auch schicke Linke nicht müde, auf den eleganteren Begriffsklavieren Adornos zu spielen. Fingerübungen für fortgeschrittene Anfänger, immer noch, immer wieder. Das klingt wunderschön, Wortmusik, wenn man die Griffe richtig beherrscht: Konsumfetischismus,

Warenwelt, Verdinglichung, Entfremdung, Ausbeutung und Repression, na und so weiter – lauter musikalische Variationen um das Thema »Versklavung heute«.

Ich verstehe, daß diese letzte, große Kapitalismuskritik auf junge, noch unreife Persönlichkeiten eine große Faszinationskraft ausübt. Sie bietet zum letztenmal ein geschlossenes System der Universalerklärung. Una radix, heißt die Formel. Es kommt alles aus einer Wurzel. Die Geschichte, nicht nur unsere heute, sondern die Geschichte der ganzen Welt von Anfang an, ist mit einem Schlüssel zu erschließen. Hat man einmal die Klassenstruktur aller Geschichte verstanden, so löst sich der gordische Knoten verwirrter Epochen zu einer wunderbaren Durchsichtigkeit und Sinnstruktur. Alles wird klar, einfach und verständlich, und derjenige, der den Schlüssel zur Hand hat, der Türhüter sozusagen, wird ungeheuer potent. Er hat jetzt zu jeder Frage die Antwort parat. »Opium für Intellektuelle« hat das Raymond Aron genannt. Aus dieser Pfeife läßt sich süße Betäubung und höhere Weltharmonie noch immer ziehen.

Doch ist auch diese Position schon eher eine von gestern. Linkssein hier und jetzt heißt für die Aktiven und Fortgeschrittenen im Klassenkampf jetzt vor allem, diese unsere westliche Gesellschaft auf die Anklagebank zu setzen. Sie werden nicht müde, diese Bundesrepublik eines Willy Brandt, eines Helmut Schmidt, eines Genscher als eine Gesellschaft zunehmender Unfreiheit, wachsender Polizeistaatlichkeit zu diskreditieren. Da wird, hoch und hehr in den Tönen, zur »Verteidigung der Republik« aufgerufen – was für ein schönes und ehrenwertes Schlachtgetümmel. Nur, wenn ich mir die Hintermänner dieses Verteidigungsbataillons ansehe, wird mir unwohl. Warum beklagen eigentlich ausgerechnet DKP-Leute eine angeblich sinkende Freiheitslinie in dieser Republik? Warum machen gerade sie sich zum Sprecher jener vollkommenen Freiheiten der bürgerlichen Gesellschaft, die in der Tat ideal wären, aber von ihnen doch als erstes abgeschafft werden dürften: eben als »bürgerliche Illusionen«?

Faschistisch soll diese Republik sein, wenn auch noch latent, so hört man. Spricht hier die Unschuld oder die Perfidie von Kindern? Wenn ich da an meine Jugend unter Hitler denke: Ich saß damals, 1939, wegen Beteiligung an einer kommunistischen Studentengruppe in den Gefängnissen der Gestapo. Ich weiß ein klein wenig, noch aus eigener Erfahrung, wie Faschismus in Deutschland aussah. Da klirrten wirklich die Ketten. Da floß Blut, massenhaft. Es gibt heute da und dort wieder Neonazis. Man soll ihnen das Handwerk legen, wenn sie ernsthaft versuchen sollten, das Erbe Hitlers zu verherrlichen. Aber es sind Splittergruppen, winzige Wahnsysteme. Sie stehen doch nicht repräsentativ für die Strömungen Europas und den Zeitgeist dieser Republik. Noch in keiner Wahl sah ich diese Kerle, die man Faschisten wohl nennen muß, auch nur mit einer bescheidenen eins vor dem Komma zu Buche schlagen, gottlob.

Nachdenken über links und rechts heute. Ich sehe da auf der linken Seite eine beträchtliche Potenz, sehr viel Freigeist versammelt. Ich sehe viele meiner Schriftstellerkollegen mit beachtlicher Intelligenz, Sensibilität, auch mit öffentlichen Geldern die Leiden und Schmerzen der Menschen beschreiben, die das Unglück haben, in dieser »BRD« zu leben. Die reinste Hölle muß dieses Land sein, wenn man ihren literarischen Hervorbringungen glauben darf. Ob das nun Kroetz oder Erich Fried, Günter Herburger, Bernt Engelmann oder Gerhard Zwerenz ist, »linke Autoren«, wie man so sagt – ihr Lied, so unterschiedlich es im Einzelfall ist, läuft stets auf denselben Refrain hinaus: So kann es einfach nicht weitergehen bei uns – »kapitalistisch«. Es ist die Hölle, wie wir hier kapitalistisch leben. Es muß einfach ein neuer Kommunismus her, um die Menschen hier in der BRD zu erlösen. Natürlich ein noch etwas besserer als der, den wir schon haben in Osteuropa. »Eurokommunismus« heißt jetzt das neue Zauberwort. Der Eurokommunismus wird es bestimmt schaffen, was seit sechzig Jahren im Namen Marx' überall so schmählich mißriet: Befreiung. Befreiung wovon bitte, hierzulande?

Das ist jetzt »links«. Das träumt man, das trägt man in meinen besseren Literatenkreisen. Und ich? Ich mach' da nicht mit. Ich stimme nicht ein in den Chor dieser Linken. Ich bekämpfe ihn nicht. Ich bin nur skeptisch. Ich halt' mich zurück. Ich wehre sanft ab. Zu oft sah ich so hehre Ideale der Befreiung in Gefängnissen enden. Die ganz großen Utopien haben sich in der Geschichte nie ohne Scheiterhaufen oder doch wenigstens Arbeitslager durchsetzen lassen. Wohin auch mit den Skeptikern? Im günstigsten Fall wird man sie umerziehen müssen, in Lagern. Ich kann mir eine sozialistische Revolution mit voller Beibehaltung unserer bürgerlichen Freiheiten nicht vorstellen. Das geht immer zu Bruch: von Prag 1968 bis Chile – alles Katastrophen. Da lobe ich mir doch unsere Berliner Mauer und den Todesstreifen durch Deutschland: So, ungefähr, kann man den Sozialismus aufbauen. Das andere ist doch nur Literatur, und nicht einmal gute.

Ich übe Selbstbefragung. Ich kehre vor meiner eigenen Tür. Was ist? Ich bin eigentlich immer derselbe geblieben, wage ich zu behaupten. Seit Hitler bin ich ziemlich unverändert so etwas wie liberaler Sozialdemokrat gewesen. Ich blieb identisch. Die Zeit hat sich geändert. Der Zug der Zeit fährt nach links. Die Szene hinter mir, jedenfalls im literarischen Leben, ist ziemlich heftig nach links weggerutscht. Nicht in der Wirklichkeit dieser Republik, versteht sich. Diese zeigt eher leichte Rechtstendenzen, die ich nicht teile, deswegen aber auch nicht verteufle. Das gehört mit zum parlamentarischen Spiel. Nur, unsere führenden, wie man wohl sagt: tonangebenden Intellektuellen sind meist schon sehr links. Ich sage das ganz ohne Klage. Kein Hauch von Beschimpfung. Ich stelle nur fest: Plötzlich, diese liberale und bürgerliche Republik gegen ihre roten Erlöser in Schutz nehmend, findet man sich als »Konservativer« wieder, sieht sich plötzlich in die rechte Ecke gedrückt. Was ist? Bin ich ein »Rechter« geworden? Steht es tatsächlich so schlimm um mich?

Nein, ich glaube, es ist etwas ganz anderes passiert. Vielleicht hängt es wirklich mit der Zeit, den Jahren, also dem Älterwerden zusammen. Ich bin es einfach satt, mit Wörtern zu jonglieren. Begriffe interessieren mich nicht mehr. Ich kann diese junge Lust an Wörtern, die alle mit *ismus* enden, nicht mehr teilen. Kaputte Spiele, leergeschossene Hülsen. Mir sagt das nichts mehr: Sprechblasen unserer Ideologen. Das Wort *Faschismus* ist mir angesichts eines Kanzlers, der Helmut Schmidt heißt, genauso hohl wie das Wort *Sozialismus* im Reich Erich Honeckers. Ich finde den Terminus *Kapitalismus* angesichts gottlob sehr starker Gewerkschaften in unserer Gesellschaft heute ein bißchen antiquiert. Was ist eigentlich *Antikommunismus*? Wenn es Gegnerschaft gegen die Allmacht der Stasi sein sollte, so will ich das sein: ein Antikommunist. Ich empfinde die Wörter *Marxismus* und *Leninismus* nach meinen vielen Reisen durch Osteuropa als reine Fetisch-Begriffe, die im Klartext besagen: Stabilisierung der Herrschaft einer bestimmten sowjetischen Fraktion, heute. Der *Imperialismus* der »BRD« kommt mir angesichts der schrittweisen Eroberung Afrikas durch sowjetische Einflüsse auch etwas schwächlich vor. Im *Neuen Deutschland* las ich kürzlich, daß die italienischen Terroristen dem *Profaschismus* angehören. Die Roten Garden also als Spielart des *Faschismus.* Da soll einer nicht ungläubig werden? Ich wiederhole: kaputte Spiele, leergeschossene Hülsen – Ismus-Jongleure. Mir sagt das nichts mehr. Man soll nicht mit Wörtern spielen.

Es mag noch dies hinzukommen: Ich habe mich, älter werdend, etwas umgesehen in der Welt. Ich bin in den letzten zwei Jahrzehnten viel in fremden Ländern gewesen. Es ist mir, heimkehrend aus so vielen Staaten, dies klargeworden: Mit Begriffs-Stereotypen wie »links« oder »rechts« ist der Kompliziertheit der Weltwirklichkeit nicht mehr beizukommen. Wohl wahr: Die Welt liegt im argen. Sie leidet. Mindestens achtzig Prozent dieser Welt müssen verändert werden. Aber wie und mit welchen Rezepten, das muß jedesmal vor Ort neu und ganz konkret aus der jeweiligen historischen Situation entschieden werden.

Ich plädiere also statt ideologisch für eine konkrete und flexible Vernunft in der Politik. Stück- und fallweise sieht die Welt immer anders aus. Als ich zum Beispiel in Ägypten zum erstenmal das Elend der Massen sah, reagierte ich traditionell »links«. Der katastrophalen Rückständigkeit der Fellachen dort ist mit »freier Marktwirtschaft« sicher nicht beizukommen. Sie brauchen Genossenschaften. Was sonst? Wenn ich in Amerika bin, scheint mir ein Hauch von Sozialdemokratie ein Fernziel: erstrebenswert. Wenn ich in Schweden bin, plädiere ich ganz handfest für mehr Unternehmerfreiheiten. In der Sowjetunion hingegen erscheinen mir die wenigen Dissidenten und Helsinki-Einkläger als Träger des Fortschritts, also »links« im alten Sinn. In Polen ist die katholische Kirche für mich eine linke Institution, weil sie für mehr Freiheit und Gleichheit der Bürger eintritt. Bin ich nun ein »Rechter«, weil ich nicht auf der Seite derer mitmache, die im Geist unserer DKP-Genossen eine »Volksrepublik Westdeutschland« wünschen?

Ich meine, man sollte diese hohen Transparente etwas runterholen. Laßt Luft aus euren Sprechblasen! Was steht denn wirklich dahinter? Die Wirklichkeit dahinter, meine ich, besteht immer aus drei Faktoren. Summa summarum: Die Welt will erstens satt werden. Ihr größerer Teil hungert immer noch. Die Welt will, wenn sie das ist, satt, zweitens soziale Sicherheit. Ein legitimes Verlangen. Die Welt sucht, wenn sie dies beides hat, immer nur eins: die Freiheit. Jawohl, die Freiheit kommt erst zum Schluß. Zum Schluß kommt nämlich immer das Wichtigste. Nie wird der Mensch, nie werden die Völker, wenn sie unter ökonomisch erträglichen Bedingungen leben, aufhören, mehr Freiheit für sich, und das heißt: für jeden einzelnen, jeden Andersdenkenden, zu suchen.

Wer diese drei Faktoren vorantreibt, ist für mich heute »fortschrittlich«. In jeder Region sehen die Verhältnisse anders aus. Man muß genau hinsehen. Wer bläst da links? Wer bläst da rechts? Mit schmetternden Begriffstrompeten, meine ich, ist der Wirklichkeit nicht mehr beizukommen.

Zeit der rauhen Sitten

Manchmal gehe ich in die City, ich nenne es: in den Zoo gehen, also um fremde, exotische, ziemlich wilde Wesen zu besichtigen. Mein Zoobesuch: Der Eintritt ist frei, das Angebot ist groß, fast beglückend reich, obwohl sich diese wilden Exoten fast alle verblüffend ähnlich sehen. Ziemlich abgehärmt das Gesicht, ein sehr bleicher Teint mit Wuschelbart, immer noch schulterlanges, ziemlich strähniges, ungepflegtes Haar, ein zottiges Fell dazu oder der feldgraue, mausgraue Parka, immer noch die blauen Jeans oder die gelbe Kordhose darunter – so findet man sie, trotz Tendenzwende, Neokonservatismus, auch Rechtsruck genannt, überall unverändert herumstehen, herumhocken, rudelweise. Manchmal mit einer Gitarre in der Hand, manchmal mit Flugblättern unter dem Arm, gelegentlich auch eine kommunistische Zeitung feilbietend, die eigentlich niemand will: der *Wachtturm* in Rot. Ernste Bibelforscher des Neomarxismus, könnte man sagen.

Ich spreche von der neuen Generation, der Jugend von heute, die sich so vollkommen anders, so fremdartig und doch frei gibt, daß ihre Vertreter neben jenen der älteren Generation in der Tat wie Exoten wirken. Wo kommt das her? Sind das wirklich die Kinder dieser Eltern? Wenn es so sein sollte, so ist der Generationsbruch nicht zu übersehen: der Vater immer noch mit Schlips und Kragen, mit dem braven, etwas zu kantigen Konfektionsanzug, ein etwas verkniffenes, pedantisches Gesicht mit Resten von Nazizeit in den Augenfältchen – das blasse Bild des ewigen Buchhalters Anfang Fünfzig. Der Sohn, fünfundzwanzigjährig, wirkt daneben wie ein revolutionärer Panther, ein schönes Produkt der Pop-Kultur. Ich frage mich: Ist der Unterschied tatsächlich so elementar, wie er sich optisch anbietet? Sind das nun wirklich ganz andere Menschen, von innen her? Wie tief ist die Kluft der Verhaltens- und Umgangsformen?

Ich will nicht von den klassischen Treffpunkten der neuen Generation sprechen: all den Kneipen, Bars, Diskotheken, wo raffinierte Hi-Fi-Lautsprecher die verräucherten, meist halbdunklen Räume tatsächlich zu dröhnenden Urwaldhöhlen umfunktioniert haben. An solchen Raststätten der Nacht, wo meistens nur, eng miteinander verkeilt, gemeinsam geschwiegen wird, wo man zwei, drei Stunden wortlos vor sich hin starren kann, ist kaum etwas auszumachen. Der alte Stil der Geselligkeit, der Gesprächigkeit, sagen wir es ganz altmodisch: der Gemütlichkeit, die noch die Elterngeneration zu schätzen wußte, ist bewußt verpönt. Schweigen ist Trumpf. Die Kommunikation wird zusammengeschlagen von dumpfen Pop-Rhythmen.

Es ist, gottlob, auch kaum mehr erkennbar, ob da nun ein Junge, ein Mädchen hockt. Alles bewegt sich sehr leger in den undefinierbaren Grauzonen eines kollektiven Intersex, der so reizlos nicht ist, obwohl man die dschungelartige Triebhaftigkeit solcher vitalen Nachtschattengewächse nicht überschätzen sollte. Da passiert meistens weniger, als phantasievolle Fremde vermuten. Manches von dem, was die Pornowellen einst ins Land schwemmten an sexueller Freizügigkeit, ist oft nur Schau und schöne Imponiergebärde. So kollektiv geht das nicht zu. Es gibt meist erstaunlich früh fixierte Zweierbeziehungen auf Treuebasis. Die Treue ist nur meist weniger verlogen und weniger doppelbödig als die der Eltern. Im übrigen spielen viel Narzißmus und Einsamkeitslust in der Masse, oft auch eine überraschende Gleichgültigkeit zwischen den Geschlechtern eine Rolle. Nicht umsonst stand einmal am Anfang des emanzipatorischen Jugendprotests das Wort Orgasmusstörungen.

Ich will auch nicht von unseren Kinos sprechen, die jedenfalls in unseren Großstädten des Abends zu reinen Reservaten der Jugendkultur geworden sind. Die Eltern sitzen offenbar alle zu Hause vorm Fernseher. Die junge Generation, auch oft gern die kritische genannt, sitzt wie eine geschlossene Schulklasse vor der kleinen Leinwand im kleinen Kino und konsumiert süchtig die Jungfilmerproduktion. In der politischen Grundrichtung ist hier tatsächlich ein radikaler Generationsbruch zu erkennen. Die linke Utopie, der linke Traum von der befreiten Menschheit und sein Gegenbild, der Alptraum all der unterdrückten Minderheiten, dominieren. Schallendes Gelächter über die Bilder der Etablierten, das Bild von Reagan, von Carstens etwa, ehrfürchtiges Schweigen, wenn Szenen der Zuckerernte aus Kuba gezeigt werden. Aber sonst? Die uralten Kinotricks: Ein Herr wird ins Wasser geschubst, eine Dame wird plötzlich entkleidet, ein ungeheurer Kinnhaken schmettert einen Partner nieder. Überhaupt Rauf- und Zertrümmerungsszenen versetzen die Söhne nicht anders als früher die Väter in helles Entzücken. Man kann sagen: Das alte Ufa-Klischee von rechts ist durch das neue, linke Klischee der destruktiven Lust ersetzt. Wenn aber links zugleich auch einen neuen, qualitativen Sprung zu einer höheren Reizstufe künstlerischer Sensibilität bedeuten sollte, so ist ähnliches kaum zu erkennen. Es gibt ganz offenbar eine Internationale des Kitsches, die quer durch alle Ideologien geht und unausrottbar bleibt. Spaß ist kein Klassenphänomen.

Ich will eine Party beschreiben, die ich kürzlich erlebte. Junge Leute hatten geladen. Hier waren die gewandelten Umgangsformen nun in Reinkultur zu besichtigen, und ich sage gleich: Alles in allem gesehen waren sie so übel nicht. Ich fand sie verblüffend. Das, was man früher einmal bürgerliche Umgangsformen, auch zivile Gesittung nannte, ist freilich dahin. Soll man ihnen nachtrauern? Sie werden wohl erst in einer kommenden Epoche eines entwickelten Sozialismus bei uns wieder etabliert werden. Es gibt bekanntlich nichts Spießigeres als die sozialistische Gesellschaft in östlicher Reinkultur. Gott sei davor – einstweilen sind nur die schönen Auflösungsformen alter Bürgersitten zu loben. Ein Gefühl von Befreiung ist schon dabei. Mischformen waren es immer, die produktiv machten. Nur der Zerfall ist schöpferisch, und hier war nun wirklich alles zerfallen, was die Väter einmal, zwanghaft, unter Gesittung verstanden hatten. Kultur-Ideale – wo sind sie hin?

Es war ein Tag der offenen Tür, könnte man sagen, das intime Fest eines anonymen Kollektivs. Die Wohnungstür stand weit offen. Es hatte keinen Sinn, sie zu schließen, denn wer immer da kam, war ganz ohne Ansehen der Person willkommen. Keiner stellte sich mit Namen vor. Meine gelegentlich etwas verschüchterte Frage: Wer sind Sie eigentlich? Können Sie mir bitte eben Ihren Namen sagen? wirkte deutlich deplaziert und ziemlich rückständig. Schon das bürgerliche Sie isolierte mich spürbar. Niemand kannte sich, aber alle duzten sich. Niemand fragte höflich, ob es da etwas zu trinken, zu essen gebe. Jeder steuerte schweigend und ganz selbstverständlich auf die Küche, den Eisschrank des Gastgebers zu und holte sich, was eben rumstand.

Ein ziemlich chaotischer und drangvoller Selbstbedienungsladen war die Wohnung geworden, deren betonte Armseligkeit, ja Häßlichkeit ihren individuellen Charme unterstrich. Kolossale Berge schmutzigen Geschirrs aus früheren Tagen standen herum. So wie früher einmal blinkende Sauberkeit, adrette Aufgeräumtheit einen Hausherrn empfahl, so tut es heute eine kunstvolle Orgie des Schmutzes. »Größerer Versuch über den Schmutz«, sagte ich, doch niemand verstand, was ich meinte: einen sehr intelligenten Essay von Christian Enzensberger. Die Jugend heute sieht ja hochliterarisch aus: ein Künstlervölkchen. Sie ist aber genauso unliterarisch wie ihre Väter. Alles Gesichter von Schriftstellern. In Wirklichkeit sind sie, wenn sie nicht gerade studieren, in ganz blassen Jobs zu Hause: Sie sind beim städtischen Wasserwerk, in einer Jeans-Boutique, wenn es hoch kommt, in einem Werbebüro angestellt.

Was gehört weiter zum neuen Umgangston? Eine Gebärde kollektiver Tristesse. Früher lächelte man, wenn man wo eintrat. Man versuchte sich von der besten Seite, der Schokoladenseite der Freundlichkeit, zu zeigen: Ein strahlendes Lächeln wurde aufgesetzt. Heute ist es genau umgekehrt: Man muß deutlich mißgelaunt, verdrossen kommen. Ein Anflug von Ruppigkeit ist erwünscht. Schlechte Laune ist guter Ton. Kleine Aggressionstupfer mühsam verhaltener Wut sind kommunikativ sehr förderlich. Depressionen verbinden. Erst wenn man zu verstehen gibt, daß man am liebsten diesen ganzen Scheißladen hier in die Luft sprengen möchte, ist man wirklich zu Hause, akzeptiert und auf das freundschaftlichste aufgenommen.

Und doch wäre es falsch, diesen rüden Ton, dieses Fest der rauhen Sitten für die volle Wirklichkeit zu nehmen. Es wäre ein Irrtum, nur in Abwehr zu sagen, diese neue Generation sei in der Tiefe verwildert. Sie tut nur so, glaube ich. Sie spielt nicht ohne Koketterie mit diesem Image des Rabiaten. Es war ganz deutlich ein Unterton individueller Empfindsamkeit hinter diesen Kraftgebärden zu spüren. In der Tiefe sind sie viel sensibler, verletzlicher als ihre Väter. Es ist fast ein Hang zur Wehleidigkeit zu erkennen: pubertäre Empfindlichkeit. Wie leicht sie sich getroffen fühlen. Ein falsches Wort, und man bekommt nur noch Rücken zu sehen.

Eine neurotisierte Generation, könnte man sagen, also ein Spiegelbild unserer neurotisierten und infantilen Gesellschaft von heute, aber eben auch mit allen Riten und Reizstufen von Neurotikern. Da gab es auch scheue Zärtlichkeit, eine widerborstige Bereitschaft, anerkannt, ja geliebt zu werden. Keusche Verwildertheit möchte ich nennen, was diese junge Generation verbindet. Rauhe Sitten, die sehr weiche Tiefen verbergen. Humanität ist hier nicht abgestorben. Sie hat sich nur eingeigelt. Borstige Igel sind diese Exoten, Kinder einer stacheligen Welt.

Wohlstand – und was dann?

Das Wort Wohlstand ist bei uns ein Reizwort geworden. Es ist nicht ganz geheuer mit ihm. Man kann es nicht aussprechen, ohne zugleich auf Bedenken, Abwehr, Unbehagen, eine verfeinerte Form von Spott zu stoßen. Ohne Frage leben wir Bürger der westlichen Welt trotz aller Ölkrisen, Energieprobleme und wachsenden Inflationstendenzen immer noch in ausgesprochenen Wohlstandsgesellschaften. Die Bundesrepublik ist, wenn es um Geld und industrielle Güter geht, auf dem internationalen Parkett ein begehrter Partner, in Ost und West. Gastarbeiter, Einwanderer, Asylsuchende aus allen Zonen – das schon.

Gleichwohl ist der Begriff Wohlstand in Mißkredit geraten. Der Zustand wird unverändert geschätzt, aber das Wort ist dubios, zwielichtig geworden. Es klingt unseriös. Es bekommt langsam einen anklägerischen, etwas unheimlichen Ton: die Wohlstandsnationen. Das klingt fast wie eine Drohung, außerdem unanständig. Im innerdeutschen Gebrauch ist das Wort tabuisiert. Seriöse Geister werden es kaum noch in den Mund zu nehmen wagen. Man sollte vom Wohlstand hierzulande eigentlich nur in Anführungsstrichen, also spöttisch sprechen. Was freilich nicht ausschließt, ihn praktisch für sich zu beanspruchen und in vollen Zügen zu genießen. Dies ist ja ein Spezifikum westlicher Lebensart: daß man etwas hat und es zugleich verachtet, daß man etwas verspottet, das man zugleich genießt. Doch das ist es nicht, was ich meine.

Ich möchte hier nach den Folgen des Wohlstands fragen, also nach dem Preis des Fortschritts. Was kostet es uns eigentlich, psychologisch, sozial, aber auch politisch, daß wir uns in dreißig Jahren deutscher Nachkriegsentwicklung diese Wohlstandsgesellschaft errichtet haben? Ich vermute, es wird weitgehend falsch kalkuliert bei uns, immer noch. Immer noch ist die Meinung verbreitet, daß wachsender Wohlstand sozusagen automatisch wachsende Stabilität der sozialen Strukturen bewirke. Irgendwo hängen wir immer noch, vielleicht durchaus unbewußt, dieser pausbäkkigen Ideologie Ludwig Erhards an, daß, wenn einmal wirtschaftliche Sicherheit für alle gewonnen wäre, dann auch die Bürger zufriedener, die sozialen Verhältnisse stabiler würden, die Gesellschaft geordnet, der Staat ganz unangefochten akzeptiert würde. Wohlstand gleich Stabilität – diese politische Zielvorstellung der fünfziger Jahre spukt immer noch in den Köpfen der Zeitgenossen, gleichgültig, ob sie etwas weiter links oder etwas weiter rechts auf der Parteienskala angesiedelt sind. Ich meine, hier sei etwas zu revidieren. Der Satz stimmt so unreflektiert nicht, nicht mehr, nicht bei uns jedenfalls. Das Phänomen ist komplizierter, und wir stehen mittendrin in diesem Umbruch.

Ich setze hier einmal den Fall, wir hätten tatsächlich schon eine Gesellschaft idealen Wohlstands für alle erreicht: Ökonomische Gleichheit und Prosperität wären verwirklicht, wir hätten also beinah schwedische Verhältnisse bei uns, wovon wir wahrlich noch weit entfernt sind. Käme das eigentlich, zunächst rein psychologisch gefragt, der Zufriedenheit der Bürger zugute? Wohlstand befriedigt natürlich materielle Grundbedürfnisse, aber eben auf der

Basis dieser ersten Befriedigung entstehen merkwürdigerweise ganz neue Probleme, Unlustgefühle, Reizstufen, die man zuvor nicht sah, noch gar nicht kannte. Ich erinnere mich an die jungen Schweden, die ich einmal in Israel in einem Kibbuz traf. Es war zu einer Zeit, als Israel noch höher im Kurs stand bei der intellektuellen Jugend. Hier, ganz in der Nähe des Jordans, habe das Leben noch einen Sinn, ein Ziel, eine Aufgabe, erklärten sie mir damals nicht ohne Zuversicht. In Schweden erwarteten sie nur die Leere und die Langeweile eines perfekten Wohlfahrtsstaates. Soziale Sicherheit erzeugt also keineswegs nur Befriedigung. Nach einer Phase der Gewöhnung stellt sich, vor allem bei jüngeren Menschen, eher ein Klima der Unlust, der Spannungslosigkeit, tieferen Unbehagens ein.

Doch meine ich hier nicht so sehr dieses Stück jugendlichen Tatendrangs und jugendlicher Abenteuerlust, das tatsächlich in unseren hochentwickelten Industriegesellschaften immer schwerer befriedigt werden kann und deshalb immer mehr den Surrogatbereichen der sogenannten Freizeitindustrien verfällt, vom Drogengebrauch bis zum wiederentdeckten Motorrad. Ich meine hier vor allem die objektiv höhere Reflexionsstufe, den gesteigerten Grad an Sensibilität, der sich ganz unausweichlich in einer Gesellschaft einstellt, die ihre elementaren Bedürfnisse befriedigt hat. Wo kein Hunger mehr herrscht, beginnen erst die eigentlichen Probleme. Es wird nicht nur leichter, es wird zugleich auch komplizierter, wenn ein Haus einmal steht und bezogen wurde. Nomadenvölker leben immer problemloser als Stadtkommunen.

Erst jetzt tauchen nämlich die Fragen des individuellen Zusammenlebens, der Nachbarschaft, der sozialen Gerechtigkeit für alle auf, werden zentral und drängend, und dies oftmals mit einer überraschenden Heftigkeit. Ich nenne nur die Stichworte Bodenreform, Hausbesetzungen, Gastarbeiterwohnungen. Erst jetzt wird der Blick frei auch für die Konstruktionsfehler, Brüche und Risse, die das neue Haus tatsächlich hat. Der Anspruch der öffentlichen Moral wächst rapid in solchen Augenblicken, und zwar zunächst mit Recht, wie ich meine. In Zeiten relativer Befriedigung ist es ganz legitim, wenn die Benachteiligten lauter und drängender an die Tür der Privilegierten klopfen. Alle Wohlstandsgesellschaften sind deshalb im Grunde Konfliktgesellschaften. Man sollte das einkalkulieren: Die Konfliktbereitschaft wächst in solchen Zeiten, auch die Fähigkeit, Konflikte durchzustehen. Soll man es Gruppenegoismus, leichtfertiges Aufs-Spiel-Setzen des Gesamtwohls nennen? Ich bin nicht sicher, denn natürlich hat auch jeder Postbote, jeder Müllfahrer das Recht, sich seinen Teil am Gesamtprodukt zu erstreiten. Es wird eben schwieriger und komplizierter gerade in funktionierenden und leistungsfähigen Volkswirtschaften. Höhere Organisationsstufen fordern differenzierte Techniken, übrigens auch des Regierens.

Als zweites Element, meine ich, sollte man ein spezifisches Anwachsen der sozialen Aggressivität einkalkulieren. Merkwürdigerweise werden Gesellschaften, die nicht mehr hungern und frieren, die nicht mehr in Armut leben, keineswegs friedlicher, sanfter, humaner. Sie produzieren ein überraschendes Maß an Friedlosigkeit, Unruhe, Gewalttätigkeit. Das Zerstörerische im Menschen kommt hoch. Der Begriff Wohlstandskriminalität umschreibt dieses Phänomen nur mit einer Leerformel. Selbst ein so friedfertiges Volk wie das schwedische hat hierin schon erstaunliche Fortschritte gemacht. Es ist, als wäre ein Potential der Menschen, das früher dem primitiven Kampf ums Überleben zur Verfügung stand, jetzt freigesetzt, sozusagen objektlos, und bräche da und dort unkontrolliert, scheinbar sinnlos durch. Vor allem aus den USA kennt man diese ebenso grausamen wie absurden Mordserien, in denen plötzlich etwas Urwaldhaft-Bestialisches, ja Rituelles aufblitzt. Die Presse ist ja nicht arm an solchen Meldungen. Daß sie oft aus Kalifornien kommen, wo die Menschheit die höchste Zivilisationsstufe erreichte, hat durchaus seinen soziologischen Sinn. Nicht die Armut – erst der Reichtum provoziert die absurdesten Verbrechen.

Man braucht keineswegs so weit zu gehen, um das Phänomen Wohlstand und Aggressivität zu verdeutlichen. Es genügt, das Verhalten der Autofahrer auf unseren Autobahnen zu beobachten. Leute mit teuren und schweren Wagen neigen ganz unbewußt zu einer Form motorisierter Rücksichtslosigkeit, die ihnen zu Fuß keineswegs eigen ist. Zu Fuß und zu Hause sind es meist die höflichsten und hilfreichsten Familienväter. Das Wohlstandsvehikel verroht gute Sitten. Der Kult mit dem Motorrad, der ein reines Übermutsprodukt der wohlhabenden Schichten ist, zeigt dieselbe Tendenz zu rabiater Verrohung. Das Motorrad wird plötzlich zum Symbol, zur Chiffre phallischer Aggression, die sogar den Todestrieb einkalkuliert, also die Aggression auf sich selber zurückbiegt. Nie war der Wohlstandsbürger so bereit, sich in Lebensgefahr zu begeben, wie jetzt, da er ein oder zwei sichere Autos ohnehin in der Garage stehen hat.

Es wäre aber falsch, das Phänomen nur auf die Etablierten zu beschränken. Die Aggressivität, mit der junge Demonstranten bei uns ihre oft durchaus diskutablen Grundforderungen durchzusetzen suchen, kommt aus den gleichen Quellen. Es schwingt da immer ein Unterton anarchistischen Zerstörungswillens mit, der ohne den gesicherten Besitz der Eltern, die zu Hause in sehr komfortablen Bungalows leben, nicht denkbar wäre. Nicht Hausruinen, sondern strahlende Wolkenkratzer ermuntern zum blinden Aktionismus.

Wohlstand und Sicherheit werden plötzlich als Last empfunden, Ordnung als Fessel. Plötzlich spottet man über *law and order,* obwohl beide die Grundlage jedes zivilisierten Gemeinwesens sind. Freiheit heißt dann das Erlebnis des Kaputtmachens. In der Psychoanalyse nennt man das die anale Trotzphase, eine Reifungsstufe im dritten Lebensjahr. Diese Sympathie fürs Fäkalische, die man an den Wänden der Jugendzentren sehr eindrucksvoll ablesen kann, läßt den Verdacht aufkommen, daß solche Protestanten nicht sehr weit über ihre Kleinkindstufen hinauskamen, innerlich. Eine verwüstete Kurfürstendamm-Ecke, wie sie heute in Berlin keine Seltenheit ist, wäre noch vor dreißig Jahren nicht denkbar gewesen ohne den Geruch massiver Kriminalität. Jetzt gehört das mehr zum Bild politischer Lebendigkeit. Wir sind da duldsamer geworden. Wohlstandsgesellschaften gleichen nun einmal, jedenfalls in Übergangsphasen, auf merkwürdige Weise Bürgerkriegsgesellschaften en miniature. Auch das sollte man einkalkulieren.

Dahinter scheint mir als drittes Element das Gefühl einer tiefsitzenden Sinnentleerung zu stehen. Ich deutete es schon an mit den jungen Schweden in Israel. Hochentwikkelte Konsumgesellschaften unserer westlichen Provenienz verpflichten, binden, nötigen den Bürger nicht mehr. Sie nötigen ihn höchstens zu einem: zu noch mehr Konsum, weshalb Reklame und Werbung in solchen Gesellschaften vehement dominieren. Diese werden dann meistens zum Gegenstand einer erbitterten Gesellschaftskritik. In Wahrheit sind sie ungleich harmloser als die Propagandaaktionen totalitärer Systeme. Es wird in liberalen Staaten wie etwa den USA, Schweden oder der Bundesrepublik kein Engagement für staatliche Ziele gefordert. Merkwürdigerweise ruft diese Befreiung von kollektiven Zwängen bei den meisten nicht Zufriedenheit, sondern Unlustgefühle hervor. Die meisten sind gar nicht so glücklich, sich selber überlassen zu sein, auf den eigenen Gebrauch der Freiheit verwiesen. Sie sind eher ratlos bis unglücklich, wie jeder Psychotherapeut aus seiner Praxis weiß: Wohlstandsneurosen.

Das Phänomen hat seine eigene Tiefe. Der Haß, den ich, etwa bei Frankfurter Straßendemonstrationen, im Gesicht junger Menschen sah, die Mischung aus Wut und Verzweiflung, die man unverändert bei jenen Jugendgruppen findet, die dann in die Drogenwelt umkippen, muß aus solchen Wurzeln kommen. Sie verachten, mehr noch, sie hassen tatsächlich diesen liberalen Staat, weil er sie eben so frei läßt, weil er nichts fordert, weil er sie nicht in Zucht nimmt wie autoritäre Staaten. Die vaterlose Gesellschaft erzeugt keine freien, sondern aggressive, ja hochneurotische Söhne. Freiheit macht angst.

Man kann das gleiche Phänomen auch spiegelverkehrt durchleuchten. Wer wie ich einmal in Ost-Berlin die Tage der Jugendweltfestspiele hautnah beobachten konnte, registrierte nicht ohne Erstaunen, wie dankbar Jugend sein kann, wenn ihr nur kämpferische Aufgaben und klare Lebensziele vom Staat gestellt werden.

Aber das ist kein neues Phänomen. Wir kennen es aus unserer jüngsten Geschichte. Hitlers Erfolg bei der deutschen Jugend, den heute niemand mehr so recht wahrhaben will, der aber überwältigend war, kam nicht zuletzt aus Hitlers Forderung nach Unterwerfung, Gehorsam und Opferbereitschaft. Der Mann zeigte ein klares Ziel: die Größe der deutschen Nation (oder was er dafür hielt), und verlangte von der Jugend dafür eiserne Einsatzbereitschaft.

Ich kann mich an keinen Jugendprotest gegen solche Inpflichtnahme damals erinnern. Das Gegenteil war der Fall. Für die meisten war Dienen damals nicht nur selbstverständliche Pflicht, es war auch persönliches Glückserlebnis dabei. Ich glaube nicht, daß die Jugend von 1940 sich in solchen Tiefenstrukturen so sehr von der Jugend von 1980 unterscheidet. Jugend will immer Aufgaben, Ziele, Vorbilder. Wo sind sie heute in unseren Wohlstandsgesellschaften?

Also heißt Aussteigen das jüngste Gerücht. Überall steigt man jetzt aus aus diesem Wohlstandszug. Man verweigert sich der Gesellschaft. Man zieht sich zurück in Landkommunen, in grüne Idylle, in private Räusche. Das sehr einfache Leben bekommt plötzlich einen neuen Glanz. Das mag auch seinen Reiz haben, privat. Nur, was wird aus einem Zug, aus dem oft die Besten aussteigen? Wo treibt er hin? Was kommt nach dem Bahnhof, der »Wohlstand« hieß? Ich frage noch einmal: Was dann?

Einkaufgeschichten

Es war eigentlich immer dasselbe bei ihnen gewesen, meistens am Samstagvormittag. Soll man sagen: ein kommerzieller Freizeitsport deutscher Bundesbürger? Es war auf jeden Fall eine notwendige, ganz unerläßliche Pflicht, in die sich auch etwas Vergnügen, ein Hauch von Lust einmischte: Am freien Samstagvormittag gingen sie immer einkaufen. Irgendwie gehörte das mit zu ihrem Wochenend-Ritual. Endlich war man aufgestanden, endlich war man mit dem langen Frühstück fertig. Es war meistens schon kurz vor elf. Sie nahmen plötzlich mit großer Entschlossenheit den Karren von der Wand, einen praktisch geflochtenen Einkaufskorb auf Rädern. Er überprüfte das Geld in der Tasche. Also etwa dreihundert Mark, dachte er immer, mußt du schon haben. Nimm lieber noch einen Blauen mehr; man kann nicht wissen. Sie gingen einkaufen.

Sie wohnten in der City, in der an Supermärkten schon damals kein Mangel war. Hier in der Innenstadt war man gut versorgt. Sie gingen an ihrem Auto vorbei, das vor dem Haus auf der Straße parkte, etwas verdreckt und verschmiert vom Smog der Stadt. Es erfüllte sie immer mit Genugtuung, jetzt nicht in das Auto einsteigen, nicht wieder in diese Riten einer motorisierten Zwangsgesellschaft eintreten zu müssen. Ein Quälgeist ist doch das Auto heutzutage – nicht mehr. Es gehörte zu den bescheidenen Freizeitvergnügungen ihres Wochenendes, endlich einmal zu Fuß gehen zu dürfen. Gott sei Dank, sagten sie immer, wenn sie nach einigen hundert Metern die Fußgängerzone erreicht hatten, wo alles freundlicher, frischer, bunter wurde. Gott sei Dank – endlich kein Auto mehr.

Dieser neue Stil einzukaufen: Er grübelte hinterher manchmal darüber. Es war ein neues Element in ihr Leben eingetreten, an dem sich etwas ablesen ließ über den Zustand dieser Gesellschaft, die immer praktischer, rationeller, die immer reicher, aber auch ärmer wurde. Etwas wurde gewonnen, und etwas ging auch verloren. Soll man es vorläufig nur Versachlichung nennen? Es hatte auf jeden Fall nichts mehr mit Shopping zu tun, dem alten Einkaufsbummel durch die Innenstadt, diesem ziellosen Schlendern von Schaufenster zu Schaufenster. Es war alles zweckhafter, zielstrebiger geworden. Man kann auch sagen: uncharmant, lieblos, nur noch vernünftig. Und trotzdem mischte sich in diesen neuen, uncharmanten Einkaufsstil auch wieder eine andere Art Lust ein. Sie machten es ja freiwillig. Es war eine verzwickte, sehr komplizierte Geschichte, der man genauer auf den Grund gehen mußte. Seit etwa zwei Jahrzehnten gab es diesen merkwürdigen Samstagvormittag-Ritus, der seine eigene Entwicklungsgeschichte hatte. Er dachte: Man könnte das erzählen in lauter Kapiteln, fast wie einen Roman. Eine Einkaufsgeschichte, eine Kundenbiographie, eine kleine Kulturgeschichte kommerzieller Lernprozesse. Versuch es einmal. Was war geschehen?

Am Anfang stand ein Abschied. Sie hatten hier in der City, als sie zu Beginn der sechziger Jahre zugezogen waren, sehr schnell und schmerzlos Abschied genommen von der klassischen Prozedur der Bedarfsdeckung, wie er sie noch aus seiner Kindheit kannte. So etwas gibt es immer noch. Überall gibt es noch diese Einzelhandelsgeschäfte, die man

Kolonialwarenhandlungen nennt. Wieso eigentlich? dachte er oft. Aus welchen Kolonien kommt meine Milch, mein Brot, mein Pfund Kirschen? Man kennt diesen ehrwürdigen und strengen Ritus, der da hinter Glas und Marmortheken auf engstem Raum immer noch zelebriert wird, alles abgeteilt und zugeteilt und unzugänglich wie in der alten Klassengesellschaft. Es muß gar nicht Tante Emma sein, die da in weißer Schürze mit hochgestecktem Dutt aufgeregt und doch immer etwas zu langsam bedient. Es gibt auch noch junge Leute, adrette Burschen und flinke Mädchen, in exklusiven Spezialgeschäften, die den Schinken, den Lachs, den Käse sehr freundlich abwiegen. Dieser Individual-Einkauf im Einzelhandel hatte für ihn gleichwohl etwas Ernstes und Prinzipielles, das ihm nicht behagte. Ich sage es bewußt so allgemein, denn Gefühlsqualitäten, dieses ganz diffuse Feld der Anmutungen, des emotionalen Zumuteseins, ist es doch, das über unsere Wege entscheidet: Gehen wir dahin oder dorthin? Nur scheinbar sind das rationale Entscheidungen. In der Tiefe spielt immer das uralte Lust-Unlust-Schema mit, das wir seit Sigmund Freud kennen, ein bißchen wenigstens.

Merkwürdig, er fühlte sich hier immer entfernt an Schulstunden, an Prüfungs-Augenblicke im Gymnasium erinnert. Früher gab es ja noch Examina, die man bestehen mußte. Da stand also ein Mächtiger hinter seinem Tisch und fragte Stoff ab: Was wollen Sie, bitte, und wieviel und was weiter? Man mußte alles verbalisieren, in sehr detaillierten und präzisen Worten ausdrücken. Ein Lehrstoff war aufzusagen. Auf jede Frage mußte man genau eine Antwort parat halten. Man hätte sich sonst lächerlich gemacht vor denen, die hinter einem standen. Man wäre eine etwas komische Figur im Kolonialwarenladen, wenn man sagte: Ach, ich weiß auch nicht. Ich will nur mal so gucken. Ich will eigentlich gar nichts. Mit solchen Äußerungen wäre man bestimmt durchgefallen durchs Examen. Am besten, man machte sich wie ein Kandidat einen Spick- und Schmuzettel zu Hause, von dem man dann alles ablas, mehr oder weniger heimlich. So war das Stück zu bestehen. Er spürte also den Mechanismus sozialpsychologischer Leistungsabfrage, der hier in der Tiefe am Werk war, die strenge Zweierkonstellation. Sie vergrämte ihn. Das mit dem Plausch über den Ladentisch war ja ohnehin nur noch ein Ammenmärchen: Erstens war er gar nicht redselig am Vormittag, eher mürrisch, zweitens waren viel zuviel Leute hinter ihm, die auch alle einzeln geprüft und abgefragt werden mußten. Die Gemütlichkeit und die Betulichkeit solcher Läden erschienen ihm als blanke Ideologie.

Im Supermarkt war es anders. Es veränderte sich in ihnen etwas radikal, wenn sie in diese riesigen, endlosen Etagen der Lebensmittel-Industrie eintraten. Damals, etwa 1965, waren das meist Tiefgeschoß-Etagen der großen Warenhäuser: Hertie, Kaufhof, Neckermann. Damals waren diese Lebensmittelabteilungen, die zu enormen Einkaufsplantagen, zu ersten Supermärkten umgebaut worden waren, etwas vollkommen Neues und Sensationelles – jedenfalls für ihn. Er hatte so etwas noch nie gesehen. Was war? Was geschah denn mit ihnen?

Es bestach zunächst die Größe, die Weiträumigkeit der Gesamtanlage, die ein Gefühl grenzenloser Vielfalt, ausschweifender Fülle vermittelte, sozusagen eine Orgie der Möglichkeiten. Was da alles lockte! Das meiste wollte und brauchte man ja nicht, aber allein die Möglichkeit dieser Vielfalt stimmte irgendwie heiter, leichter, lockerer. Das Leben schien reicher, verführerischer, vielfältiger aufgefächert im Supermarkt. Mit Kaufen direkt hatte es noch nichts zu tun. Hier wurde einem zunächst ein Lebensgefühl verkauft, das den Kunden auf fröhliche Zuversicht einstimmte. Man sah ja, es war alles da. Wie im Schlaraffenland hing jeder Wunsch und jeder Traum vom Himmel herunter. Animalische Paradies-Erinnerungen also, Erinnerungen an Wasserfreuden, an Badengehen, Schwimmen im Meer. Es schien ihm immer in diesen kolossalen Supermärkten, daß die Verkaufsstrategen von heute, bewußt oder unbewußt, kalkuliert oder nur vermutet, bis in solche Tiefen der menschlichen Existenz zurückloteten, um den Menschen aufzubereiten, fit zu machen zu dem, was man den Kunden nennt. Natürlich war das Absicht. Der Fisch wird ins Wasser geworfen, der Mensch in die Warenschwemme. Er wird hergerichtet zum Verbraucher. Jeder Supermarkt hat etwas von einem wogenden Meer, in dem wir schwimmen. Übrigens nicht nur fröhlich – auch Ängste sind da am Werk, auch Unlustgefühle, Überdruß und Verärgerung und starke Ohnmachtserlebnisse. Darüber wird noch zu reden sein.

Ich will einstweilen nur sagen: Manipulation ist natürlich am Werk. Wie denn nicht? Natürlich ist das Ganze eine Szene, eine Bühne, ein Theaterstück des Kommerzes, ein Arrangement der geheimen Verführer. Wie nicht? Nur daß man in diesem Arrangement nicht das Teufelswerk perfider Einzelpersönlichkeiten sehen muß, die Geschäfte des schlechthin Bösen. Es hatte schon gar nichts mit Besitzverhältnissen zu tun, der Bosheit von Kapitalisten. Als wenn die Verkaufsstrategen in Ost-Berlin oder Moskau etwas anderes anstrebten! Supermärkte in kommunistischen Ländern sehen ganz ähnlich aus. Sie sind nur schlechter. Es fehlt dies und das und meistens das Wichtigste. Das Ganze hing offenbar mit technischen Entwicklungen in unserer modernen Industriegesellschaft zusammen, mit neuer Rationalität, neuen Fertigungsmethoden, mit Massenproduktion, Massenverteilung und einem neuen Selbstverständnis des Bürgers in dieser Massengesellschaft: Man wollte eben nur noch kaufen. Man wollte sich auf dieser Bühne des Kommerzes nicht mehr selber in seiner sozialen Rolle verkaufen. Es gibt keine Statussymbole mehr im Supermarkt. Wahrscheinlich, dachte er manchmal, hängt dieser neue Einkaufsstil mit zwei ganz simplen Ursachen zusammen: dem Auto und der Tiefkühltruhe.

Ich sprach von dem ozeanischen Gefühl, eintretend. Man geht ins Wasser, ist plötzlich hineingerissen in die Warenwelt, schwimmt unversehens im Meer der Angebote. Alle Grenzen, Barrieren, Verkaufstische abgebaut. Alles plan, alles griffbereit, was man eben Selbstbedienung nennt. Was ist eigentlich Selbstbedienung? Ich glaube, es ist die raffinierteste Idee, die sich der Handel in seiner uralten Geschichte einfallen ließ, tatsächlich eine Art später Revolution im Verteilergeschäft. Es wird nicht mehr zugeteilt: Du kannst es dir selber nehmen. Du kannst dir nehmen, was und so viel du willst. Nun nimm dir doch, was du magst – wieder diese Paradiesgeschichte, diese Fata Morgana des Habenkönnens, die Wunscherfüllung: Dir gehört doch die Welt. Es werden im Selbstbedienungsakt ganz tiefe Kindheitswünsche, oral-kaptative Triebe angesprochen. Man kennt die Greifphase des Kleinkindes etwa im ersten Lebensjahr, wenn es nach bunten Bällen, nach Rasseln, nach erstem Spielzeug zu tasten und zu greifen beginnt. Offenbar ist dieser Greifakt mit elementaren Lustgefühlen verbunden, sozusagen ein Vorspiel der späteren Weltergreifung des Menschen, die ja auch mit Lust verbunden ist, und offenbar ist im Selbstbedienungsakt des Kunden noch immer diese infantile Greiflust des Kleinkindes am Werk.

Man könnte diese Infantilisierung des Menschen im

Selbstbedienungsprozeß genauer beschreiben: wie die Bewegungen sich verlangsamen, unschlüssig werden. Einmal hingreifen, dann wieder zurücklegen. Eine Art Ratlosigkeit stellt sich ein. Die Augen leicht verglast. Versunken und andächtig stehen die Frauen vor ihrer Baby-Feinkost, den Käseauslagen, den Coca-Cola-Flaschen wie vor Altären des Essens: stumme Verrichtung, der Andacht in Kirchen nicht fern. Der Mensch, der sich selbst bedient, ist eigentlich sehr einsam, sehr selbstversunken. Ein onanistischer Akt sozusagen. Man gerät eben in Kinderzustand und soll es ja auch. Selbstbedienung heißt Regression auf das Glück des Anfangs.

Natürlich ist man hierhergekommen, um seinen Bedarf zu decken: Brot, Bier, Zucker, Wurst, Käse, das Übliche. Man hat den Plan, seinen Rahmenbedarf durchaus im Kopf oder auf dem Papier. Man weiß schon irgendwie, was man will. Aber jetzt tritt dieser zweite Mechanismus der Supermärkte in Gang, der ihren Siegeszug begründete und sie unschlagbar macht: Das Angebot ist immer viel größer, viel reicher, viel verführerischer, als man erwarten konnte. Man wird durch Vielfalt aus dem Konzept gebracht. Man wird betäubt durch den Reichtum der Angebote. Das ist das Meer, in das man versinkt als Kunde. Bier ist eben nicht mehr einfach Bier wie im Kolonialwarenladen. Es gibt bayerisches, hessisches, Berliner, sogar hanseatisches Bier. Außerdem gibt es Biersorten aus Italien, Frankreich und England. Süßstoff ist nicht mehr einfach Süßstoff, den man in der Apotheke kaufte, früher. Es gibt einen ganzen Kosmos von Süßstoffen, wie man jetzt im Supermarkt erfährt: kleinere und größere Schachteln, in Tabletten sehr praktisch abgepackt, aber auch in flüssiger Form, noch praktischer. Riesige Kisten, Hunderte von Paketen stapeln sich. Es ist fast wie eine Weltausstellung aller Süßstoff-

Fabrikanten. Man hätte es nicht für möglich gehalten, daß es so viele Sorten überhaupt gibt auf der Welt.

Mit einem Wort: Statt einer Sorte wird immer ein Sortenkosmos angeboten, der uns ein Gefühl von Fülle und Reichtum vermittelt. Es ist Neugier, Entdeckerlust, Abenteurertum, was einen nun umtreibt, beinah enthemmt. Man fährt mit seinem Wägelchen merkwürdig fröhlich, eben neugierig, durch die Straßen, die Schluchten der Warenwelt. Man verliert sich manchmal, geht seiner Wege, kommt dann wieder zusammen am nächsten Stand. Lust zu erkunden, zu entdecken, Offenheit für das Ganze. So ziehen Bienen über Blütenfelder. Nur mal so sehen, was ist, sagt man. Hier darf man das sagen – man muß es. Diese vollkommene Freiheit des Warentourismus ist es, wie ich glaube, die dem klassischen Einkauf von früher über die Pflicht hinaus das Moment des Vergnügens, zusätzlicher Lust einbringt. Es ist alles vorhanden und für mich hingestellt wie in Ferientagen. Selbstbedienung im Supermarkt heißt eigentlich Auf-Reisen-Gehen im Warenkosmos.

Wieviel Verführung, Verdummung ist hier auch am Werk? Wird man nicht dauernd auch zu Waren überredet, die man nicht braucht? Man sagt so. Man sagt: die Konsumschwemme, die Reizüberflutung, all die Verkaufstricks der geheimen Verführer, was, wo und wie es offeriert wird. Nichts steht hier ohne Grund. Es steht genau dort, um dort eine Schwäche des Kunden auszunutzen.

Sie kamen an ihrem Samstagvormittag mit ihren Einkäufen nach Hause. Manches neuartige Produkt war dabei, das sie nun ausprobierten. Einiges taugte nichts, aber das meiste war durchaus praktisch, bewährte sich. Sie hatten nicht das Gefühl, nach solcher Einkaufsorgie übers Ohr gehauen worden zu sein. Sie fühlten sich nicht verführt, also in fremden Willen genommen. Das Resultat stimmte. Es wurde nun alles in den Eisschrank, die Tiefkühltruhe, in viele Fächer verstaut. Die Sache war damit erledigt und vergessen – ein Vormittagsspaß, nicht mehr. Die Reise durch das Schlaraffenland hatte höchstens drei Stunden gedauert. Wöchentlich einmal drei Stunden, das war auch eine Rationalisierung. Seine Mutter hatte noch täglich drei Stunden zum Einkaufen gebraucht. Das war 1937 in Eichkamp gewesen.

So ungefähr ist der Vorgang. Die volle Wahrheit ist es noch nicht. Es ist nur die eine Seite der Sache, sozusagen ihre Schokoladenseite. Der wirkliche Prozeß war verwickelter, komplizierter, ambivalenter gewesen, jedenfalls bei ihnen. Es gab diese Freuden im Paradies der Verbraucher, die ich beschrieb, aber es gab dann auch merkwürdige Rückschläge, Enttäuschungen, Ernüchterungen, Aussetzphasen. So etwa jedes halbe Jahr sammelte sich bei ihnen Widerstand an. Es war, als wären sie des Schlaraffenlandes plötzlich satt. Wie bei Kindern auf die Phase der Freundlichkeit plötzlich die des Trotzes folgt, so setzte hier manchmal Protest ein. Plötzlich war der Glanz weg. Es waren nur Schatten zu sehen.

Ach, dieser Massenbetrieb, sagte er schon Freitagabend beim Fernsehen. Wollen wir morgen wirklich wieder in diesen Ramschladen gehen? Eigentlich ist es doch schrecklich dort. Schon dieses Neonlicht, diese unbarmherzige Helligkeit, die alles so kalt und steril macht und gnadenlos ausleuchtet. Mich erinnert das manchmal an Folterkeller. Es fehlt nur noch, daß sie einem beim Bezahlen mit einer Fünfhundert-Watt-Birne ins Gesicht leuchten, der Diebstähle wegen. Es ist doch ziemlich schäbig und vulgär da. Es riecht immer so nach Seifenpulver, power: Kleinleutegeruch. Ich kann diese aufeinandergeschichteten Kartons schon gar nicht mehr sehen. Alles Massenware, Massenramsch, Massenumschlag; ein Fabriklager, ein Alptraum ist der Supermarkt. Bedienung gibt es doch dort überhaupt nicht mehr. Von Beratung, Information und Service keine Spur. Wo bleibt da der Mensch? Und dann diese Schlangen vor den Kassen, dieses Warten, endlos manchmal. Man fühlt sich wie Vieh, das vor der Schlachtbank steht. Und schließlich, an der Kasse: Irgendwelche Maschinen spukken irgendwelche Summen aus, die man stumm und ergeben berappt. Ich bin gar nicht sicher, ob man nicht betrogen wird. Wie leicht kann sich die Kassiererin vertippen. Wer soll das bei vierzig oder fünfzig Posten denn noch nachprüfen? Also ab morgen gehen wir nur noch in Spezialgeschäfte. Maß und Form braucht der Mensch. Da wird man doch noch bedient – als Persönlichkeit.

So ungefähr war das bei ihnen. Nicht sehr oft, aber manchmal nach mehreren Monaten spürten sie diesen Drang, auszubrechen aus dem Paradies der Massen. Eskapismus, Ausflucht ins Feine. Sie gingen jetzt wieder Shopping. Sie kauften jetzt in lauter sehr exklusiven Delikateßwarenhandlungen ein, die in ihrer Stadt Frankfurt am Main alle in einer Straße lagen, die auch noch »Freßgaß« hieß – ein gutes Omen. Es überfiel sie einfach von Zeit zu Zeit das Bedürfnis nach dem Besonderen, dem Individuellen – vielleicht eine Illusion, aber auch Illusionen werden ja bedient in unserer Gesellschaft. Etwas Aufwand und Luxus schien ihnen vonnöten. Sehnsucht nach dem Besseren, dem Erwählten. Nun laß doch die Tomaten dort fünfzig Pfennig mehr kosten, sagte er großzügig. Man fühlt sich doch dort wenigstens noch als Mensch. Man wird persönlich gefragt, beraten, bedient. Dieses Reinwerfen in den Einkaufskorb, dieses kollektive Abfahren von Warenbergen hat etwas Unmenschliches an sich. So stelle ich mir ganz hochentwikkelte Konzentrationslager vor – ein amerikanischer Alptraum: Abteilung Lebensmittelausgabe. Nichts für uns. Auf diese dreißig Mark mehr kommt es doch auch nicht mehr an, oder?

Jetzt kam also der Rückschlag, die Pendelbewegung zur anderen Seite. Sie fielen von einem Extrem in das andere. Sie schworen plötzlich auf das ganz gepflegte und kultivierte Spezialgeschäft. Sie sagten: Kaviar, Lachs, wirklich guten französischen Käse – das sollte man doch nur beim Fachmann kaufen, dem Kenner, der etwas versteht von seiner Branche. Käse ist doch eine Wissenschaft, wie man aus Frankreich weiß. Er will gepflegt werden. Sie zogen jetzt also mit ihrem Wägelchen von Tür zu Tür in der Freßgaß. Tatsächlich waren diese Geschäfte sehr einladend. Verführerische Schaufensterdekorationen lockten. Ein beträchtlicher Aufwand für den kleinen Basar. Es waren feinste Auslagen zu sehen. Es blinkte alles von Chrom und Glas. Es wirkte alles viel intimer, gepflegter, zarter. Man fühlte sich schon gehoben.

Man mußte sich allerdings mit Geduld wappnen. Die Spezialgeschäfte waren immer voll. Oder lag es nur daran, daß sie so klein waren? Sie wirkten auf sie winzig, gemessen an den endlosen Verkaufs-Etagen, die sie jetzt gewohnt waren. Man mußte sich anstellen. Es ging streng der Reihe nach, und wenn man dann dran war, gab es tatsächlich dieses und jenes ganz Exklusive, anderes wieder nicht. Die Artischocken waren schon weg. Vor einer halben Stunde, sagte der freundliche Verkäufer. Da hätten Sie früher kommen müssen. Die Tiefkühltruhe hier enthielt noch französische Schnecken, aber nicht die, die sie wollten, die in Zellophantüten und aus dem Elsaß. In solchen Spezialfragen waren sie eigensinnig, beinah störrisch. Die haben wir auch, sagte der freundliche Verkäufer, die kommen am Donnerstag wieder. Kommen Sie doch Donnerstag, da sind sie frisch. Welch eine Zumutung, dachte er. Am Donnerstag bin ich in Hamburg, weit weg.

Mit einem Wort: Wenn man sich am kurzen Samstagvormittag erst gegen elf aufmacht und alles einzeln und immer wieder woanders kaufen muß, kommt man zum Schluß in Zeitbedrängnis. Sie sahen immer auf ihre Uhr, fragten nervös: Schaffen wir das noch? Meinst du, ob die da drüben in dem anderen Delikatessengeschäft noch Artischocken haben? Wir versuchen es einmal. Es wurde also alles etwas zeitraubend, aufregend, beinah dramatisch zum Schluß, ein Wettlauf um Sekunden. Manchmal standen sie auch vor schon verschlossenen Türen. Die feinsten Spezialgeschäfte schließen nämlich am Samstag schon um eins, so merkten sie. Je feiner, um so verschlossener. Das mußt du verstehen, sagte er nicht ganz ohne grimmige Ironie. Die Leute wollen auch mal ins Grüne. Die sind doch nicht irgendwer, die sind doch was Besseres hier.

Das Resultat war also zwiespältig. Der Ausbruch hielt nie länger als drei oder vier Wochen an. Es war nicht zu leugnen: Sie hatten einige Leckereien, manches Kostbare ergattert. Sie hatten auch das Gefühl gehabt, noch richtige Persönlichkeiten zu sein. Sie hatten sich nicht als Masse gefühlt, eher als etwas gehetzte Einzelgänger, die immer zu spät kamen; aber das Gesamtresultat war trotzdem unbefriedigend. Merkwürdigerweise war ihr Einkaufskorb meistens kaum halb voll. Es fehlte so vieles, vor allem die Grundnahrungsmittel: Kartoffeln, Zucker, Mehl, Zwiebeln. So etwas liegt nicht aus in Spezialgeschäften. Man vergißt es dann. Man wird daran nicht erinnert wie im Supermarkt, wo immer alles gleichzeitig präsent ist. Sie merkten die Kehrseite schon Anfang der nächsten Woche. Schon am Dienstagabend mußten sie runter in den Laden gehen, um dieses oder das zu holen. Nachfassen, sagte er. Also? Eine

Lösung ihres Einkaufproblems war das auch nicht. Gibt es überhaupt eine?

In dieser Zeit war es, es war Ende der sechziger, Anfang der siebziger Jahre, daß sie auf eine etwas zufällige Weise Kunden in einem Großmarkt wurden. Wie und warum, sei hier nicht erörtert. Eigentlich stand so eine Kundenkarte nur richtigen Wiederverkäufern zu, also Unternehmern; das begriff er. Man hätte eine Bar oder eine Wurstbraterei besitzen müssen, ein Restaurant oder wenigstens das, was man in Frankfurt am Main eine Trinkhalle nennt, obwohl diese Halle nicht mehr als ein mickriger Kiosk ist. Irgendwie war er als Individuum in diesen bevorzugten Kreis der Wiederverkäufer geraten. Er fühlte das Illegale solcher Mitgliedschaft. Es war ihm, als sei er in einen inneren Sperrkreis, in einen Klub der Erwählten, einen Ringverein der Unternehmer geraten, der ihm nicht zustand. Er tröstete sich mit seinem Berufsstand. Volkswirtschaftlich gesehen werden nämlich Schriftsteller vom Finanzamt als Unternehmer veranlagt. Sie sind Einzelhändler. Sie verkaufen beschriebenes Papier wie andere Konservendosen.

Wieder so eine Elementar-Erfahrung der Zeit, die ihn faszinierte, nachdenklich machte, auch etwas verschreckte. Ein weiteres Kapitel in seiner Kundenbiographie: der Großmarkt. Es war ihm, als sei er in eine Landschaft der Riesen geraten, in die Hochalpen zum Beispiel. Gebirgsmassive empfingen ihn, und er fühlte sich zwergenklein und etwas verloren in diesen gewaltigen Schuppen irgendwo draußen am Ostbahnhof. Hier türmte sich alles ins Monumentale und Gigantische und war betont auf Massenlager abgestellt. Fabelhaft, dachte er manchmal, schäbig, dachte er manchmal, dieser fabelhaft-schäbige Reichtum der Großverbraucher. Roh war sein Grundgefühl, eine rohe Welt der Waren, die eben noch etwas billiger zu erstehen waren. Er fühlte die Härte, die Nacktheit, die Brutalität der Waren, die hier in hohen Regalen gestapelt waren, zentnerschwer. Der Karren war jetzt kein blinkendes Kinderwägelchen mehr, es war ein roher Schubkarren, ein Lastträger für Möbelpacker. Auch das Licht war hier nicht mehr gleißend weiß; es war eben ausreichend. Er begriff: Hier sollte nicht mehr verführt, berauscht, verzaubert werden – hier war nackter Markt, Großmarkt, ein Güterbahnhof, eine Verladestation für Weiterverkäufer. Es gab auch hier noch diese eigentümliche Dynamik des Warentourismus, aber anders als in den Supermärkten: ernster, zielstrebiger, planvoller. Das Vergnügen war noch da, aber deutlich gedämpft. Es ging um kühl kalkulierte Großversorgung. Es hatte hier keinen Sinn mehr, nach einem Pfund Butter, nach einer Büchse Kondensmilch, nach einer Schachtel Zahnpasta zu greifen. Man nahm immer gleich geschlossene Großkartons mit zwanzig Zahnpastaschachteln, mit hundert Büchsen Kondensmilch. Was wir da sparen, sagten sie manchmal nicht ohne Begeisterung. Das ist ja beinah geschenkt. Sie hatten damals allerdings noch nicht einkalkuliert, daß die Preise hier ohne Mehrwertsteuer ausgewiesen sind. Die wird dann zum Schluß an der Kasse draufgeschlagen.

Also wieder eine Veränderung ihres Einkaufsstils. Zum Großmarkt fuhren sie mit dem Auto hinaus. Es verstand sich, daß man solche Mengen nicht mehr mit eigener Hand abtragen konnte. Die Aktion hatte etwas von einer monumentalen Verbraucherschlacht: Jetzt also ran, jetzt die Ärmel hochkrempeln, einmal im Monat. Dann hast du Ruhe. Die einschneidendste Veränderung war die Einkaufszeit. Eine Wendung ihrer Lebensgewohnheiten kündigte sich an: Der traditionelle Samstagvormittag wurde durch den Freitagabend ersetzt. Es reizte sie, zu einer Zeit einkaufen zu gehen, die eigentlich verboten war – für die anderen. Es machte ihnen Spaß, so kurz vor acht Uhr abends zu sagen: Komm, wir fahren jetzt los zum Großeinkauf. Ein neues Gefühl von Freiheit und Unabhängigkeit war damit verbunden, eben der Sperrkreis, der Klub der Erwählten, der Ringverein. Die anderen mußten jetzt fernsehen, die Tagesschau über sich ergehen lassen, während sie ins Auto stiegen, losfuhren. Diese Ladenschlußregelungen in Deutschland, dachte er oft, während sie durch die Straßen der City fuhren, die jetzt ganz frei und fast menschenleer waren, sind ohnehin purer Schwachsinn, ein Anachronismus, ein dummes Überbleibsel der alten Untertanengesellschaft. Sie passen doch gar nicht mehr. Er dachte an Frankreich, an Straßburg oder Paris, wo er noch um zehn Uhr abends einkaufen konnte: Französische Bürgerfreiheit war hier zu spüren. Am meisten hatte ihm in dieser Hinsicht Amerika imponiert. »We never close« – dieses Schild, das an vielen Restaurants, Drugstores und Warenhäusern hing, war wie eine Verheißung, eine frohe Botschaft, ein Gottesversprechen. Wir schließen niemals, wir sind für dich immer da – service round the clock. Er fand das tröstlich. Er hatte diesen Trost, dieses Schild also, sogar einmal in einem sozialistischen Land, in der City von Belgrad, gefunden. Eher wird noch der Balkan amerikanisiert, dachte er, als daß sich bei uns etwas an den eisernen Ladenschlußzeiten ändert. Deutsche Provinz-Paradoxe: Direkt vor seinem Frankfurter Haus gab es einen großen, sehr modernen Supermarkt, der schloß sogar nachmittags noch von eins bis drei. Der Supermarkt hielt Mittagsschläfchen, ein Spitzweg-Idyll im kybernetischen Zeitalter.

Also noch einmal Großmarkt: Die Tendenz dieser Versorgungsstätten ist offenbar, durch noch größeren Massenumschlag noch etwas billiger anbieten zu können. Das Prinzip heißt: Noch mehr, noch billiger und noch schneller, und mach alles selbst, bitte, du Selbstbediener. Erwarte von uns nichts als Waren, massenhaft. Der Einkaufsprozeß, der früher einmal bei der Hausfrau zwei oder drei Stunden täglich beanspruchte, der bei ihnen beiden schon auf einmal wöchentlich drei Stunden verkürzt war, schrumpfte nun zu einer einzigen Großaktion zusammen, die nur noch einmal im Monat fällig war. Jetzt alles auf einmal, hieß die Parole, jetzt massenhaft, dann Ruhe, vier Wochen lang.

Sie suchten, sie packten, sie hoben, sie schichteten riesige Kartons übereinander. Jetzt noch eine Kiste mit Whisky, eine andere mit Bier rauf. Jetzt noch ein Waschmittelkarton darüber. Verrückt eigentlich, dachte er manchmal. Als stünden wir vor einer Hungersnot, als bräche der Krieg morgen aus: Aktion Eichhörnchen. Wir sind kluge Riesenhamster geworden. Braucht der Mensch das denn wirklich? Gemischte Gefühle im Großmarkt also, auch an den Kassen, die wieder überfüllt waren. Es gab lange Wartezeiten. Die Rechnungen hatten Bandwurmlänge und waren überhaupt nicht mehr nachprüfbar für Normalverbraucher. Ich will sagen: So ganz konnten sie sich nicht anfreunden mit diesem Einkaufsstil. Er war ihnen doch zu gewalttätig, zu kolossal.

Und dann wird das Ganze hinausgekarrt ans Auto. Den Kofferraum aufmachen, alles verstauen, verpacken. Im Licht der Neonröhren draußen, im Licht der Nacht also, sieht so etwas abenteuerlich aus. Überall stehen Opel, Mercedes, Ford, Peugeot, hinten geöffnet; die Leute laden um. Siehst du die Verbraucherschlacht? Aktion Konsumfront, Operation Nacht und Nebel. Hat es nicht doch etwas von Kriegstagen? Übrigens fiel auch auf, daß sich so kolossale Warenmassen im Auto, in einem ganz normalen Mittelklassewagen, immer noch besser verstauen lassen als dann später zu Hause. Unsere schönen, modernen Neubauwohnungen sind, wie ich finde, einfach zu modern, also zu klein für kommende Einkaufsstile gebaut. Die Wohnungen haben zwar Müllschlucker, Fernsehantennen und feinste Bodenbeläge, aber eine so wohltätige und altmodische Einrichtung, wie es die Speisekammer früher einmal war, gibt es nicht mehr. Man weiß immer nicht, wohin mit all den Schätzen. Der Balkon wird zur Vorratskammer ernannt.

Ich muß wieder einhalten. Die Geschichte, die ich hier erzähle, lief so ab, so ungefähr. Sie ist übrigens noch nicht ganz zu Ende. Aber sie stellt die einzelnen Phasen vielleicht doch zu starr, zu abstrakt als lauter isolierte Einzelakte des Lernprozesses dar. Als folgte immer eine Erfahrung prompt auf die andere. In Wirklichkeit verlief alles viel gleitender. Es war bei ihnen nicht so, daß sie einmal nur in den Supermarkt, dann nur in die Delikatessengeschäfte und dann nur in den Großmarkt gingen. Es gab tatsächlich diese Grunderfahrungen, aber in ihrer Lebenspraxis lief das alles auf ein offenes, durchaus unentschiedenes Nebeneinander vieler Möglichkeiten, vieler Einkaufsstile hinaus. Es war fast wie in der Geschichte der modernen Publizistik. Das Radio hat ja auch nicht, nur weil es die Nachrichten schneller bringt, die Zeitungen verdrängt. Das Fernsehen hat auch nicht die illustrierte Bildpresse verschlungen. Es hat Umstrukturierungen, Konzentrationen und neue Monopolbildungen auf diesem Markt gegeben, das ist einzuräumen. Viele Kommunikationsformen treten nebeneinander, ergänzen sich, fächern das Feld weiter auf. Dies ist eine mobile und informelle Gesellschaft. Sie ist nicht starr auf diesen oder jenen Typus festzulegen, obwohl es natürlich Dominanzen und Schwerpunkte gibt.

Der Stil der großen Selbstbedienungsmärkte, meine ich, wird künftig immer vorherrschen. Er wird aber das wirklich gut geführte Spezialgeschäft nie ganz verdrängen. Er wird ihre Anzahl weiter verringern, aber nie ganz abtöten können. Die Fröhlichkeit, mit der heute überall in den Städten kleine Boutiquen hervorschießen, scheint mir dies für den Textilsektor etwa zu bestätigen. Das Zeitalter der kollektiven Massenversorgung erzeugt eben aus seiner eigenen Dynamik der Massenhaftigkeit zugleich wieder die Reservate neuer Individualität, Inseln bewußter Privatheit. Was ihren Fall betraf, so schlossen sich die verschiedenen Einkaufsstile, die sie erfahren und erlernt hatten, zu einer einzigen Spielwiese dauernden Neuprobierens, Neuversuchens zusammen. Es gab keine strengen Regeln. Sie wurden nirgends Stammkunde. Die Regel, wenn es eine gab, hieß: Mal hier, mal dort; mal so, mal so.

Zu dieser Faustregel gehörte schließlich auch die jüngste Erfahrung ihrer Einkaufsgeschichte, ein letztes Kapitel im Lernprozeß. Es hieß: »Draußen vor dem Tor«. Man könnte auch sagen: die Bruchfelden-Story. Die Industriegesellschaft weicht aus, baut um, wir fangen noch einmal ganz von vorn an – draußen auf dem Feld und bei Null. Eine komische Sache war das, absurd und vernünftig zugleich, reicher und auch ärmer; etwas wurde gewonnen, und etwas ging auch verloren, wie in dieser ganzen Einkaufsgeschichte. Sie hatten das manchmal beim Überlandfahren wie zufällig entdeckt. Da gab es auf dem platten Land, sozusagen im Niemandsland der Äcker, große neue Einkaufszentren, die wie über Nacht aus dem Boden geschossen schienen. Er dachte immer: Gründerjahre, wieder einmal. Die Sache wirkte ungeheuer amerikanisch, waschecht USA, eine Wildwest-Foundation mit Texas-Geschmack. So wurden ja einmal in Amerika Siedlungen gegründet: Keine Kirche, kein Kloster, kein Schloß am Anfang – am Anfang war der Supermarkt. Es war die Imbißhalle, der Drugstore, die

Tankstelle, der Parkplatz, auf dem man noch wirklich Platz finden würde. Der Rest kommt dann. Der Rest, das sind Wohnsiedlungen, Hochhäuser, Schulen, Kirchen, Kneipen, gruppiert sich im Lauf der Zeit von selbst drumrum. Erst hier kam die industrielle Verbrauchergesellschaft ganz zu sich selbst. Hier war sie ganz nackt zu besichtigen. Das hier draußen bezeugte ihre tiefste Dynamik, ihre Kreativität und ihr Endziel: die Welt, ein Supermarkt. Man nennt das den Zug der Zeit.

Man kann fragen: Warum? Warum fuhrt ihr da hin, auch dorthin noch? Warum machtet ihr denn manchmal an eurem Samstagvormittag diese kleine, absurde Reise ins flache Hinterland? Ihr hattet doch alles in eurer City, oder? Ich sage: So oft war es ja nicht. Es wurde kein Ritus, wöchentlich einmal. Zwang war da gar nicht am Werk, eher Neugier und Spaß, auch wieder Probier- und Lernhaltung. Öfter mal was anderes. Wie ist's denn dort? Kontrast-Reflexe also: Da wohnte man nun in der City, die alles bot, massenhaft. Aber bot sie wirklich alles? Verbot sie nicht vielleicht das meiste? Die Innenstadt war ein einziges kolossales Halteverbot. Dieser Urwald von Schildern, Ampeln, Signalen: Tabus überall. Die Innenstadt war eine Stauzone tagsüber. Ein Gefühl der Enge, des Eingesperrtseins, der Gefangenschaft kann uns leicht überfallen in unseren Ballungszentren. Als Autofahrer macht man sich ohnehin immer schuldig. Ob man nun steht oder fährt: Irgendwie macht man sich immer strafbar.

Es war also die Hoffnung auf das Offene und Freie, Gottes Natur, ihre kläglichen Reste, wenn sie manchmal sagten: Heute fahren wir einmal aufs Land hinaus ins neue Verbraucherzentrum. Da soll es noch billiger sein. Man wußte, man würde sein Ziel erreichen. Man wußte, daß man mit Sicherheit seinen Parkplatz finden würde, daß man alles an einem Ort, gebündelt und gut zusammengefaßt, erledigen könnte. Also wieder Spezialisierungsakte und Großaktion: den ganzen Einkaufsramsch auf einmal erledigen, schlagartig. Die Autogesellschaft.

Es schien ihm, daß diese Draußen-vor-dem-Tor-Märkte genau die Mitte hielten zwischen den blinkenden Supermärkten der City und den kahlen Lagerhallen der Großmärkte. Weil aus dem Nichts hochgestampft, waren sie wahrscheinlich das Vernünftigste, Rentabelste, Zweckmäßigste, das sich im Augenblick organisieren ließ. Das war nun wirklich moderner Markt. Keine Drumrum-Verführung, kein Glamour, aber auch nicht die Roheit und Brutalität monumentaler Kistenlandschaften. So oder ähnlich, dachte er oft, wird es überall aussehen in Zukunft, überall auf der Welt. Das sind die Modelle der kommenden Verteilergesellschaft. Schön sind sie nicht, aber vernünftig, eigentümlich reich und doch öde, verführerisch und doch etwas power – die Signaturen der Massengesellschaft.

Die ganze Welt lief auf dieses Verkaufsmodell zu, ob sie sich nun sozialistisch oder kapitalistisch verstand. Er hatte es in der Schweiz, in Schweden, in Ost-Berlin, in Polen und Jugoslawien gesehen. Vor allem die großen Einkaufszentren in Amerika waren ihm in Erinnerung geblieben. Kalifornien: Los Angeles, Monterey, San Francisco. Er erinnerte sich an Stonetown, einen südlichen Vorort von San Francisco, wo eine ganze Stadt am Pazifik aus solchen Einkaufszentren bestand, die allerdings aufwendiger, glanzvoller ausgestattet waren, wie alles in Amerika. Er erinnerte sich an die Hausfrauen von San Francisco, die mit riesigen, ein Meter hohen Papiertüten aus den Verkaufshallen kamen, sie zu ihren Autos balancierten, die Beute einer Woche kunstvoll zu verstauen begannen.

Was ist eigentlich moderner Markt im Unterschied zu

dem, der seit Jahrtausenden besteht: dem Wochenmarkt, dem Markt in der Medina, dem Markt vor dem Rathausturm? Ich glaube, ein kollektiver Rationalisierungsprozeß. Es ist alles ins Bewußtsein gehoben, uns etwas in den Kopf gestiegen. Man kauft nicht mehr morgens für den Mittagstisch ein, also nur spontan. Man denkt nach, man plant weit voraus, man kauft auf Zukunft ein, für eine Woche, für einen ganzen Monat. Die Sache wird damit aufwendiger und belangloser zugleich. Man gewinnt Zeit für andere Dinge. Für die Hausfrau wird Freizeit gewonnen. Die Grundlage bleibt: das Auto und die Tiefkühltruhe.

Sie gingen durch den Markt. Er war voll, beinah überfüllt. Merkwürdig, dachte er, obwohl diese Verbrauchermärkte so weit draußen sind, immer schieben sich hier Massen durch. So zieht der Zug der Zeit. Er sah Frauen in langen Schlangen vor den Verkaufsständen für Fleisch- und Wurstwaren stehen. Unendlich geduldig standen sie hintereinander. Er sah Frauen mit den Zeitungsinseraten der Firma. Sie schoben ihr Wägelchen durch die Gänge, hielten in der linken Hand das Zeitungsinserat, prüften die inserierten und die tatsächlichen Preise, griffen dann zu oder legten wieder weg. Manche machten sich auch Notizen. Manche kontrollierten auch an der Kasse noch mit dem Zeitungsinserat. Der mündige Kunde, heißt das im Jargon. Ach Gott! Mütter hatten ihre Kinder ins Wägelchen gesetzt, fuhren mit ihnen spazieren wie mit dem Kinderwagen. Also wieder das Reisevergnügen im Warenkosmos – auf Kleinkindstufe. Welche Impressionen, welche Vorprägungen erfahren Babys in solcher Warenlandschaft? Werden sie jetzt schon programmiert, dressiert zum Verbraucher? Junge Männer, die eigentlich mehr nach Marx aussahen, standen andächtig vor Whiskyflaschen, fingerten neugierig am Flaschenkörper herum, der aus Plastik war, also ganz leicht und unzerbrechlich. Wieder so eine Rationalisierung, dachte er. Für den Postversand ist das natürlich viel praktischer.

Er sah Männer, die wie Studienräte oder Inspektoren aussahen. Da und dort gab es sogar eine elegante, schöne Frau, die bei ihrem Friseur vielleicht noch als »gnädige Frau« angeredet wurde. Im ganzen aber herrschte doch untere Mittelschicht vor, was man die breite Masse nennt, ein schwer definierbarer Begriff: Handwerkerfrauen, Frauen von Facharbeitern, Gastarbeiterfrauen. Die Reichen und die Superreichen, die es ja immer noch gibt hierzulande, waren nicht zu sehen. Sie spielen tatsächlich auch kaum mit, volkswirtschaftlich gesehen. Die Masse macht's.

Seltsamer Augenblick, so im Markt zu stehen, so mittendrin und doch draußen, mit seinen Privatgedanken. Er war jetzt kein Kunde. Er beobachtete nur. Er spielte nicht mit. Er sah alles von außen, wie ein Voyeur. Er war jetzt nur Auge. Es war eine Szene kolossaler Betriebsamkeit und Emsigkeit. Es war alles auf Bewegung, Veränderung, Umschlag eingestellt: die mobile Gesellschaft. Waren, Menschen, Schubkarren, das Klingeln der Kassen, die Lautsprecherstimme, die manchmal Empfehlungen durchgab, sozusagen die Massen sanft dirigierte. Er sah die Verkäufer und andere Hilfskräfte im Hintergrund im Lager herumhantieren: einladen, aufladen, abfahren, umschichten, umgruppieren. Es war alles tätig und unterwegs, sehr lebendig. Eine immerwährende, planmäßige Unruhe. Irgend etwas wurde hier dauernd umgeschlagen. Ein Zirkus der Zahlen ist der Markt. Wo will das eigentlich hin? Und weiter? Er dachte daran, daß so viele Menschen hungern in dieser Welt, immer noch. Daß es ganze Länder des Elends, der Armut, der nackten Not gab, wo schon eine Handvoll Reis ein Glücksgeschenk war. Wieviel Menschen verhungern täglich auf dieser Welt, und wieviel wird hier weggeworfen täglich, im Supermarkt? Eine arme, eine reiche Welt.

In solchen Augenblicken der Meditation fällt einem leicht Vergangenheit zu, ungewollt. Erinnerung kommt hoch, verlorene Zeit, also Kindheit. Er erinnerte sich plötzlich an seine Kindheit. Seine Mutter hatte ihn immer zum Einkaufen geschickt, zum Bäcker Labude zum Beispiel. Der wohnte gleich um die Ecke. Das war 1930 in Berlin-Eichkamp gewesen. Er war zehn Jahre alt. Er hatte sich als Kind beim Bäcker Labude immer wohl gefühlt, beinah heimisch. Es war ein winziger Laden, eigentlich nur ein Zimmer voller Kuchen. Es roch in ihm immer so einladend und verführerisch nach Backofen. Manchmal kam der Bäcker Labude persönlich aus seiner Backstube. Er trug eine hohe weiße Bäckermütze und brachte auf einem langen Brett frische Brötchen, die er eben aus dem Ofen geholt hatte. Sie dufteten. Eine ältere Frau bediente. Sie trug einen rötlichen Dutt, eine Goldbrille. Ich glaube, es war seine Schwester, und es ging das Gerücht, das Fräulein Labude habe eine unglückliche Liebe mit einem Offizier hinter sich gebracht und seitdem jeder Liebe entsagt, wolle gar nichts mehr von Männern wissen und verkaufe eben nur noch, bei seinem Bruder. Das Fräulein Labude kam in Hausschuhen angeschlurft. Irgendwie ließ sie ihr herbes Schicksal die Leute spüren. Sie verkaufte Kuchen mit Liebesverzicht. Sie war immer leicht pikiert und beleidigt, stellte sich jedesmal streng in Positur und fragte dann mit der säuerlichen Freundlichkeit alter Jungfern auf schlesisch: Nu, Horstel, nu bitte? Sie vergab sich immer etwas beim Hergeben. Es war übrigens immer dasselbe. Damals kosteten Brötchen noch drei Pfennige, Schnecken fünf Pfennige, der Bienenstich zehn. Sein Einkauf war also meistens mit fünfzig

Pfennigen zu erledigen. Selige Zeiten damals. Er erinnerte sich allerdings auch, daß er einmal die fünfzig Pfennige verloren hatte. Es gab Tränen zu Hause.

Erinnerung, Vergangenheit, Kindheit – was soll das, was taugt das? Ich meine: Schwer vorstellbar, daß so etwas alles in ein Menschenleben hineingeht. So viel Spannweiten, Metamorphosen, Veränderungen im Lebensstil. Von der Backstube des Bäckers Labude zum Verbrauchermarkt draußen vor der Stadt führt keine gradlinige Entwicklung. Alle Brüche, Schübe, Verspätungen und Nachholakte deutscher Geschichte liegen dazwischen. 1930 noch dieses intime Idyll altdeutschen Biedermeiers, von Mensch zu Mensch, wie man sagt. 1980 diese Aufgebrochenheit des Idylls ins Anonyme, ins Massenhafte und klug Geplante: der Verbrauchermarkt, der Umschlagplatz draußen, die Bruchfelden-Story. Das Gesicht der Welt hatte sich vollkommen verändert. Es hatte ein neues Kapitel der Geschichte begonnen. Die Menschheit war in eine neue Organisationsstufe eingetreten. Die Stufe hieß Rationalität, Massenhaftigkeit, Planung, Effektivität, Egalität der Konsumenten und dauernde Offenheit und Beweglichkeit allem gegenüber. Es gab Gewinne und Verluste dabei zu verbuchen, aber es gab kein Entrinnen aus diesem neuen Stil. Dies war der Stil, also das Maximum jeder modernen Leistungsgesellschaft. Nur so würde es weitergehen: massenhaft und doch mit privater Lust, anonym und doch voller persönlicher Entscheidungen.

Die Antwort des einzelnen auf diese Massenverzauberung konnte nur lauten: Sich nicht verzaubern lassen, sich nicht festlegen, nicht mehr Stammkunde sein wie damals beim Bäcker Labude. Kühlen Kopf behalten; wägen, wählen, prüfen, wieder weglegen. Immer wieder woanders probieren, dauernd Neues versuchen. Wenn es eine Bilanz dieser

Kundenbiographie und ihres Lernprozesses gab, so hieß sie: Mal hier, mal dort; mal so, mal so. Es darf keine Treue mehr geben zwischen Kaufmann und Kunden. Der Kunde ist freigesprochen.

Müllkippe Gesellschaft

Offenbar hat jede Epoche ihre speziellen Passionen: Reizworte, Schlüsselworte, Zauberworte. Wo kommen sie her? Sie tauchen auf aus dem tiefen Archiv der Zeit, Geschichte genannt. Sie bieten sich an, sie sind unversehens in aller Munde. Es herrscht plötzlich ein allgemeiner Konsensus, daß die Wahrheit nur so und keineswegs anders beschaffen sein kann. Ist so viel kollektive Übereinstimmung nicht fast ein Glaube, dem Kirchenglauben früherer Zeiten entsprechend?

Das Schlüsselwort unserer Epoche heißt ganz offenbar: Gesellschaft. Es heißt: Du mußt es gesellschaftlich sehen, du mußt es soziologisch verstehen, dann wird sich die Sache dir klären – ein Sesam-öffne-dich unserer zweiten Jahrhunderthälfte. Kein Ding ist an und für sich. Es hat Stellenwert. Es hat seinen spezifischen Ort im großen Netz sozialer Verflechtungen. Du mußt die Sache zurückführen auf ihren sozialen Aspekt, ihre gesellschaftliche Basis – dann hast du sie.

Kafkas Romane? Du mußt dir die Lage im Prager Getto einsichtig machen, mehr noch: Du mußt die uralte patriarchalische Herrschaftsstruktur der jüdischen Familienordnung aufdecken – dann werden dir die Leiden des Josef K. einsichtig werden. Im Grunde sind sie gesellschaftlicher Natur. Menschen haben Schwierigkeiten in der Ehe. Die jungen Leute, die sich vor Jahren liebten, heirateten, glücklich waren, beginnen sich langsam anzuschweigen. Gereiztheit, Verdrossenheit stellt sich manchmal ein. Schon beginnt jeder, wenn die Gelegenheit es ergibt, seine eigenen Wege zu gehen. Das Zauberwort sagt: Wenn du die moderne Ehe soziologisch betrachtest, als schmale, spätbürgerliche Konsumgemeinschaft mit gegenseitigem kapitalistischem Besitz- und Eigentumscharakter, dann kann dich das gar nicht wundern. Die Gesellschaft erzeugt diese Entfremdung. Einer plagt sich noch immer mit den Schatten der Vergangenheit herum: dem deutschen Faschismus. Er versucht Auschwitz zu verstehen, wenigstens etwas. Der Soziologe antwortet: Auschwitz? Das waren die letzten mörderischen Konsequenzen der kapitalistischen Ausbeutungsdynamik. In der wölfischen Wirtschaftsstruktur dieses Systems lag doch alles beschlossen, von Anbeginn.

Die Beispiele, das ist sicher, ließen sich beliebig vermehren. Sie liegen in der Luft, auf der Hand, auf dem Tisch der Zeit, überall auf der Straße heute. Das Schlüsselwort Gesellschaft ist ungeheuer populär geworden, und Gesellschaft anklagen und Gesellschaft verändern der große Verbalfetisch, also das liebste Spielzeug unserer Intelligenz. Wer wäre in den höheren Rängen unseres Kulturbetriebs nicht damit beschäftigt? Und merkwürdig: Sie schluckt das alles, sie wehrt sich nicht dagegen, unsere Gesellschaft. Ich sehe hierzulande keine Instanz, die bereiter wäre, in diese Rolle als kollektiver Sündenbock und Müllkippe einzuwilligen. Der Jude ist an allem schuld, die Gesellschaft ist an allem schuld – die Nachfolge ist ziemlich deutlich. Der Satz spricht sich mühelos aus und entlastet. Sittliches Handeln ist heute nicht mehr notwendig. Kommt man nicht ins reine mit sich und der Welt, erlebt man Krisen, Niederlagen in der Arbeit, der Liebe, der Familie oder sonstwo, so sage man laut vor sich her: Die Gesellschaft, diese miserable Gesellschaft! Man wird sich dann deutlich entlastet fühlen.

Es ist sicher: Ein Zauberwort und ein Sündenbock wurde uns geboren. Die Gesellschaft ist unser Schatz und unser Unglück. Früher hatte man noch Krankheiten und ging damit zum Arzt. Heute wissen wir, daß es Krankheiten primär gar nicht gibt. Sie sind alle gesellschaftlicher Natur. Mehr noch: Unsere Gesellschaft, also das kapitalistische System, ist die eigentliche, wurzelhafte Erkrankung. Da hat ein Mann aus Eifersucht seine Geliebte getötet: ein uraltes Motiv, von Shakespeare bis heute, im Grunde immer das gleiche. Aber heute steht der Mann vor seinen Richtern und sagt: Es tut mir leid, meine Herren Richter, aber es war eigentlich die Gesellschaft. Mein Vater, meine Mutter, meine triste Kindheit, dann später das Erziehungsheim, all das Streunen und Herumlungern in dieser Welt der Ausbeutung. Dieser Liebesentzug früh, diese mangelnde Nestwärme schon mit drei. Es war diese mörderische Gesellschaft, die mich zum Töten zwang.

Der Mann, das ist sicher, wird allerorts auf offene, gespitzte, sehr aufmerksame Ohren stoßen. Das liegt jetzt in der Luft und hat seine Zeit. Ganze Bewußtseins-Industrien sind permanent damit beschäftigt und voll ausgelastet. Reporter, Jungfilmer, Bühnenautoren, Fernsehberichter legen die Zwänge, Pressionen und Drucksysteme frei, die uns so machten, wie wir doch sind: schlecht. Was früher die Erbsünde war, ist heute eben die Sozialordnung. Ein Jugendlicher, der den Drogen verfiel, ein Rentner, der sich das Leben nahm, eine Hausfrau, die im Supermarkt Kaviar stahl, eine einsame Witwe, die sich zu Tode trank – das alles hat nichts mehr mit Personen, Individuen, also Ich-Reaktionen, zu tun. Es war die Gesellschaft. Wer sonst, nicht wahr? Sittliches Handeln ist ganz außer Kurs gesetzt. Es fällt schwer, über diese jüngste Bewußtseinsschablone keine Komödie zu schreiben. Die Komödie müßte den Titel tragen: »Wieso denn ich?«

Ebendiese kollektive Sicherheit, mit der hier gedacht wird, sollte uns mißtrauisch machen. Sie ist mir zu starr und mechanisch, um ganz geheuer zu sein. So einfach ist also der Mensch organisiert, nur Opfer, nur Gemachter, nur Getätigter und niemals Täter? Ich rieche hier wieder das alte Stereotyp der Fremdverteufelung, das Abladen der Schuld auf den anderen. Zugegeben, diesmal ist es nicht wie beim Antisemitismus eine Minderheit, die da verteufelt wird; es ist das Kollektiv, das aber bei aller Konkretheit doch merkwürdig abstrakt und anonym bleibt, schwer zu fassen in Wirklichkeit. Verändert, um dieses Lieblingswort unserer Zeit zu gebrauchen, wird damit überhaupt nichts. Niemand fühlt sich wirklich betroffen. Es wird eigentlich nur unsere Bequemlichkeit bedient. Es entlastet unser schlechtes Gewissen zu hören, daß es die anderen, nicht wir selbst waren, die da versagten. Um es im Klartext zu sagen: Dieses neue Stereotyp befreit nicht den Menschen, wie es doch vorgibt. Es entmündigt ihn. Wir stellen den Menschen unter einen kollektiven Paragraphen personaler Zurechnungsunfähigkeit, wenn wir sein Handeln permanent nur gesellschaftlich erklären. Obwohl es gesellschaftlich sehr weitgehend bestimmt ist, ist es zugleich immer noch etwas mehr und qualitativ anders. Die Rechnung des Menschen geht nicht ganz auf, wenn wir sie nur aus der Summe seiner Vergangenheits- und Umweltfaktoren, die es tatsächlich gibt, herleiten. Wir leisten dem Menschen keinen wirklichen Dienst, wenn wir ihn aus seiner Verantwortlichkeit und Schuldfähigkeit entlassen. Im Grunde erniedrigen wir ihn – zum Tier.

Man möge mich nicht mißverstehen: Es geht mir hier nicht darum, den gesellschaftlichen Aspekt durch einen wie auch immer gearteten idealistischen zu ersetzen. Dem Kollektiv soll kein »reiner Geist« entgegengestellt werden. Was sollte das auch schon sein: der reine Geist des Menschen? Er ist nur in der Mathematik und der Logik zu fassen. Es stellt sich nicht die Frage: Wenn wir Kafka nicht soziologisch interpretieren wollen, müssen wir ihn dann metaphysisch interpretieren? Das scheinen mir die falschen Alternativen. In Wahrheit stellt sich nur die Frage nach der Angemessenheit, der Reichweite, der Verbindlichkeit der Kategorien in je ihrer Schicht. Es geht um ein angemessenes Zuordnungssystem. Wenn es unerläßlich ist, die soziologische Denkschablone zu kritisieren, so will das keine Kritik an der Soziologie als Fachdisziplin sein, sondern eine Kritik an ihrer maßlosen Überschätzung, ja Theologisierung, die wir durchmachen. Die Frage muß erlaubt sein: Wie weit reicht eigentlich das System soziologischer Kategorien zur Entfaltung der vollen Wahrheit? Gesellschaft – ist das wirklich schon alles?

Es ist einzuräumen: Den Menschen an sich, das sittliche Wesen aus der Retorte, gibt es nicht. So weit wir Geschichte überblicken können, hat es den Menschen immer nur in gesellschaftlichen Verbänden, Organisationen, Zuordnungssystemen gegeben. Von den frühen Hirten- und Nomadenvölkern an war menschliches Zusammenleben immer nur im Verbundsystem sozialer Gruppen möglich. Insofern ist der Rückgriff auf die gesellschaftliche Basis legitim und notwendig. Zunächst muß immer gefragt werden: Wo kommt das Motiv her? Warum stellt es sich so und nicht anders? Was bedeutet es in der materiellen und sozialen Lage des einzelnen? Aber merkwürdig: Damit ist die Frage noch nicht ausgefragt. Die Erlösungsreligionen des Vorderen Orients sind natürlich nicht abzulösen von den klimatischen, wirtschaftlichen und politischen Zwängen und Leiden der Völker, von denen sie hervorgebracht wurden. Über solche Zusammenhänge kann uns eine materialistische Religionssoziologie einiges lehren. Aber ist damit auch schon die monotheistische Idee erklärt und verstanden, die Vorstellung, daß nicht Götter und Dämonen über uns walten, sondern daß, wie die Juden in die Menschheitsgeschichte neu einbrachten, nur ein Gott sei? Offenbar geschieht hier doch ein Grenzübersprung. Es wird in eine neue Dimension hinein gefragt. Ihr Resultat läßt sich aus der bloßen Addition ihrer materiellen Faktoren nicht zusammenziehen. Etwas Neues kommt noch hinzu, etwas anderes. Was?

Wir kennen diese unerlaubte Grenzüberschreitung auch aus der Geschichte der Psychoanalyse. In den zwanziger Jahren wurde vor allem in Berlin und in Wien die Lehre Freuds ähnlich totalisiert und damit untauglich gemacht. Was als klinische Methodik seine Richtigkeit hatte, wurde plötzlich zum Universalschlüssel von Weltverständnis überhaupt mißbraucht. Die psychoanalytische Zeitschrift *Imago* leuchtete unsere ganze Literatur und Kunst auf ihre Sexualsymbolik ab. Hamlet, ein Ödipusfixierter, Don Juan, ein Mutterverhafteter. Wiederum muß man sagen: Wohl wahr, schon richtig. Nur, reichen diese tieferen Kategorien wirklich schon aus, um unser aller Teilhabe an diesen Gestalten der Weltliteratur wirklich durchsichtig zu machen? Ist es nicht eine Kaninchenperspektive, die Kunst nur aus ihrer tatsächlich vorhandenen Sexualdynamik zu deuten? Kommt da nicht doch sehr viel mehr hinzu? Nennen wir es vorläufig einmal: die Signatur des einzelnen, seine spezifische, ganz singuläre Individualität.

Ganz ähnlich verhält es sich heute mit der modischen

Handhabung des Begriffs Gesellschaft. Es ist natürlich richtig, daß die Ehe heute eine sehr schmale und anfällige Konsumgemeinschaft geworden ist. Es fehlen ihr die kräftigen ökonomischen Bindungen der produzierenden Großfamilie von früher. Nur, warum geht diese Ehe hier auseinander, während jene in genau derselben gesellschaftlichen Situation hält? Ob hier nicht auch noch intimere Fragen im Spiel sind, Fragen, die zwischen den beiden allein spielen? Individuelle, persönliche, sittliche Einstellungen, die möglicherweise auch etwas mit dem Willen, also mit Sittlichkeit, zu tun haben? Ich frage nur.

Es ist natürlich wahr, daß Auschwitz, historisch gesehen, in den Sozialstrukturen der kapitalistischen Konkurrenzgesellschaft geschah. Nur, warum produzierten andere kapitalistische Gesellschaften, etwa in der Schweiz, den Niederlanden, Schweden, zugleich sehr freie und menschenwürdige Gemeinwesen? Offenbar läßt sich das Phänomen gar nicht nur gesellschaftlich erklären. Das soziologische Denken ist wie ein sehr grobes Sieb. Tatsächlich bleiben da einige sehr grobe Brocken hängen, aber alles Individuelle fällt durch. Der deutsche Faschismus etwa mag soziologisch sehr weitgehend erklärt werden können. Die einmalige, mörderische Rolle, die Hitler in ihm spielte, und nur dieser Hitler-Faschismus führte ja zu Auschwitz, ist aber durch die Grobstrukturen des Marxismus überhaupt nicht faßbar. Dies ist auch der Grund, warum es im marxistischen Lager bis heute keine einzige hinreichende Hitler-Deutung gibt. Für den einzelnen, auch seine dämonische Rolle, ist da kein Platz vorgesehen. Da der Marxismus keine Anthropologie entwickelt hat, ist er im wahrsten Sinn des Wortes sprachlos vor dem Problem »Der einzelne und die Geschichte«. Stalin muß dann in einer Ideologie, die sich materialistisch gibt, unter den Teppich purer Moralität gekehrt werden. Die Zeit des Personenkults, heißt das schlicht in der Sowjet-Exegese. Stalin – ein Schicksalsschlag sozusagen.

Seit Marx hat das soziologische Denken seinen historischen Sinn immer darin gehabt, durch Kritik und Analyse des Bestehenden die Gesellschaft durchsichtig zu machen, um sie schrittweise zu humanisieren. Soziologie betreibt man um der Machbarkeit und Veränderbarkeit der Welt willen. Das ist eine sehr respektable Moralität. Nur stellt sich auch hier wieder die Frage nach ihrer schichtenspezifischen Reichweite. Vieles, aber nicht alles ist machbar am Menschen und mit dem Menschen. Es ist machbar, daß er in stabilen Familienverhältnissen heranwächst, daß ihm eine angemessene Ausbildung vermittelt wird, daß er in eine Gesellschaft hineinwächst, die ihm Entfaltungsmöglichkeiten, Spielraum, Chancen und Aufgaben setzt. Aber dann, wenn das alles tatsächlich organisiert sein sollte, dann beginnt doch erst der Mensch mit seinen wirklich humanen Konflikten. Erst jenseits der Gesellschaft bricht die Frage des Menschen nach sich selber auf. Diese ist nicht mehr durch soziales Management zu beantworten.

Man kann die Problemlage etwa am schwedischen Modell heute studieren. Nach einer Generation systematischer sozialdemokratischer Umgestaltung der Gesellschaft ist in diesem Lande sehr viel erreicht. Das, was man die soziale Frage nennt, ist dort im großen und ganzen durchaus gelöst. Hunger, nackte Armut, Ausgeliefertsein an die Krankheit gibt es im überkommenen Sinn in Schweden heute nicht mehr. Sind aber deswegen die Angst, die Verzweiflung, die Einsamkeit aus dem Leben der Schweden verschwunden? Sie haben sich nur verlagert in höhere Ich-Schichten. Wir müssen von einer merkwürdig neurotisierten Gesellschaft sprechen. Sie hungert nicht mehr, aber ist tief geängstigt. Die Filme Ingmar Bergmans erzählen das in immer neuen

Ansätzen. Ich will damit sagen: Das Glück konnte nicht eingeführt werden, soziologisch. Der Mensch wird durch Gesellschaft bestimmt. Er geht aber in ihr nie auf. Er ist mehr. Er sucht mehr. Er braucht mehr. Ich frage wieder: Was?

Ein Mensch schreckt morgens beim Schrillen des Wekkers auf. Er ist müde, verschlafen, lustlos. Er geht durch die Straßen der Stadt, wird langsam wach, reibt sich die Augen. Ein Sommermorgen. In der Straßenbahn hellt sich ihm die Welt plötzlich auf: sein Gegenüber, ein Gesicht. Er blickt es neugierig, scheu, verstohlen und doch fasziniert an. Er blickt wieder weg. Er spürt eine Dimension des Lebens, die sich ihm erst im anderen mitteilt: Anmut, Freude, Jugend, Schönheit. Ist es nicht das, was er inmitten seiner täglichen Büroarbeit unbewußt immer suchte? Plötzlich spürt er, daß das Leben, sein Leben eigentlich mehr sein müßte als nur Funktionieren: als Verkehrsteilnehmer funktionieren, als Angestellter funktionieren, als Freizeitverbraucher funktionieren, sexuell funktionieren. Das alles ist machbar und doch nicht er wirklich. Das ist nur kollektiver Untergrund. Gesellschaftlich ist dieses Erlebnis der Schönheit nicht relevant, das ist einzuräumen. Gesellschaftlich wäre nur der Fortpflanzungsaspekt der Schönheit relevant. Aber er ist es eben nicht, der hier spricht. Und doch drängt sein Leben eigentlich dahin: Verzauberung durch den anderen. Nennen wir es ruhig einmal Eros, der ihn berührt hat, die Sprache und die Begeisterung: das Tristan-Motiv.

Eine Frau steht zu Hause vor dem Spiegel. Sie sieht, daß sie älter wird. Es zeigen sich morgens jetzt Falten unter den Augen und am Hals. So etwas ist ja nicht aufzuhalten auf Dauer. Sie hat Angst vor dem Älterwerden. Es überfällt sie plötzlich die Frage nach dem Wozu. Wozu eigentlich jeden Morgen das Ganze, dieser sehr komplizierte Ritus eines kosmetischen Make-up, wenn sie nun doch immer älter und einsamer und überflüssiger wird allmählich? Wozu war eigentlich das Leben, ihr Leben? Sie ist vielleicht Abteilungsleiterin in einem Warenhaus, Anfang Vierzig, und fragt sich plötzlich: Wer wird mich vermissen, wenn ich eines Morgens nicht mehr aufstehe? Wenn ich sterbe? Gesellschaftlich gesehen, das ist sicher, ist sie austauschbar. Sie ist schon abgeschrieben, vom Sozialmanagement her: weg damit. Aber da fragt etwas in ihr und bohrt weiter, das sich in sozialen Kategorien überhaupt nicht stellt – als Frage.

Man kann sagen: Lauter Privatheiten, lauter Gefühle, Hoffnungen, Sehnsüchte und Ängste – was soll das? Ich erwidere: Eben, genau und Gott sei Dank – genau dahin wollte ich nämlich. Erst hier beginnt doch der Mensch sein wirkliches Menschsein zu erfahren. Erst jenseits der Gesellschaft kommen wir zu uns selbst, treten in jenen Reflexionsprozeß ein, der uns nach uns selber fragt. Du, du, nur du bist gefragt. Wer bist du denn eigentlich? Keiner ist da ersetzbar, niemand ist austauschbar, wie Schrauben, Glühbirnen und Autos austauschbar sind. Es gibt eine Würde der Person, die eben in ihrer Unersetzbarkeit begründet ist.

Ich meine, der Mensch hat ein Recht auf diese Erfahrung. Man nennt sie auch Existenz. Er hat ein Recht auf sich selbst, das er nicht aufgeben sollte. Es ist sehr human, daß wir manchmal verzweifelt sind, daß wir manchmal Angst haben. Josef K., obwohl unter diesen Bedingungen des Prager Gettos entstanden, sind wir alle einmal. Wir alle werden immer älter und wissen, daß der Tod auf uns zuläuft. Oder wir auf ihn? Einerlei: Es ist etwas in uns, das das nicht wahrhaben möchte. Der Mensch möchte nicht weggewischt werden auf ewig und wird es doch. Die Welt ist nicht heil und wird es nie werden. Es ist nicht machbar, daß wir zum Beispiel nicht sterben werden, und wenn es je machbar werden sollte, so ist der Gedanke noch grausiger: eine weltweite Versammlung von Gespenstern.

Ich meine, wir sollten uns diese Grenzerfahrungen nicht rauben lassen. Erst hinter den Grenzen der Gesellschaft erfahren, erleiden wir unsere wahre Identität. Ich möchte sie Freiheit nennen. Freiheit zum Ich, Freiheit zum Tod, Freiheit schlechthin.

VI Im Medienwald

Ratschläge für Freischwimmer

Nein, bloß das nicht: Medienpolitik. Kein Wort über Sozialenqueten und Autorenreporte. Ich kann's nicht mehr hören. Mir wird immer schwindlig, wenn ich all die steilen und hochbeinigen Abhandlungen zu lesen versuche, die sich meiner Lage jetzt so prinzipiell und todernst annehmen. Ich fasse mir bei der Lektüre dieser Dossiers etwas ratlos an den Kopf, frage mich: Was hat der Verfasser eben gemeint? Du warst unaufmerksam. Du mußt den Satz noch einmal lesen. Aber meistens verstehe ich dieses imponierende Soziologen-Kauderwelsch einfach nicht, auch nicht bei wiederholter Lektüre. Bin ich zu dumm?

Ich würde jetzt gern einen Brief schreiben in dieser Sache. Ich würde den Brief so beginnen: Was, lieber Freund, was lese ich? Du willst tatsächlich raus aus Deinem guten und wohldotierten Job beim Funk? Du willst Dich freischwimmen? Dir stinkt jetzt der Redaktionsstuhl, wie Du in Deiner deftigen Art mir mitzuteilen die Freundlichkeit hattest. Du hast es satt, dauernd diese Konferenzen und Sitzungen so früh am Morgen über Langzeitperspektiven des Wortangebots und Strukturprobleme im Kinderfunk. Kulturpolitisches Großpalaver um neun Uhr früh: Was machen wir denn mit dem 17. Juni in diesem Jahr? Gibt es den immer noch, den Tag der Einheit? Das kann doch nicht sein. Ob Grass etwas schreiben könnte? fragt der Programmdirektor. Alle nicken. Grass wäre nicht schlecht. Aber ob der das macht?

Das magst Du nicht mehr. Ich verstehe das. Es nervt. Du bist es satt, öffentliche Diskussionen zu cutten, all die Huster, Versprecher und Ichwürdegernsagen zu schneiden – zack! Das ist doch kein Leben, lebenslänglich, schreibst Du. Wieso eigentlich nicht? Du schreibst: Immer nur »Erster Sprecher« und »Zweiter Sprecher« vor mittelmäßige Funkmanuskripte schreiben, die dann doch niemand höre, das sei frustrierend. Welch ein Wort, lieber Freund! Wenn Du wirklich vom Funk wegwillst, mußt Du Dir zunächst diesen Modejargon, diese Kulturklischees abgewöhnen. Merke: Nie wieder »frustrierend« sagen. Das ist mein erster Rat für den freien Mitarbeiter.

Ich frage mich: Was wäre weiter zu schreiben? Soll ich ihm tatsächlich all meine Erfahrungen und Erkenntnisse zum Thema preisgeben? Einfach so gratis und franko? Wir freien Mitarbeiter äußern uns eigentlich zu so grundsätzlichen Fragen nur auf Honorarbasis. Was spielt das denn ein für mich? Wie denken Sie denn über die Dukaten, Herr Doktor? fragen wir immer neugierig. Wie schade, sagen wir oft nach einer wohlgelungenen Diskussion am heimischen Herd, wenn wir mit abendlichen Gästen über die Rolle der Intellektuellen sprachen, die im Kapitalismus und die im Sozialismus, die man ja getrennt sehen muß – wie schade, daß jetzt kein Band lief. Das war doch eine perfekte Funkdiskussion. Die Redaktion Nachtprogramm würde das dankbar nehmen. Außerdem meine ich immer: Erfahrungen muß man selber machen. Man kann sie nicht übertragen. Was sollte ich ihm also weiter schreiben, honorarfrei?

Ich sehe von den wichtigsten Grundvoraussetzungen ab, könnte ich schreiben. Ob Du Dir den Verzicht auf Deine Funkbezüge leisten kannst, ob Du tatsächlich als Autor etwas taugst, mußt Du selbst entscheiden. Ich halt' mich da raus. Ich bin ja kein Briefkastenonkel, der Ratschläge gibt: Lebenshilfe für Freischwimmer. Ich kann nur mit meinen Erfahrungen aufwarten. Sind sie übertragbar? Ich kenne den Laden ziemlich genau: fünfzehn Jahre hinter dem Schreibtisch gesessen als Redakteur, freie Mitarbeiter beschäftigend; seitdem nun selber frei. Ich kenne die Geschichte von beiden Seiten und würde sagen (Du brauchst dieses »würde« nicht zu schneiden): Das Beste im Leben des freien Mitarbeiters ist doch immer wieder der Morgen, den er nicht merkt. Ich meine, daß man sich richtig ausschlafen kann, jeder Tag Sonntag sozusagen. Ich schätze das ungemein. Mir ist das unbezahlbar. Ich lasse es mir einiges kosten, so zwischen sechs und acht in der Frühe, wenn die werktätigen und lohnabhängigen Massen zur Arbeit drängen, mich im Bett umzudrehen, um nun erst richtig in Tiefschlaf zu fallen. Es schläft sich niemals besser, als wenn alle Arbeitswilligen weg sind; es wird dann so ruhig und still im Haus – himmlisch.

Du merkst schon aus diesen wenigen Worten meine durchaus absonderliche und privatistische Grundhaltung? Ich will sie nicht asozial nennen, aber Du mußt wissen: Als freier Mitarbeiter bist Du ein Solist und ein Eintänzer. Es ist natürlich sehr gut, jetzt eine Gewerkschaft im Hintergrund zu haben für Sozialfragen. Aber glaube mir: Schreiben mußt Du trotzdem allein. Du mußt Dir allein etwas einfallen lassen. Bei Stilfragen Deines Textes mischt sich die Gewerkschaft nicht ein.

Sollte ich jetzt nicht in eine genauere Marktanalyse eintreten? Wäre ich nicht doch gehalten, dem Freund die gegenwärtige Lage zu schildern? Ich finde sie so schlecht, so hoffnungslos nicht. Da unsere verwaltete Welt immer mehr Apparate, Institutionen und Anstalten aufbaut, die selber

Redakteure, Lektoren, also Ranschaffer braucht, wird objektiv die Anzahl der wirklich ganz Freien immer kleiner. Sie schmilzt. Der geht zum Zweiten, der zu Bertelsmann. Gestern noch ein junger Dichter, den man bedroht sah von Hochbegabung und Nichtanfechtung; heute sitzt er schon beim Dritten im Bayerischen Rundfunk. Und was der WDR alles an Redakteuren schluckt: unermeßlich.

Für den, der den Mut, das Stehvermögen, natürlich auch das bißchen Qualität hat, das man als freier Mitarbeiter braucht, verbessert sich damit dauernd die Marktlage. Nur gut so, nur weiter. Schließlich muß es ja auch noch ein paar Leute auf der Welt geben, die all das konzipieren, sich ausdenken, schreiben, was diese riesigen Kulturapparate dann brauchen, bringen; verbraten, sagte man früher, heute: moderieren. Arbeitslos wird man so leicht nicht als Freier. An Aufträgen, Wünschen, Bestellungen ist kaum Mangel. Es ist eher die Frage, wie viele Wünsche man tatsächlich erfüllen kann. Wieviel kann man produzieren als freier Produzent? Der Vertrieb ist nicht das Problem. Obwohl, obwohl . . .

Ich muß Dir ein Geheimnis sagen, schrieb ich weiter und wurde jetzt richtig leichtsinnig im Ausplaudern und Preisgeben, unentgeltlich. Es ist eine ganz komische Erfahrung, die ich als Redakteur und als Freier machte. Sie ist also doppelseitig erhärtet. Ich stehe dafür, obwohl Du es mir nicht glauben wirst. Du darfst aus der Tatsache, daß Du Dich als Freier bei einem Organ gut eingeführt und bewährt hast, nie folgern, daß das nun immer so weitergehen muß, vielleicht lebenslänglich. All meine Lebenserfahrung geht dahin, daß es sich bei solchen Verhältnissen um ausgesprochen erotische Verlaufskurven handelt.

Ja, ja, ich schrieb: erotisch, nicht esoterisch. Du hast Dich nicht verlesen. Ich meine, in der Tiefe handelt es sich auch hier immer um Liebesgeschichten. Man trifft sich zufällig, sieht sich ins Auge, bändelt an, mit ersten Manuskripten. Es beginnt, weil Du etwas kannst, eine Phase der Sympathie, dann der Verliebtheit, dann beinah der Hörigkeit: Sie bringen jetzt alles von Dir, jeden Quatsch. Du bist ein richtiger kleiner Held, auf dem Papier, meine ich. Das hält, genau wie in der Liebe, meistens zwei bis drei Jahre an. Glückliche Zeiten, selige Stunden der Umschlingung, in denen Du Dich immer geliebt, also gedruckt siehst. Vorzüglich, lieber Freund, schreibt die Redaktion. Ihr heutiger Beitrag ist schon in Satz. Wir nehmen ihn morgen mit.

Nach spätestens drei Jahren aber beginnt die Sache wie in der Ehe Gewohnheit, Routine zu werden. Sie kühlt sich ab langsam, erkaltet dann, schlägt plötzlich in Unmut, ja erste Gereiztheit um. Man hat mit einemmal genug voneinander. Als junger Funkredakteur liebte ich einmal Friedrich Sieburg auf so eine heftige Weise. Schon im vierten Jahr aber ging er mir auf die Nerven, im fünften konnte ich ihn nicht mehr hören. Diese gespreizte Attitüde, sagte ich immer, diese Mokanz und prätentiöse Stilisiertheit. Ach, muß das denn sein? Ich habe ihn satt. Also merke: Wenn Du aus Deiner festen Funkehe ausbrechen willst, kannst Du künftig nur noch mit Liebschaften rechnen. Wenn Du am besten drin bist irgendwo, denke an Rilke: Sei allem Abschied voran. Wirst Du das schaffen, mon cher? So viel frivoler Wechsel? Ich mag das, aber es ist nicht für jedermann.

Jetzt wieder im Ernst und im Klartext gesprochen zur Welt: Das Wichtigste ist die Gesundheit. Wer zur Kränklichkeit neigt, sollte in festen Verhältnissen bleiben. Eine gute Konstitution ist vonnöten, man muß immer fit und wohlauf sein, auch emsig sich regen. Man kann dann durchaus über die Runden kommen, sogar besser als

Festangestellte. Der Autor heute wird das allerdings nur multimedial schaffen: mal hier, mal dort; mal so, mal so, also wieder etwas donjuanesk. Funk und Fernsehen sind wichtig. Aber nicht zu viel Fernsehen, bitte. Presse und Verlag sind entscheidend, aber spielen's kaum ein. Lesereisen sind ergiebig: Zwanzig Abende im Monat hecken auch ihre Mäuse. Besser noch sind Lectures oder gar Lehraufträge in den USA. Dazwischen sind Literaturpreise willkommen. Sie sind steuerfrei. So mancher Autor hierzulande wird schon seit Jahren, wenn das paradoxe Bild erlaubt ist, durch einen sanften Dauerregen literarischer Preise über Wasser gehalten.

Der Schluß meines Briefes? Ein schöner Schluß gewünscht? Soll ich meine Redakteurserfahrung ausspielen und sagen: Geh möglichst nie auf Redaktionen, zu Besuch? Antichambriere nicht in Vorzimmern. Herzliche Beziehungen zu maßgeblichen Sekretärinnen sind trotz gegenläufiger Gerüchte in der Branche ganz unmaßgeblich. Die Redaktion hat zu tun. Sie ist immer überlastet und erschrickt, wenn ein Besucher gemeldet wird, selbst wenn er Hilde Domin heißt. Zu viele unerledigte Manuskripte harren noch der Erledigung. Außerdem berät die Redaktion intern immer noch über den 17. Juni. Was machen wir bloß? Wie steht denn das Einheitsfest zum Grundvertrag eigentlich? Und außerdem fällt es auch noch auf einen Sonntag, diesmal, schlägt also ins Wochenend-Blatt. Fatal, fatal, nicht wahr?

Ganz zum Schluß würde ich schreiben: Was wirst Du denn in Deinem Radio bringen zum Tag der Einheit? Ich könnte Dir übrigens eine Berlin-Erinnerung anbieten zum Thema. »Hauptstadt im Licht und im Schatten« – Du weißt, in solchen Sachen bin ich sehr stark. Was wär' da drin? Ich will sagen: Es handelt sich um schriftliche Verhältnisse – mehr nicht. Man muß schreiben. Der Rest findet sich.

Ein Hymnus auf den Hörfunk

Man kennt das gedrückte Klima unter Literaten? Ich möchte es Verdrossenheit nennen. Ob das nun eine Akademie ist, der PEN-Klub, früher die Gruppe 47 oder heute irgendein Kreis für neue Literatur: Wo immer Autoren zusammenhocken, jedenfalls in Deutschland, ist ihre Stimmung verbiestert bis depressiv. Schriftsteller sind vorwiegend düster gestimmt. Sie sehen mehr und tiefer, also schwarz. Ob man sich nun privat oder politisch artikuliert: Eigentlich ist alles *merde.* Ach, dieser Scheißkapitalismus. Er ist schuld, auch an meiner Migräne. Man ist immer schlechter Laune, was ja auch eine Art von Befriedigung erzeugt.

Plötzlich aber steht einer auf und sagt sehr knapp: Ich muß jetzt zum Funk. Ich hab' eine Aufnahme um fünf! Sogleich hellt sich die Szene auf. Ein Sonnenstrahl fiel in das dunkle Tal. Heitere Teilnahme, fröhlicher Aufblick, vielleicht auch ein Anflug von Neid. Ah ja, zum Funk müssen Sie? Da sind Sie fein raus. Was machen Sie da: singen oder reden? Und wie ist das Honorar?

Das Wort Funk hat bei Autoren einen hellen Klang. Es wirkt wie Sekt: Es macht müde Geister munter. Funk – das heißt etwas Festes, Solides, etwas Handgreifliches im Umkreis der Seiltänzer und Wortakrobaten. Eine ungesicherte, durchaus unsolide Berufsgruppe, die der freien

Autoren, riecht hier mit sicherem Künstler-Instinkt jene Mischung aus Geist und Geld, Bindung und Freiheit, die genau nach ihrem Geschmack ist. Sich mit der Welt einlassen, aber nicht zu sehr; etwas leisten, aber nicht auf Dauer; sich produzieren, aber nur in Maßen; kommen und dann wieder gehen, mit einem Wort: Ein Gastspiel geben, so etwas hat Artisten immer gefallen. Also eine Art Zirkusliebe im elektronischen Zeitalter?

Schon die Funkhäuser bewirken Erhellung. Die meisten sind von strahlendem Glanz, von einer Modernität und einer technischen Opulenz, die dem Autor schon am Eingang unmißverständlich demonstriert, wie gut es der Kultur gehen muß, hierzulande. Der Funk kennt zwar rote Zahlen, er jongliert immer am Abgrund, wie man hört, aber wenn man als ganz freier Schreiber aus seiner glanzlosen Dreizimmer-Edeka-Wohnung dahin kommt, ins Funkhaus, merkt man das eigentlich nicht. Man ist eher geblendet vom Wohlstand. Das wirkt sehr imponierend: so viel Chrom, so viel Glas und schöner Glanz. Manche Funkhäuser sehen fast wie überdimensionale Kunstgalerien aus, in denen Mobiles spielen. Mein Gott, da drüben steht ja schon wieder ein neuer Komplex!

Dann die Geschäftigkeit in dem Glashaus. Viele Leute laufen in endlosen Fluren mit sehr ernsten Mienen herum, die zeigen, daß sie im Dienst sind. Sie laufen mit Sendefahrplänen, mit Tonbändern, mit Akten. Sie haben immer keine Zeit, weil sie gerade in eine Sitzung müssen, außerdem noch ein Band cutten müssen. Trotzdem läßt sich gut mit ihnen plaudern. Sie sind von zeitloser Eile getrieben. Eine Orgie betriebsamer Arbeitslust ist jedes Funkhaus; jedenfalls scheint es so dem Eintretenden. Der Autor, eher aus Stille und Selbstzweifeln kommend, sieht plötzlich ganz überzeugend: Das Leben ist schön, die Welt ist sinnvoll; du selbst mußt auch irgendwie nützlich sein. Alles hat seinen Sinn hier. Auch was du jetzt sprechen wirst, muß wichtig sein. Dieser riesige Apparat saugt das jetzt an, nimmt deine Sache auf, gibt sie dann wieder von sich, etwas sonorer im Ton und mit einer sehr klugen Ansage versehen. Tatsächlich scheint dem Autor sein Produkt am Lautsprecher immer etwas weniger mißlungen als zu Hause am Schreibtisch. Funk fördert Zuversicht, schon ganz allgemein gesehen.

Was weiter? Der Autor eilt durch endlose Flure. Er fährt viele Stockwerke hoch mit dem Lift, oben wieder diese endlosen Flure, an unzähligen, winzigen Zimmerchen vorbei, an deren Türen zu lesen ist: »Landfunk 2«, »Politik 1«, »Kirchenfunk«, »Frau und Gesellschaft«, »Samstag-Abend«, »Redaktion Service-Welle«. Ach, dieses Warenhaus unserer Kulturindustrie! Der Autor ist glücklich, an all diesen Türen vorbeigehen zu können. Gott sei Dank, denkt er, dem Himmel sei Lob, daß du hier nicht sitzen mußt. Die Ärmsten da hinter den Türen müssen in engen Zellen wie Gefängnisinsassen die wirkliche Arbeit tun: Tüten kleben. Galeerensträflinge der Kulturindustrie – niemand wird ihnen später ein Denkmal setzen. Sie sitzen vor Stößen von Manuskripten, Unterschriftenmappen, Ansagebelegen, Dienstreise-Anträgen, Pressediensten, Bergen von unerledigter Post: all diese lustlosen Riten einer vorprogrammierten Welt. Sie werden in spiegelblanken Kantinen eine magere Mahlzeit erhalten und bleiben doch immer freundlich, munter, aufgekratzt, wenn der Autor dann eintritt. Funkleute sind anregend. Sie sprühen meistens vor Einfällen, Ideen, letzten Informationen. Sie sagen: Darüber wollte ich schon immer einmal ein Buch schreiben, aber tun es dann nicht.

Funk muß in der Tiefe etwas Erotisches sein, denke ich

manchmal, fast wie der Zirkus. Wer das nicht mit Passion und Lust, also mit ganzer Existenz macht, sollte die Finger davon lassen. Es gibt nur eine Sünde wider den Geist des Rundfunks, die unverzeihlich ist. Sie heißt Langweiligkeit. Das war eine fade und langweilige Sendung! Für mich wäre das im Wiederholungsfall ein Grund zur Kündigung, und zwar fristlos. Aber niemand sollte sich da sorgen. So etwas hat es noch nie gegeben im deutschen Rundfunk: Kündigung wegen Unfähigkeit.

Anderes kommt hinzu. Es sage nur niemand, der Hörfunk sei im Zeitalter des Fernsehens wirkungslos. Man wird gehört. Es kommt Echo zurück. Nur die Sendezeiten haben sich verschoben. An Hörerpost ist kein Mangel. Der Hörerbrief, der mir am liebsten ist, lautet so: »Werter Herr, wir haben Sie neulich im Autoradio gehört, ganz zufällig zwischen Bamberg und Würzburg. Eigentlich wollten wir Fußball hören, aber Sie werden es nicht glauben: Ihr Vortrag hat uns so fasziniert, daß wir dranblieben. Wir haben auf dem nächsten Parkplatz die Fahrt unterbrochen, um Ihre Sendung in Ruhe zu Ende zu hören. Meine Frau war so ergriffen und läßt fragen, ob Sie auch schon anderes geschrieben haben. Schicken Sie uns bitte ein Manuskript Ihres Vortrags. Hochachtungsvoll! Anbei sechzig Pfennig.« Ich meine, da weiß man, daß man angekommen ist als Schreiber. Man hat Menschen erreicht im Funk.

Der Witz für den Autor ist ein subtileres Phänomen. Obwohl man nun publiziert ist, ist man doch noch nicht ganz publiziert. Das Manuskript läßt sich später weiterverwenden. Gute Features und Hörspiele laufen ja ohnehin im Lauf mehrerer Jahre durch fast alle Funkhäuser; mit Recht, denn so viele gute Autoren gibt es gar nicht wie Programmschemata. Finanziell ist das von nicht geringem Interesse, doch meine ich das nicht allein. Das Schöne am Funkmanuskript ist, daß man es auch nach erfolgter Sendung nicht eigentlich als defloriert bezeichnen kann. War es doch nur ein Petting – die Sendung? Das Manuskript ist immer noch im Zustand einer Unschuld, die merkwürdig zählebig sein kann wie bei amerikanischen Mädchen. Man kann es zum Beispiel nach der Sendung in Druck geben. Geschriebenes ist erst als Gedrucktes ganz da. Erst jetzt ist es vorbei mit der Unschuld, weshalb auch Funkleute eine fast panische Angst vor Druckterminen haben. Ihr Manuskript wird doch nicht etwa gedruckt vor der Sendung? Ein Manuskript wird im Funk wie eine Briefmarke behandelt: Gedruckt ist es wertlos, fast der letzte Dreck. Wieso eigentlich?

Die Sache hat ihre ernste Seite. Diese zweite Verwendung im Druck ist ein kulturpolitisches Phänomen ersten Ranges, von dem die große Öffentlichkeit nur nichts weiß. Ich verrate kein Branchengeheimnis, wenn ich sage: Etwa ein Drittel der Beiträge, die wir in unseren Kulturzeitschriften lesen, sind in Wahrheit nur wenig umfrisierte Funksendungen. Insbesondere Monatsschriften sind darauf angewiesen. Ohne diesen Zuschuß wären sie bös dran. Der Funk brütet es aus und finanziert es. Die Zeitschrift sahnt dann die Ehre des Erstdrucks ab. Dem Autor kann das nur recht sein. Nur die Ehrlichkeit fordert, dieses fruchtbare Zusammenspiel einmal offenzulegen, zumal es bei Publizistik nicht bleibt. Es betrifft nicht geringe Teile unserer Literatur. Bücher entstehen so. Ich nenne aus früheren Jahren Namen wie Ernst Schnabel oder Peter Bamm, die Reisebücher von Wolfgang Koeppen; später: Hans Magnus Enzensberger oder Jean Améry. Ich will mich nicht ausnehmen. Der Funk macht es manchem möglich: schreiben, frei schreiben, Bücher schreiben, Autorenpassion. Hier ist es schon mehr als eine Liaison. Hier eben ist es schon fast eine Ehe, zur linken Hand.

Ein letztes Moment: Gewisse Autoren lieben auch deshalb den Funk, weil er inzwischen ihr spezifisches Ausdrucksmittel geworden ist. Bestimmte Dinge lassen sich nur im Funk, mit den Mitteln des Funks realisieren. Da hinkt nun das Gedruckte wieder nach. Das betrifft nicht nur Hörspielautoren. Die gelungensten Texte von Ingeborg Bachmann sind für mich Hörspieltexte. Zu erwähnen sind auch die Experimentatoren und die Collagetechniker, die das Medium nicht mehr als Transmissionsriemen, sondern als Instrument benutzen, mit dessen Techniken kreativ zu spielen ist. Was über das Phänomen Fußball zu sagen ist, hat der Schriftsteller Ror Wolf ganz ohne Worte in einem Feature realisiert, das in seiner akustischen Artistik aufschlußreicher und kritischer war als all das, was am Rand der Weltmeisterschaften nebenher auch noch verbalisiert wurde. Nur im Funk ist solche Selbstzitat-Technik möglich.

Ich meine hier aber noch etwas anderes: die spezifische Nähe von Literatur und Funk, die darin besteht, daß beide gemeinsam das Medium der Sprache haben. Literatur soll ja ursprünglich einmal Sage gewesen sein, und dies im doppelten Sinn des Wortes: Da wurden Sagen gesagt, also Mythen erzählt. Die großen Epen der Völker kommen alle aus mündlicher Überlieferung. Am Anfang war wirklich das Wort – das gesprochene, aber nicht das gedruckte. Noch heute soll es auf arabischen Märkten den professionellen Märchenerzähler geben, der zum Ergötzen der Leute frei fabuliert auf seinem Teppich. Ich habe ihn nie gefunden auf all meinen Reisen. Immerhin, hier sind der Erzähler und das Erzählte noch identisch, und etwas von dieser Urform der Literatur, meine ich immer, tradiert noch der Rundfunk. Nur er, er allein vermittelt den Menschen authentisch in seiner Stimme. Gerade weil er das Bild nicht mitliefert, ist er für den Autor von hohem Reiz.

Eine Autorenlesung im Fernsehen wäre sinnlos. Sie würde viel zuviel überflüssige Außeninformationen liefern, die nur ablenken vom Text. Im Funk ist der Informationsfluß allein auf die Stimme konzentriert. Es ist wie ein Brennglas, das Strahlen bündelt. Ein geschriebener Text, von seinem Autor richtig vorgetragen, entfaltet da plötzlich ganz neue Dimensionen, die auf Papier nicht zum Ausdruck kommen: Authentizität und Identität werden spürbar; eine Fülle zusätzlicher Informationen fließt ein, unterschwellige Emotionalität wird offenbar. Man hört, aus welcher unbewußten Tiefendynamik ein Text eigentlich kommt. Das hat nicht nur Wirkungen auf den Leser; es wirkt zurück auf das Textverständnis. Wer einmal die Stimme von Martin Heidegger oder Ernst Bloch gehört hat, wird deren Bücher künftig anders, mit einem neuen, sensibilisierten Verständnis lesen. Auch deswegen brauchen Autoren den Funk. Er ist für einige das Medium der größten Identität. »Sprich, damit ich dich sehe!« sagt der Blinde zu mir.

Der Schriftsteller und die Zeitung

Sicher wird es Ihnen ähnlich ergehen. Nie lese ich den *Spiegel* mit so geschärfter und kritisch engagierter Aufmerksamkeit wie im TEE oder im Intercityzug sitzend, von Frankfurt nach Hamburg fahrend, also im Zustand einer sehr kultivierten Langeweile. Fulda, Göttingen, Hannover, das leise Surren, Dröhnen, Stoßen des Zuges, das Schweigen so vieler bedeutender Männer, die mitfahren, die sich auch langweilen, die auch rauchen, auch den *Spiegel* lesen: Nie scheint mir ein Interview mit einem Fraktionsvorsitzenden, einem Gewerkschaftsboß wichtiger als jetzt. Nie scheint mir ein Streiflicht, ein Leitartikel, die Reportage auf Seite drei in der *Süddeutschen* so brillant, wie wenn ich im Bett liege kurz vor dem Einschlafen, also bald nach Mitternacht, ein Glas Wein auf dem Nachttisch, ein Phanodorm schon im Kopf. Jetzt werden die Zeitungslektionen, die man tagsüber nur überflog, riesengroß.

Und dann unsere Wochenenden, die uns all die großen Kulturbeilagen bescheren, gerade dem Schriftsteller viel Stoff bieten, literarischen. Man blättert das durch, bleibt da und dort hängen, merkt sich das vor, legt sich das sauber zurecht, für später einmal. Montag oder Dienstag, du wirst es bestimmt noch lesen, später einmal, und kommst dann doch nicht dazu, weil Montag schon wieder eine neue Zeitung daliegt und spätestens Dienstag das Wochenend-

Blatt auch leicht zu riechen anfängt. Das Weiß beginnt sich etwas gelblich zu färben, das Papier neigt an den Rändern zu Eselsohren, zu erstem Zerfetzen. Auch der wichtige Essay vom Samstag ist am Dienstag schon merkwürdig gealtert. Er ist nicht mehr ganz das, was er noch vor vier Tagen war: frisch; denn bei der Zeitung handelt es sich genau wie bei Milch oder rohem Fleisch um leichtverderbliche Ware. Sie muß sofort verzehrt werden, sonst wird sie schlecht. Man muß sie aufschlagen, lesen und dann wegwerfen, denn sie ist *à jour*, für den Tag, gemacht.

Das ist das Schicksal, Glanz und Elend des Journalismus, daß seine Worte heute von Wichtigkeit und morgen schon wieder überholt sein können. Es ist der verfassungsgemäße Auftrag der Presse, der *res publica* zu einer authentischen und kritischen Öffentlichkeit zu verhelfen. Aber am Tag nach dieser Ausgabe taugt dann das Blatt nur noch zum Tütendrehen, zum Schuheeinwickeln, zum Feuermachen. Den Vernünftigen mag das vernünftig erscheinen – mir nicht. Ich werde mich nie damit abfinden. Für einen Schriftsteller ist es kränkend, sein Wort so schnell welken zu sehen. So war das nicht gemeint, für den Tag, für die Stunde. Oder doch? War es ein Mißverständnis, den Text der Zeitung zu geben?

Ich will das einstweilen auf sich beruhen lassen. Ich will nur feststellen: Das eigentliche und klassische Publikationsmedium des Schriftstellers ist nicht die Zeitung, sondern das Buch. Das Buch ist sein wirkliches Zuhause, seine Heimat und sein Ziel. Sagen wir es ganz deutlich: Erst im Buch ist er wirklich vorhanden, präsent, existiert er, literarisch. Es ist nicht nur der größere Raum, die weitere Expansionsfähigkeit, die geistige Ausgeruhtheit, die dem Buch eigen ist. Es ist die andere publizistische Qualität, in die da ein Text überspringt. Man kann im Lauf eines Jahres zwölf Erzählungen in den Feuilletons unserer Blätter erscheinen lassen, wenn einem das noch gelingen sollte bei der Poesiefeindlichkeit unserer Feuilletons – man wird trotzdem in keiner Literaturgeschichte der Gegenwart registriert werden. Erscheinen dieselben zwölf Erzählungen aber als Buch, so ist der Autor plötzlich vorhanden, wird registriert, kritisiert, als Schriftsteller wahrgenommen. Nur das Buch macht einen Schriftsteller literaturfähig. Das Buch ist eben etwas Endgültiges, Fertiges, Bleibendes, Nachprüfbares; es zerrinnt nicht mit dem Tag.

Gewiß, das ist nur die eine Seite der Sache. Der Schriftsteller lebt auch mit der Zeitung, natürlich. Sie kommt jeden Morgen, vielleicht mit der Post. Er riecht das frische Papier, einen Hauch von Druckerschwärze. Es weht ihn heimatlich an: Papier, Papier, welch ein edles Material für den Geist. Das riecht und schmeckt zunächst einfach gut am Frühstückstisch. Erst die Zeitung rundet das morgendliche Frühstück nach dem Ei, der Marmelade, dem Kaffee zur geistigen Stärkung ab: Blick auf die Welt, während eben der erste Zigarettenrauch tief und süchtig in die Lunge eingeht. Da wird ein erster Blick dem Blatt gegönnt, Weltblick, neugierig. Wirklich neugierig? Ich weiß nicht so recht. Es ist eher ein etwas diffuses Ritual: aufschlagen, durchblättern, an irgendeinem Foto, einer Überschrift hängenbleibend. Man sollte sich den Schriftsteller nicht als idealen Zeitungsleser vorstellen. Man wird ihm eine gewisse Sprunghaftigkeit und Unberechenbarkeit zubilligen müssen. Es fehlt ihm durchaus an Treue.

Wer ist der ideale Leser? Der pensionierte Studienrat, der wöchentlich einmal seinen Leserbrief schreibt? Die Hausfrau, die beim Annoncenmarkt und bei den Todesanzeigen beginnt? Der Schriftsteller liest subjektiver, sprunghafter, sagen wir es deutlich: selbstsüchtiger. Er hat seine eigene Welt, sein eigenes Informationssystem im Kopf. Die Zeitung bringt ihm die Welt ins Haus; er aber will nur seinen Aspekt, seinen Weltstoff, sein Bezugssystem. Er sucht Konzentration, die Zeitung aber will ihn zerstreuen. So entsteht jener Wackelkontakt: einerseits, andererseits. Einerseits interessiert ihn der Leitartikel, andererseits flieht er vor ihm. Flüchtiges Interesse rundum: da ein Foto, dort eine ironische Überschrift. Er liest eine Reportage an, aber bricht dann ab. Später einmal, vielleicht heute nacht. Es mag ja eine Sünde sein, heutzutage, weil wir alle doch so eminent politisiert sind – aber erst wenn er beim Feuilleton angelangt ist, spürt er so etwas wie Neugier und Heimatgefühl, eine leichte Art von Zuhause: Wer schreibt denn da heute über was? Steht da vielleicht etwas von mir drin? Schon das Druckbild des Feuilletons mutet freundlicher, ausgeruhter, kultivierter an. Es ist liebevoller gemacht. Es strahlt Geist aus. Oder scheint das nur so?

Ist das Feuilleton eigentlich noch das Feuilleton? Es ist Kulturberichterstattung, also eine Art Pflichtübung der Kulturkorrespondenten aus aller Welt. Wieder dieses Suchen, diese Mischung aus Aufmerksamkeit, Interesse mit deutlicher Abwehr. Das Gastspiel der Leningrader Philharmonie, das amerikanische Ballett, die neue Sammlung von Grafiken in der Stadt, der Konzertabend des berühmten Pianisten, ein Kunstbrief aus London, die Fernsehkritik, lauter notwendige, nützliche, fällige Informationen. Aber braucht er sie? Braucht er sie wirklich jetzt, um die vier oder fünf Seiten an seinem Manuskript weiterzuschreiben, die heute nachmittag fällig sind? Er nimmt an und wehrt ab.

Das, was das Feuilleton einmal ursprünglich war, diese verspielte, durchaus nebensächliche Kunst der kleinen Form, wird er vergebens suchen. Das »Blättchen« unter dem Strich, wie man früher sagte, gibt es nicht mehr. Es wurde ermordet zwischen lauter Sachzwängen. Die Kunst, die ganze Welt in einer Seifenblase oder in einem Wassertropfen zu spiegeln, ist merkwürdigerweise in Verruf geraten. Irgendwie gilt es als rückständig, was früher einmal von Heine bis Tucholsky als reizvoll, wichtig, auch fortschrittlich galt. Wir leben in härteren Zeiten. Alles Gebrechliche, Zarte, Zwecklose ist verbannt, auch Lyrik, auch die Kurzgeschichte.

Der Schriftsteller wundert sich, daß anderes aber auf sehr zählebige Weise blieb, was er wiederum entbehren kann, zum Beispiel der Fortsetzungsroman. Der hat alle Erschütterungen und Metamorphosen des Jahrhunderts schadlos überstanden, schadlos und rätselhaft. Der Fortsetzungsroman ist offenbar eine unsterbliche Institution der Zeitung wie das Kreuzworträtsel. Wer liest das eigentlich, denkt er: jeden Morgen so ein Häppchen Erzähltes? Wem bekommt das auf fast nüchternen Magen? Und dann denkt er wieder an sich. Warum nicht ich? denkt er. Warum bietet mein Verlag nicht mein Buch der Zeitung als Fortsetzungsroman an? Er versagt eben. Mein Verleger ist immer ein schlechter Verleger. Nur das ist gewiß.

Ist es frivol, ist es zynisch und leichtfertig, diese besondere Leseoptik des Schriftstellers hier so offenzulegen? Ich weiß, man sollte von ernsteren Kategorien sprechen: von der Verantwortung des Geistes, dem politischen Auftrag des Schriftstellers, seinem Wächteramt über die Sprache. Hohe Worte, große Worte. Aber ist es das wirklich, das uns, Zeitung lesend, durch den Kopf geht? Ich will bei unserer kruden Alltäglichkeit, unserer konkreten Mittelmäßigkeit bleiben. Ich will etwas Gewissenserforschung und etwas aus der Schule plaudern. Ich fürchte also, es kommt noch schlimmer. Ich fürchte, es kommt an diesem

Vormittag vielleicht ein sehr dicker Brief in Großformat: Zeit der Zensuren, die Stunde der Zeugnisse. Drei- oder viermal im Jahr geschieht das ganz sicher: der Verleger schickt die gesammelten Kritiken über das letzte Buch des Schriftstellers. Jetzt setzt wieder eine besondere Art des Zeitunglesens ein, wie sie nur der Schriftsteller kennt. Rezensionen lesen, also Zeugnisse prüfen – mit Sicherheit ist der Vormittag nun verloren.

Ich spreche nicht von Mordanschlägen, also Totalverrissen. Es soll Autoren gegeben haben, die über der Lektüre ihrer gesammelten Kritiken zusammengebrochen sind für immer; doch das meine ich nicht. Wir können den milderen Fall annehmen, daß der Autor geschätzt und geachtet wird von seinen kritischen Kollegen. Es geht also harmonisch bis glimpflich ab, das jüngste Zeitungsgericht. Gleichwohl Erstaunen und wachsendes Verwundern. Unsereiner meint immer, die Presse bestehe aus vier oder fünf Zeitungen, die man auch die führenden nennt. Dieser dicke Batzen, der da kam, sagen wir achtzig bis hundert Rezensionen, belehrt ihn über ein riesiges journalistisches Hinterland, eine europäische Zeitungsprovinz, von der er nie etwas wußte, deren Existenz ihm verborgen blieb. Von Amsterdam bis Wien gibt es trotz allen Zeitungssterbens immer noch massenhaft Blätter. Und merkwürdig: je unbekannter der Name, um so höher die Auflage. Er liest nicht ganz ohne Erstaunen: »Der Brückenbauer / Wochenzeitung des Migros-Genossenschaftsbundes / Auflage: 700 000.« Welch ein Forum, von dem er nie etwas wußte. Die meisten schreiben ziemlich stumpfsinnig dasselbe. Kurz und kleingedruckt kehrt der Klappentext des Buches ungeniert wieder. Nur ein Name steht darunter. »Gustl Hinterhuber«, ist zu lesen. Jetzt versteht der Schriftsteller, warum der Verleger so eifersüchtig auf seinem monströsen Klappentext bestand: Offenbar werden mindestens neunzig Prozent aller Buchrezensionen immer noch von freundlichen Redaktionseleven geliefert, die den Klappentext abschreiben und sich mit der Inbesitznahme des Buches voll honoriert fühlen.

Wichtiger scheint mir die Selbsterkenntnis, die solche Lektüre abwirft. Die Literaturkritik unserer großen Zeitungen ist auf gutem Niveau, wie mir scheint. Sie ist jedenfalls besser als ihr Ruf. Es ist kaum möglich, daß ein gutes Buch durchweg verkannt, ein schlechtes durchweg gerühmt wird. Mindestens im Gegenspiel sehr verschiedener Meinungen pendelt sich meist ein Gesamturteil ein, das man als zutreffend bezeichnen muß. Aber interessiert das wirklich den Betroffenen? Wieder diese frivole Ausnahmesituation, über die man eigentlich nicht sprechen sollte, aber die doch ist: die Wirklichkeit. Der Schriftsteller liest das alles nur unter einem Gesichtspunkt: Lob oder Tadel? Zuckerbrot oder Peitsche – für mich? Jeder Schriftsteller ist in der Tiefe ein Kind. Er will von der Kritik nur eins: Er will gestreichelt werden wie eine Katze, wie ein Kind. Den Kritiker wird er als vorzüglich, als hochkompetent bewerten, der ihm Anerkennung zollt. Je schamloser das Lob, um so qualifizierter der Kritiker. Machen wir uns nur nichts vor: In der Tiefe denken wir alle so. Wir haben Angst vor Tadel, Ablehnung, Liebesentzug. Ich glaube nicht, daß der Schriftsteller durch seinen Kritiker ernsthaft etwas dazulernen will und kann. Was will die literarische Welt von der Zeitung? Der Verleger will Werbung, das Publikum Information, der Schriftsteller aber will Lob – weiter nichts.

Nachmittags dann vielleicht ein Anruf, sagen wir aus Hamburg oder München. Berlin zählt da kaum noch. Wo denn der vereinbarte Text bleibe? Man wolle ihn Freitag mitnehmen für die Samstagausgabe. Die Sekretärin fragt an. Es fragt immer die Sekretärin an, denn der Redakteur ist unterwegs auf einer Konferenz, einer Sitzung, einem Festival in Rom: »nach Diktat verreist«. Es fällt dem Schriftsteller schwer auf die Seele: Tatsächlich, das war einmal ausgemacht worden, irgendwo, irgendwann auf einer Party, zwischen zwei Sektgläsern, und steht nun im Raum, wie man sagt, also in seinem Zimmer, und beugt ihn nieder. Wenn es denn also sein muß: Jetzt oder nie, ran!

Der Autor geht unter das Joch der Zeitung. In jedem Schriftsteller lebt auch ein Masochist. Er liebt den Zwang im geheimen. Wackelkontakt? Jetzt wird das ganz fest: Er schiebt alles weg, was da noch war, seinen Roman, sein Theaterstück, seinen großen Essay. Vielleicht braucht er auch die vierhundert Mark, die da kurzfristig in Aussicht stehen. Er läßt die Jalousien herunter. Er liebt das Halbdunkel, das künstliche Licht. Schreiben ist immer ein Schreiben in Zellen: eine Art Strafarbeit für Fortgeschrittene, für Freigänger im Bewährungszustand.

Der Zwang solcher plötzlichen Straf- und Stundenarbeiten kann etwas Heilsames haben. Er nötigt zu äußerster Konzentration und Verknappung. Wichtig ist immer der erste Satz. Man fädelt und fummelt herum. Man macht das genauso, wie es früher die Mutter zu Hause machte: einen Faden durchs Nadelöhr kriegen. Ist der einmal durch, dann läuft er meistens. Nun schreib, aber bedenke beim Schreiben: Schon auf Seite fünf ist Schluß. Also fasse dich kurz! Nur keine Abschweifungen, keine langen Einleitungen, kein Drumrum – mit dem ersten Satz direkt auf die Sache zu. Die Kürze des Zeitungsbeitrags scheint mir ein sehr gutes Training für Schriftsteller und solche, die es werden wollen. Ich behaupte, ein Zeitungsbeitrag, der zwölf oder fünfzehn Manuskriptseiten umfaßt, ist immer ein schlechter Zeitungsartikel. Er zeigt, daß der Autor seines Stoffes nicht Herr wurde, journalistisch. Er ertrank.

Es mag banal und nebensächlich erscheinen, was jetzt folgt, ist es aber nicht, für den Betroffenen; es gehört zum Thema »Der Schriftsteller und die Zeitung«. Andere sehen jetzt fern oder geben sich vielfältigen Formen der Geselligkeit hin. Manche streiten sich, andere lieben sich auch. Auf jeden Fall: glückliche Verhältnisse. Nicht so hier: Er schreitet allein durch Nacht und Wind und mit jenem Kuvert bestückt, das sein Werkchen enthält, dem Briefkasten entgegen. Dieser nachdenkliche Augenblick dann am Kasten. Ob er auch wirklich heute nacht noch geleert wird? Die Kästen verschweigen das neuerdings. Die Post ist ein schlechter Eilbote geworden: je teurer, um so schlechter. Dieses plötzliche Loslassen des kostbaren Stücks, und wie es dann fällt und weg ist für immer. Nichts geht mehr. Die Sache ist schon gelaufen. Was für eine Existenz, denkt er heimkehrend – schriftliche Verhältnisse, eine Brief-Existenz, ein Papiertiger. Die Parze sang.

Was geschieht weiter? Alle meine Erfahrungen mit Zeitungsredaktionen laufen darauf hinaus: Nichts, es geschieht jetzt gar nichts. Es setzt eine Phase denkwürdigen Schweigens ein. Der Autor, wie gesagt, ist irgendwo in der Tiefe ein Kind: Er möchte gelobt und gestreichelt werden. Er wäre schon dankbar für den Anruf der Sekretärin: Ja, es ist da. Es ist in Ordnung. Es kommt Samstag. Aber nichts dergleichen geschieht. Er hört nichts, nur Schweigen, und da er, immer etwas zwischen Sensibilität und Neurosen schwankend, zu Selbstkritik neigt, ist das Schweigen der Redaktion für ihn auch eine Antwort, ein Gottesurteil. Die wollen das nicht. Offenbar hat es mißfallen. Du mußt versagt haben. Sicher brütet die Redaktion jetzt ratlos über deinem Papier. Wie sag' ich's denn meinem Kind, daß es ein Versager war? Spricht man vielleicht schon von Ausfallhonorar?

Nichts davon ist natürlich der Fall, aber es gibt nach meinen Erfahrungen heute kaum noch Redakteure, die das üben, was man früher einmal »Autorenpflege« nannte. Zugegeben, ein altmodisches Wort, es klingt wie Zahnpflege: sich um ein Adjektiv streiten am Telefon, einen Nebensatz diskutieren, fünf Minuten lang. Das muß sehr lange her sein. Heute ist das so: Die Sache wird sofort in Satz gegeben, sie erscheint prompt, haargenau wie geliefert. Selbst ein paar Tippfehler sind säuberlich mitgedruckt. Niemand merkt das, niemanden stört das, höchstens den Verfasser, aber auch ihn nicht lange. Ein Druckfehler in einem Buch kann jahrelang schmerzen. Ein Druckfehler in der Zeitung ist spätestens am übernächsten Tag vergessen. Ja, ich weiß, ich wiederhole mich, aber das eben ist mein Thema: Es wiederholt sich alles im Leben.

Es gibt weitere Aspekte des Themas. Das Finden des Textes zum Beispiel. Text ist nämlich nicht gleich Text in der Zeitung, wie die Leser, unschuldig und nichts ahnend, immer meinen. Die Redaktion hat Gewalt über den Text. Ich meine nicht Streichungen, Zusätze, Veränderungen, was alles noch zum Redigieren gehören könnte. So etwas geschieht kaum; auch ließe sich ein Autor von einigem Niveau inhaltliche Veränderungen kaum gefallen. Die Macht der Redaktion besteht in den sehr verschiedenen Möglichkeiten grafischer Präsentation. Man kann einen Text von fünf Manuskriptseiten durch eine sehr aufwendige Umbruchtechnik, durch große Balkenüberschriften, zusätzliche Fotos und ähnliches so hochtrimmen, daß er fast eine Zeitungsseite beherrscht, optisch. Die Redaktion kann denselben Text fast bis zur Bedeutungslosigkeit einer Kulturnotiz wegdrücken, indem sie ihn ganz unten, zwanzig Zeilen vor Seitenschluß, anlaufen läßt, um die restlichen hundertvierzig Zeilen auf Seite zwei mehr oder minder anonym weiterlaufen zu lassen. »Fortsetzung Seite 2«, steht ganz klein geschrieben. Es gibt also liebevolle und bösartige Umbruchbilder, aber überschätzen soll man diese Präsentationstechnik auch nicht. Ein schwacher Artikel kann gerade durch Übergröße entlarvt werden. Immerhin, nicht am Honorar, sondern an dieser Form optischen Präsentiertwerdens kann der Autor die hausinterne Wertschätzung seines Beitrags zuverlässig ermessen.

Ich spreche vom Schriftsteller als freiem Mitarbeiter und Zuträger der Zeitung. Der Status ist, ökonomisch gesehen, in der Regel windschief bis wacklig; wieder so ein Wackelkontakt. Für den wirklich ganz freien Schriftsteller kann die Mitarbeit an der Zeitung eigentlich nur neben anderem sinnvoll sein. Vor allem der Funk spielt hier eine ernste Rolle, denn gemessen an der geistigen Leistung des Schriftstellers und dem gegenwärtigen Geldwertverfall ist das heutige Honorarniveau der deutschen Presse, von ganz wenigen Ausnahmen abgesehen, nur als lächerlich zu bezeichnen. Die öffentliche Geringschätzung geistiger Leistungen, die ja in Deutschland einige Tradition hat, ist nirgends deutlicher abzulesen als in der heutigen Honorarpraxis. Schon die Erfindung des Zeilenhonorars und seine Anwendung im Feuilleton muß einmal einem Schwachsinnigen unterlaufen sein. Da wird der Wert eines Textes tatsächlich mit dem Zentimetermaß ermittelt. Der Maßstab heißt wie bei einem Abendkleid: Je länger, um so kostbarer.

Und doch, ich weiß – es gibt Augenblicke, da liebt man diesen wackligen Status, da liebt man dieses Medium, da spürt man als Autor: Das mußt du der Zeitung geben. Was ist das? Was kann der Schriftsteller der Zeitung Spezifisches liefern – nur er und kein anderer? Es wird bei jedem etwas anderes sein, natürlich. Es kann ein Gedicht, ein Tagebuchblatt, ein Reisebericht, ein kritischer Essay sein. Bei mir ist es ab und zu – ja, was ist es? Schwer, sich selbst zu bestimmen. Nennen wir es einmal: Faszination durch den Augenblick, ein Stelldichein mit der Zeit, Bestimmung der Gegenwart, Ablesen, was der Zeiger der Zeit denn zeigt auf dem Zifferblatt, das schon Geschichte meint.

Es gibt diese Vermutung, dieses unklare Gefühl, ein Instinkt, also Riecher und Reflexion zugleich: Du bist der Zeit auf der Spur. Wie sieht sie aus? Du bist wie ein Jäger, der aufbricht zur Jagd. Doch wo ist das Wild? Was ist denn die Zeit, und wo hat sie geschlagen? Und was? Sagen wir: Bundesrepublik Deutschland. Sagen wir: Frankfurt am Main. Das hat natürlich seine Signatur und sein Wasserzeichen, und man geht durch die Stadt und hört und sieht und riecht und schmeckt und sucht. Wo steht sie denn, die Zeit, persönlich? Da will sich etwas zusammenziehen aus sehr vielen Bildern, aber meistens findet man es nicht und geht dann nach Hause. Man geht leer aus.

Schriftsteller, das scheint mir der wichtigste Unterschied zur Arbeitstechnik des Journalisten, finden ihre Wahrheit nicht draußen. Wenn sie sich an die Schreibmaschine setzen, wissen sie nicht genau, was sie schreiben werden. Schriftsteller kommen nicht wie Journalisten beim letzten Satz haargenau dort an, wo sie auch hinwollten. Man hat Vermutungen, Gefühle, Erinnerungen, einen Haufen sehr unklarer Impressionen, und erst indem man zu schreiben beginnt, sich also hingibt diesem Strom der Erinnerung, ihn einfach kommen läßt, beginnt sich das Material zu ordnen. Es ist wie beim Blättern in alten Fotos oder beim Legen von Dominosteinen. Mosaikspiele: Da werden Muster gruppiert und geordnet. Es formen sich Bildsequenzen. Und dann hat man es langsam, was war, was eigentlich war, auf der

Straße. Schreibend erfährt man die Wirklichkeit, die man sah. Man schreibt also:

Gestern da vor der Rotampel, da an der Konstablerwache – schwer zu vergessen, dieses Paar, das da fröhlich und blond in dem offenen VW-Kabriolett saß. Ich sah die Zeit: diesen Augenblick. Es ist schon zum Lachen, daß Menschen so vollkommene Schnittmuster der Zeit sein können, Kalendergesichter. Sie saßen hinter dem Steuer wie eine perfekte Zigarettenreklame. Also, daß der VW rot war und Jeanskäfer hieß, ist nicht das Besondere. Sie waren beide Anfang Zwanzig, und wenn man bedenkt, wie die kapitalistische Gesellschaftsordnung die Menschen entfremdet, entrechtet, unterdrückt und ausbeutet, dann sahen sie eigentlich sehr fröhlich aus, richtig happy. Diskotheken-Visagen, könnte man sagen, massenhaft und doch originell. Wie kommt das? Was spielt da mit? Sie waren beide sehr bleich, sehr blond. Von weitem hätte man sie fast für Geschwister halten können des langen Haars wegen, das aber doch kürzer war als früher. Ich meine, da sei etwas rückläufig, von schulterlang rückläufig zum Bubikopf: Pagengesichter. Sind wir aus dem Gröbsten heraus? Der junge Mann trug keinen Vollbart mehr. Er trug einen Lippenbart. Er trug keine düstere Sonnenbrille. Er trug eine Brille mit zierlichem Goldrand, die ihm etwas ausgesprochen Studiertes, fast Theologisches gab. Ob er neben Marx und Engels auch die Kirchenväter studiert? Mit Augustin wieder anfängt? Er sah mir so aus. Bei dem Mädchen ist festzuhalten, daß ihr Jeansanzug sehr hellblau war, hellblau mit ganz weißen Streifen, und der Stoff offenbar weicher noch als im letzten Jahr. Ich möchte ihr Gesicht als aufgeklärt-marianisch bezeichnen. Nostalgisches und Marxistisches lagen gleichermaßen in ihrem Blick.

Na, und so weiter. Ich will hier nicht fortfahren. Ich will nur sagen: So etwas, zum Beispiel, so ein kleines, ganz präzises Kalenderblatt gehört schon in die Zeitung. Wohin denn sonst? Blätter in die Zeit, Worte in den Wind, Wahrheit in den Tag gerufen. Hört ihr mein Lied?

Die kleine Ewigkeit der Bücher

Versetzen Sie sich bitte in die Lage des Autors. Der Postbote bringt ein Paket, und schon in dem Augenblick, da man es in die Hand nimmt, spürt man unversehens: Das ist kein gewöhnliches Paket. Außerordentliches ist im Kommen: dein neues Buch. Das Paket wiegt schwer, wie zwanzig oder dreißig Belegexemplare eben wiegen müssen. Man öffnet es, reißt all die Wellpappe weg, rupft die Zellophanhülle auf, die so zäh und widerspenstig ist, und hält dann das erste Exemplar in der Hand und betrachtet es etwas hilflos und sehr gespannt, richtig neugierig, wie auch ein junger Vater sein Baby betrachten mag, mit etwas Stolz, etwas Verlegenheit, auch Erstaunen.

Wie fremdartig es wirkt! Ein Buch ist ja etwas durchaus anderes als das, was ein Autor macht. Schriftsteller schreiben keine Bücher – das ist ein weitverbreiteter Irrtum. Schriftsteller haben Ideen, Gestalten, Dialoge im Kopf. Sie werden von Phantasien und Kopfschmerzen heimgesucht. Sie sind mit Stil- und Formfragen befaßt. Zwischen Größenwahn und Zerknirschung, zwischen Ausdruckslust und Todesanfechtungen ziehen sie ihre merkwürdigen Kreise. Sie gehen dem verrücktesten Handwerk der Welt nach. Zu Hause hinter einer Schreibmaschine sitzen wie hinter einem Maschinengewehr. Mit Wörtern genau zielen, mit Wörtern ins Schwarze treffen, damit daraus Zeilen entstehen, die bleiben. In vollkommener Einsamkeit aus Zeilen Seiten machen, die man dann vielleicht wieder zerknüllt und wegwirft in den Papierkorb. Gibt es ein riskanteres und mühseligeres Geschäft? Mindestens wirtschaftlich ist es ein halsbrecherischer Balanceakt. Nach fünf Seiten kann durchaus ein Hemd durchgeschwitzt sein. Welche Gewerkschaft stellt solchen Akkord in Rechnung? Wird die IG Druck und Papier das berücksichtigen bei ihren Tarifverhandlungen?

Ich will sagen: Autoren können im höchsten Fall weißes Papier vollschreiben, also Manuskripte erstellen, nicht mehr. Man bringt sein Päckchen etwas mißmutig zur Post. Gelungen oder nicht, ab damit. Bücher, das will ich sagen, werden von den Verlegern gemacht. Das mag eine Binsenwahrheit sein für den Rest der Welt. Für den Autor ist es jedesmal eine neue Erfahrung: Bücher werden, noch genauer gesagt, von Herstellern gemacht. Plötzlich haben diese fleißigen Hersteller aus deinem wirren Papierberg, in dem so viel Zweifel und Unsicherheit stecken, ein überzeugendes Dokument, eine öffentliche Sache gemacht, einen Gegenstand, der von jetzt an seinen festen Preis haben wird – also Handelsware.

Es ist heute allgemein üblich, den Warencharakter des Buches zu beklagen. Ich kann mich dieser Klage nicht anschließen. Natürlich ist und soll das nun Ware sein. Was denn sonst? Da liegt man nun in der Buchhandlung auf dem Tisch, und ein Zeitgenosse muß sich entscheiden, ob er die dreißig Mark für ein Paar Handschuhe oder für mein Buch ausgibt.

Man schlägt das Buch auf. Im Klappentext liest man töricht Lobendes über sich selbst. Fatal, fatal! Alles wirkt jetzt etwas bedeutender und gewichtiger, als es zu Hause am Schreibtisch gemeint war. In sauberen Lettern, präzis gedruckt, strahlt jeder Satz eine Autorität aus, die man ihm früher beim Schreiben so nicht zugemessen hätte.

Auch gibt es eine Magie des Satzspiegels, von deren Zauberei nur Umbruchredakteure und Lektoren wissen. Was man allein mit der Größe der Buchstaben alles machen kann – reine Zauberkunststücke, wie da aus schmalbrüstigen Manuskripten stattliche Wälzer werden. Etwas Endgültiges liegt vor. Daran kannst du nie mehr etwas ändern. Das kann für oder gegen dich zeugen noch in Generationen. Die Technik der Herstellung hat dir das Ganze weggenommen, entzogen. Man ist wirklich enteignet. Jeder Schriftsteller wird im Buch eine sozialisierte Innerlichkeit.

Worin liegt dennoch der Reiz dieser Konstellation? Natürlich braucht man Verkauf, Erfolg, also Geld. Auch etwas Eitelkeit mag im Spiel sein. Wie denn nicht nach so langer, einsamer und riskanter Arbeit? Das Entscheidende aber geht tiefer. Vielleicht ist es bei anderen Autoren anders. Bei mir jedenfalls ist es immer wieder diese eine Erfahrung: In jedem Buch kommt dir ein kleines Stück Ewigkeit entgegen, sozusagen.

Bücher, obwohl sie genauso schnell vom Ladentisch wieder verschwinden können, wie sie darauf kamen, sind doch auf andere Weise sehr zählebig und widerstandsfähig. Sie sind im wahrsten und besten Sinn des Wortes konservativ. Sie bewahren. Ein Buch bleibt irgendwo, auch wenn es kein Erfolg wurde. Es ist vorhanden, selbst wenn seine Reste weit unter Preis verramscht wurden. Es bleibt mindestens für den Autor etwas, auf das er sich berufen kann. Bitte, das sind meine Bücher. Sie sind nur nicht mehr auf dem Markt. Das Buch ist etwas, das man suchen und nachschlagen kann, das von ernsthaften Menschen zu Hause in Regalen gesammelt wird, das in den Katalogen der Deutschen Bibliothek für immer archiviert wurde: Ganz geht das nicht mehr unter. Es bleibt da ein Rest – von dir. Literatur ist eine Versammlung von Büchern, die überstanden haben. Das werden immer nur ganz wenige sein. Aber auch die vielen, die nicht überstehen, nehmen doch teil an jener kleinen Ewigkeit, die dem Geist zwischen zwei Buchdeckeln bereitet wurde.

Wer zugleich für den Funk, für die Presse, das Fernsehen schreibt, weiß diese Qualität der Haltbarkeit besonders zu schätzen. Was nutzt mir mein schönstes Gedicht, mein glanzvollster Essay in der Wochenend-Ausgabe einer Tageszeitung, wenn ich doch mein Werk schon am Montagnachmittag als Einwickelpapier bei meiner Gemüsefrau zurückgereicht bekomme? So etwas schmerzt den Verfasser. Nichts auf der Welt sei älter als eine Tageszeitung von vorgestern, soll Karl Kraus gesagt haben.

Dasselbe gilt in noch stärkerem Maß für Funk und Fernsehen. Es ist natürlich schön, im Hörfunk hunderttausend, im Fernsehen Millionen Menschen ansprechen zu können. Noch schöner sind die Honorare. Wer könnte, wer möchte auf sie verzichten? Immer noch ist der Funk ein moderner Mäzen, und er sollte sich diese Aufgabe, die im Gesamtetat ohnehin kaum zu Buche schlägt, nicht durch engstirnige Parteipolitik aus der Hand nehmen lassen. Ohne den deutschen Rundfunk gäbe es nämlich nicht die deutsche Literatur, die wir haben. Vielleicht sollte das die zuständigen Politiker bei der Neufestsetzung der Rundfunkgebühren einen Augenblick stutzig machen.

Aber der Preis, den der Schriftsteller für dieses Geld zu zahlen hat, ist auch zu beachten. Er heißt rasches Vergessen. Man unterliegt als Funkautor der rabiaten Verwertungsdynamik der Kulturmaschinen. Der Funk hat kein Gedächtnis, er hat keine Kraft der Erinnerung, er allein bildet keine Tradition. Das Werk Günter Eichs, das wesentlich ein Hörspielwerk war, wäre nie in die Literaturgeschichte eingegangen, wenn es nur gesendet worden wäre. Eichs Gedichte hätten nicht eine ganze Generation nachwachsender Lyriker beeinflussen können, wenn sie nur im Funk publiziert worden wären. Erst als Buch traten sie in ihre geschichtliche Wirksamkeit ein.

Nur Bücher bilden Tradition. Unsere ganze Kultur ist in Büchern gespeichert, einstweilen jedenfalls noch. Später soll das ja von Kassetten, von Taschenrecordern und Bildplatten übernommen werden, so hört man jetzt. Ich bin da doch skeptisch. Ich glaube, daß die neuen Medien, die tatsächlich große Zukunftschancen haben, daneben treten, Ergänzungshilfe leisten werden. Die zentrale Sammelstelle des Geistes wird immer das Buch bleiben. Hätten wir keine Bücher mehr, so hätten wir keine Erinnerung, also keine Geschichte mehr. Das ist es, was ich mit der »kleinen Ewigkeit« meine.

Was immer sie auch mit dem Buch machen, es kaufen oder auch nicht, es verschenken oder nicht, es lesen oder nicht – nur eines tun Leser gemeinhin noch nicht: es wegwerfen. Das Wegwerfen ist, wie wir alle wissen, das Grundgesetz jeder funktionierenden Verbrauchergesellschaft. Man muß Zeitungen, Zeitschriften, Radios, ja sogar Autos wegwerfen – zu ihrer Zeit. Mit dem Buch leisten wir immer noch Widerstand gegen dieses moderne Grundgesetz. Wer wirft schon Bücher weg – mit gutem Gewissen? Da wehrt sich etwas in uns ganz tief. Da widerspricht etwas diesem eisernen Konsumgesetz. Da wird etwas bewahrt, das man nicht wegwerfen sollte. Wenigstens das schlechte Gewissen, das uns beim Wegwerfen von Büchern überfällt, erinnert uns daran, daß das Buch eine besondere Ware ist. Am Anfang war das Wort – am Ende aber war das Buch.

Beruf: Schriftsteller

Ganz sicher: In dieser fast schon exotischen Schlange der freien Berufe, die sich heute durch die Zeit zieht, ist er das schwächste Glied, sozusagen ihr zartes, fast trauriges Schlußlicht. Wer steht noch schutzloser, wer noch freier da? Der Beruf eines Arztes, eines Steuerberaters, eines Rechtsanwalts ist, gemessen an dieser zierlichen Kunstfigur, eine solide, fast robuste Existenz, der überdies, unverändert durch alle Wandlungen der Zeit, der Geruch bürgerlicher Wohlanständigkeit blieb. An Ärzte und Anwälte kann man immer noch sorglos seine Töchter verheiraten. Kann man dies auch an Schriftsteller? Man kann es nicht, meine ich, nicht mit gutem Gewissen und als betroffener Vater. Welch ein verwegener Sprung in dies fremde Land der Freiheit! Welch ein Risiko, lebenslänglich!

Ist Schriftsteller im bürgerlichen Sinn überhaupt ein Beruf? Ist der Schriftsteller nicht eher der Artist, der Außenseiter, der Exzentriker, der nicht einkalkulierbar ist? Um es vorweg zu sagen: Schriftsteller ist ein Beruf. Was denn sonst? Der Schriftsteller ist im Zeitalter der modernen Massenkultur und der elektronischen Medien ein wichtiger Faktor der Bewußtseins-Industrie, ein Arbeiter, beinah wie jeder andere. Sein Beruf hat fast politischen Rang. Aber alle Tendenzen der nivellierenden Epoche, in der wir leben, sind ihm unhold, sind ihm feindlich gesinnt. Er soll sein, der freie

Schriftsteller, natürlich. Wo kämen sonst die Fernsehspiele, die Filme, die Romane, die Hörspiele her?

Randfiguren der holzverarbeitenden Industrie hat man sie einmal genannt, doch gibt diese ungewöhnliche Perspektive nicht mehr her als einen guten Titel fürs Feuilleton. Ich selber möchte den freien Schriftsteller als den letzten Heimarbeiter bezeichnen. Seine Existenz trägt anachronistische Züge, die beinah lachen machen. Er produziert noch immer, auf handwerklich-frühkapitalistischer Basis, zu Hause, stück- und fallweise wie ein Schuster im späten Mittelalter. Er erzeugt schöne Sachen. Wer will sie haben? Er ist der letzte Einzelgänger in einer Gesellschaft, die sich längst darauf geeinigt hat, daß nur in der Gruppe, im Team, im Kollektiv produziert wird.

Ebendas aber funktioniert bei ihm nicht: Gruppendynamik. Weder Weltrevolutionen noch die Siegeszüge der Kybernetik konnten an seiner solistischen Produktionsweise etwas ändern. Das Schriftstellerkollektiv ist ein Widerspruch in sich. Man hat es von Zeit zu Zeit in Augenblicken revolutionärer Hoffnungen immer wieder versucht, aber es führte zu nichts. Es kann zu nichts führen, denn die Literatur ist das Medium, in dem der Mensch zum Menschen, der einzelne zum je einzelnen spricht. Die Literatur drückt aus, formt, gestaltet, was dem Menschen widerfährt an Schmerz, auch an Glück, an Erniedrigung und Entrechtung. Sie ist, nach seinen Niederlagen in der Wirklichkeit, sozusagen die zweite Instanz, in der sein Prozeß noch einmal aufgerollt wird: das humane Gericht. Es werden immer nur einzelne sein, die für den einzelnen plädieren können. Der Schriftsteller kommt aus dieser ärgerlichen Privatheit nicht heraus. Sie ist die Basis seiner Arbeit und der Grund der Faszination, die sie im günstigsten Fall auslösen kann.

Der letzte Heimarbeiter: Gewiß, der Schriftsteller schreibt heute nicht mehr mit dem Federkiel, sondern mit der elektrischen Schreibmaschine. Er malt nicht mehr liebevoll-umständlich auf Pergament wie seine Vorfahren, die Mönche; aber wie diese sitzt der Schriftsteller heute noch immer, wenn er schreibt, allein in seiner Zelle, Arbeitszimmer genannt, in strenger Klausur über Papier gebeugt. Schreiben heißt in Klausur gehen. Verfertigt er heilige Texte? Keine Spur. Was macht er? Er will seine Sache in Wörter umsetzen. Er will sein Stück Wahrheit zur Sprache bringen, in eine Sprache, die wahr, präzis und suggestiv zugleich ist. Die Sprache soll ja treffen: die Sache und die Leser.

So arbeitet er mutterseelenallein. Wer bezahlt ihm die Stunden, die nutzlos waren, die er nur vor sich hin sann, scheinbar nichtstuend? Er macht alles auf eigenes Risiko. Aus dieser braven, ausgeleierten Muttersprache, die wir alle dauernd verhunzen, versucht er Funken zu schlagen, will er Kunstwerke machen, fast wie Gott einst aus Lehm Menschen schuf. Und während er dies tut, läuft die Miete weiter, kommen Aufforderungen zur Steuerzahlung, kommt die Frau, will Geld, kommt der Hund und bellt, kommt eine Gewitterwand aufgezogen, die ihn müde, schlapp und gereizt zugleich macht. Was kommt noch? Eine einsame und ziemlich gebrechliche Existenz, auf der die Gewichte der Welt gleichwohl bleischwer liegen. Wer weiß das? Wer spricht davon später?

Laut *Autorenreport* soll es in der Bundesrepublik achttausend schreibende Individuen geben, achttausend Professionelle; doch ist Mißtrauen hier angebracht. Was besagt schon Statistik in dieser Branche? So gut wie nichts. Da sind die Verfasser von Handbüchern über die Bienenzucht und den Ottomotor ebenso mitgezählt wie die Autoren der

Koch-, der Schul-, der Pudelbücher. Auch Verfertiger von Groschenheften gelten arbeitsrechtlich als Schriftsteller. Der Berufsstand ist ja offen, »frei«, nicht lizenziert: Jeder, der einmal ein paar Zeilen publiziert hat, kann sich ein Leben lang ungestraft »Schriftsteller« titulieren. Abstriche sind also ganz unumgänglich.

Die Zahl der belletristischen Autoren, was immer das sei (sie meint auf jeden Fall auch die Verfasser von Lore-Romanen), wird in der Bundesrepublik auf tausendzweihundert gerechnet. Halbiert man die Zahl noch einmal, so kommt man ungefähr auf sechshundert Namen, die in der Verlagsbranche als Zulieferer von allerlei Manuskripten eingeführt sind. Halbiert man diese Zahl noch einmal, so erreicht man endlich die Zahl der Autoren, die im literarischen Sinn als Schriftsteller gelten. Das PEN-Zentrum Bundesrepublik Deutschland hat heute fast fünfhundert Mitglieder. Etwa dreihundert aus diesem buntscheckigen Klub der Wohlmeinenden wird man bei großzügiger Auslegung ihrer Tätigkeit als Schriftsteller dieser Zeit und dieser Republik bezeichnen dürfen. Nur für sie schreibe und plädiere ich hier.

Ein freier Berufsstand aus dreihundert Personen, zählt das? Ist er überhaupt der Rede wert? Ich glaube schon, denn ebendiese dreihundert produzieren das, was man die deutsche Literatur der Gegenwart nennt: Lyriker, Romanciers, Dramatiker, Essayisten, Kritiker, Film- und Fernsehautoren. Sie zusammen formen und gestalten die literarische Kultur. Sie machen unser literarisches Leben aus. Wären wir eine Kulturnation, wie unsere Politiker dies bei Festreden gern beschwörend behaupten, hätten wir Deutsche wenigstens so viel Respekt vor der Literatur, wie es die Franzosen, die Polen, die Russen und die Engländer haben, so würden diese dreihundert eine geistige Macht, eine öffentliche Autorität darstellen, auf die man hörte, die man respektierte, auch an den Spitzen des Staates.

Natürlich kann davon keine Rede sein. Abgesehen von ganz wenigen berühmten Namen, die infolge ihrer Prominenz schon einen außerliterarischen Rang einnehmen, fristet der deutsche Schriftsteller normalerweise in der Prestige-Hierarchie der deutschen Öffentlichkeit ein eher harmloses Kümmerdasein: halb Geheimtip für Eingeweihte, halb skurriler Sonderling. Kann man denn davon leben? Was schreiben Sie? Wie heißen Ihre Bücher? Meine Frau wird das interessieren. Ich komme nicht zum Lesen, leider. Es fehlt mir einfach die Zeit. Aber meine Frau. So ist das meistens.

Wenn die Zeit der Lesereisen kommt, also zwischen der Buchmesse und Weihnachten, die einzige Zeit, da in Deutschland Bücher wirklich gekauft werden, als Geschenkartikel nämlich, dann erfährt der Schriftsteller seine gesellschaftliche Rolle ganz hautnah. Achtzig bis hundert Liebhaber seiner Sachen werden sich in jeder besseren Kreisstadt einfinden, die Kulturelite am Ort, ungefähr so viele, wie auch sonntags in dieser Stadt zur Kirche gehen. Christliche Kreise, literarische Kreise; sie haben wenig gemeinsam. Nur ihr Marktwert scheint, statistisch gesehen, heute von ähnlicher Größenordnung zu sein. Es ist also von kleinen Verhältnissen, von einer begrenzten Öffentlichkeit zu berichten. Er ist in der Regel ein Kleinmeister der großen Anliegen: der deutsche Schriftsteller.

Seine Arbeit, sein Alltag: Es ist von unbezweifelbaren Vorzügen zu berichten. Sie sollen hier nicht verschwiegen sein. Er muß sich zum Beispiel nicht zu nachttrunkener Zeit von schrillen Weckern aus tiefem Schlaf reißen lassen. Er braucht sich morgens nicht in die Straßenbahn zu zwängen, lauter *Bild*-Leser um sich. Er muß auch nachmittags nicht im Stau der Rush-hour in diesen mörderischen Autoschlangen Giftgase einatmen. Es gehört zum Glück seiner insularen Existenz, seiner altmodischen Heimwerkstatt, daß er noch gewisse Freiräume hat, über die er selber verfügen kann. Wann und wo und wie gehe ich nun an die Arbeit? Ein Rest von humaner Selbstbestimmungsmöglichkeit ist hier noch im Spiel. Sie ist nicht groß. Sie ist mit Sicherheit nicht so groß, wie es das schöne Schlagwort vom »freien Schriftsteller« wahrhaben will. So frei ist er ja auch wieder nicht. Aber einzuräumen ist: Das hohe Maß an Fremdbestimmung, das heute die Industriegesellschaft von ihren Mitgliedern verlangt, ganz gleichgültig übrigens, ob sie sich »kapitalistisch« oder »sozialistisch« organisiert, teilt er nicht.

Der Schriftsteller stellt sich selber die Themen, die Aufgabe, das Werk. Zunächst und am Anfang kann ihm hier niemand hineinreden. Er arbeitet nur das, was er will, was ihm sinnvoll und richtig erscheint. Er kann auch wirklich noch wie der Schuster früher eigenhändig ganze Stücke herstellen. Sinnlosigkeitsgefühle bei der Arbeit, wie sie heute millionenfach am Fließband erlebt werden, sind nicht sein Schicksal. Im Gegenteil: Schreibend erlebt er so etwas wie Werkfreude und Sinnstiftung, also humane Genugtuung. Es macht nicht nur Mühe, ein gutes Buch zu schreiben. Es macht auch Freude, wenn es einmal in Gang gekommen ist. Das soll nicht geleugnet werden. Wie käme es sonst zu diesen wunderlichen dreihundert, die deutsche Literatur genannt?

Aber das war es dann auch, das Positivum. Mehr Erfreuliches ist über diesen Berufsstand nicht zu berichten. Der Rest ist ein dauernder Balanceakt, ein Kunststück auf sehr hohem Trapez, bei dem man dauernd abstürzen kann.

Anfechtung, Heimsuchung, oft blanke Not – was weiß die Gesellschaft davon? Warum spannt sie ihm keine Netze? Warum hilft sie ihm nicht, materiell? Warum ist sie so gleichgültig, man darf schon sagen: kaltschnäuzig gegenüber denen, die sie doch in sonntäglichen Feierstunden ab und zu in den Himmel hebt? Das Volk der Dichter und Denker, warum feiert es seine Klassiker, also seine Toten, läßt aber seine lebenden Poeten eiskalt und ohne es meist zu bemerken, vor die Hunde gehen?

Man muß sich die Lage konkret vorstellen: Der Schriftsteller betritt des Morgens kein Büro wie der Rechtsanwalt. Er kommt nicht in die Praxis wie der Arzt. Er zieht sich in sein Schreibzimmer zurück. Sein Büro ist seine Einsamkeit. Wird es heute gehen? Da er zu den Sensiblen, den Reizbaren, den Feinfühligen der Nation gehört, ist er viel anfechtbarer als seine robusten Kollegen. Wie tief er geschlafen hat, ist wichtig. Wie das Wetter heute ist. Ob seine Allergie wieder zu wirken beginnt. In der Wohnung einen Stock höher wird heute wie wahnsinnig gebohrt und gehämmert, oder Musik dringt von unten herauf, lenkt ihn dauernd ab, läßt ihn verzweifeln. Es geht ja jetzt nicht um Geschäftskorrespondenz: Sehr geehrte Herren, wie wir Ihrem Brief vom 17. entnehmen... Es geht um Kreativität, also Neuschöpfung. Sie fordert äußerste Konzentration, letzte Angespanntheit; literarisch produzieren heißt ja aus der Tiefe des Unbewußten schaffen. Schon unsere meisten Neubauwohnungen taugen dazu nicht. Sie sind zu hellhörig, zu laut. Man kann auch das Telefon nicht abstellen. Es klingelt immer dann, wenn man endlich gut beim Arbeiten ist.

Der Schriftsteller ist der klassische Einmannbetrieb: Er ist Planer und Produzent, er ist Manager und Verkäufer seiner selbst in einer Person. Es hängt alles von ihm, ihm ganz allein ab. Keiner tritt für ihn ein. Niemand kann seine Arbeit an der Sprache übernehmen. Wenn er sie nicht selber macht, wird nichts entstehen. Er kann sich für Krankheitstage, für Urlaubswochen keinen »Vertreter« bestellen. Kann er sich das überhaupt leisten, krank zu sein? Wer bezahlt seine Novembergrippe? Wer finanziert ihm die Urlaubstage? Wer zahlt ihm Weihnachtsgeld? Wer sorgt für sein Alter vor? Wenn er das nicht alles selber tut, wird er zugrunde gehen. Wen schert das ernstlich in diesem Lande?

Tatsächlich ist die Zahl derer, die diesen Streß nicht durchhalten, groß. Das muß nicht immer mit totalem Zusammenbruch, mit dramatischem Selbstmord enden, obwohl die Zahl der Selbstmorde von Schriftstellern hoch ist. Es geschieht meist in verfeinerter, kultivierter Form: das Sterben eines Schriftstellers. Wie stirbt ein Schriftsteller heute? Ach, ich sah es so oft. Sich aus der Ungeborgenheit der freien Existenz unter das schützende Dach einer Institution retten, in eine Rundfunkanstalt eintreten, eine Professur übernehmen, als Lektor sich einem Verlag andienen: Ja, es ist besser so. Es ist doch sicherer. Und außerdem: Ich kann ja nebenher schreiben, das Schreiben geht weiter, bestimmt. Das sind die freundlichen Selbsttröstungen, die schönen Lügen, mit denen sich das Ende einer Schriftsteller-Existenz ankündigt.

Unzählige sah ich auf diese lautlose, fast sanfte Weise dahinsinken in dreißig Jahren. Lauter Niederlagen, die noch eine Weile verschwiegen, beschönigt werden. Gefällte Opfer. Zehn Jahre später vielleicht, vielleicht in einer ehrlichen, einsamen Stunde, gesteht er es sich ein: Es ist aus mit meiner Literatur. Da kommt auch nichts mehr. Meine Kreativität ist kaputt. Immerhin, sagt die Gattin, du bist jetzt Direktor des Instituts für... Eben, erwidert er, noch ein Direktor mehr in Deutschland. Nur ein Rest von Resignation, ein Gefühl von Verfehlung und Bitterkeit werden bleiben. Solche Tode sind meistens nur am Mundwinkel, in ein paar Falten unter den Augen zu diagnostizieren. Etwas ist tot – für immer.

Es sind nur ganz wenige, es sind, statistisch gesehen, noch viel weniger als dreihundert, die ein Leben lang die ganz freie Existenz durchhalten. Man könnte diese Gruppe, die die deutsche Literatur heute ausmacht, durchaus noch einmal halbieren. Man kommt dann auf hundertfünfzig bekanntere Schriftsteller, die tatsächlich ganz frei nur von Honorareingängen leben können. Ich meine hier nicht die Verfasser populärer Romanwälzer-Reihen. Ich meine die Arbeiter an der Sprache, die Wortkünstler dieser Jahre. Es muß sich um eine Form von Besessenheit handeln. Es muß dieser ganz aus der Tiefe getrieben sein. Ein Schriftsteller sein heißt einfach nicht anders leben können als schreibend. Schreiben als Ausdruckszwang und Ausdruckslust. Dieses zweite, bessere Leben auf dem Papier. Wer dies nicht muß, sollte die Finger davon lassen. Früher oder später wird er immer scheitern.

Was tut die Gesellschaft für diese Schwerarbeiter? Wie begegnet sie ihnen? Alle meine Erfahrungen gehen dahin: Sie macht ihnen nach Kräften das Leben schwer. Sie macht es ihnen fast unmöglich. Früher einmal war der Verleger der natürliche Gegner des Autors. Das anschaulich-drastische Wort von den Verlegern, die aus den Gehirnschalen ihrer Autoren genüßlich Sekt schlürfen, hinterher, ist bekannt, ist da und dort immer noch zutreffend, aber entspricht nicht mehr der vollen sozialen Wirklichkeit. Verleger sind, obwohl die Zeit ihrer großen Persönlichkeiten sicher dahin ist, immer noch Personen. Ich meine: Man kann sie von Fall zu Fall fassen, haftbar machen, man kann mit ihnen reden, sich mit ihnen arrangieren. Man kann ihnen gelegentlich auch drohen. Es gibt natürlich auch hier kräftige Blutsauger und raffinierte Ausbeuter, aber sie sind die Ausnahme. Ob gut oder schlecht – immerhin sind es Menschen. An Menschen kann man herankommen. Man kann sie verantwortlich machen, zuweilen.

Heute sind es die großen, anonymen Bürokratien, die dem Schriftsteller das Arbeiten erschweren, ihm das Leben unmöglich machen: der Staat und unzählige Institutionen. Das Finanzamt behandelt ihn zum Beispiel als selbständigen Unternehmer. Ist er das wirklich? Kann er denn wie ein Unternehmer auf dem Markt die Preise für seine Produkte selber diktieren? Man weiß, daß seine »Honorare« – schon das Wort ist purer barocker Schmus – auf der Seite der Abnehmer fest fixiert sind. Sie haben heute fast den Charakter von Tariflöhnen. Es gibt keinen Markt, auf dem ein Autorenhonorar frei ausgehandelt würde. Überall stößt der Autor auf Tarife, also fixe Sätze.

Weiter: Als verkaufte der Schriftsteller Schuhe oder Autos, wird er zur Umsatzsteuer veranlagt. Wieso eigentlich? Sind literarische Texte so stabil und volkswirtschaftlich erheblich wie Lederwaren? Warum wurde den Ärzten die Mehrwertsteuer gestrichen, den Schriftstellern nicht? Es ist vor allem der bürokratische Aufwand an Arbeit, der zusätzlich entsteht. Der literarische Einmannbetrieb möchte vielleicht ein Buch über Israel oder Portugal schreiben. Er muß aber zu Hause bleiben. Er muß dem Finanzamt eine Umsatzsteuer-Voranmeldung abgeben, er muß pünktlich zahlen. Tut er das nicht fristgerecht, sitzt er vielleicht in Tel Aviv oder Lissabon über Papier gebeugt, so kann sehr schnell der Gerichtsvollzieher bei ihm vor der Haustür stehen. Diese Leute sind ja nicht zimperlich. Selbst wenn es nur um die Eintreibung von hundertfünfzehn Mark geht, kommen sie vom Finanzamt mit Handwerkern, manchmal auch mit einem Polizisten, und lassen dir das WKS-Schloß aufbohren und dringen ein in die stille Klause und heften einen Kuckuck auf den Perserteppich: deine Umsatzsteuer. Mir ist das einmal, als ich auf Reisen war, in Frankfurt am Main geschehen.

Weiter: Wenn schon »selbständiger Unternehmer« – jeder Unternehmer kann Betriebskosten und Investitionen absetzen. Er kann bei der Steuer seine Häuser, seine Angestellten, seinen Autopark geltend machen. Er kann in neue Unternehmen investieren. Was kann der Schriftsteller? Er kann seinen Kugelschreiber, sein Papier, seine Schreibmaschine »absetzen«. Er darf ein Drittel seiner Monatsmiete dazulegen. Was noch? Ich meine: Er wird für sein unvergleichliches Berufsrisiko viel zu hoch und zu undifferenziert besteuert. Er wird eben wie ein Schuhfabrikant behandelt – vom Staat. Hat der Schriftsteller ausnahmsweise einmal ein gutes Jahr, so wird ihm das gute Geld weggesteuert, als sei dies eine Jahr die Regel gewesen. Daß er zehn Jahre zuvor vielleicht, nur über Papier gebeugt, ein Kümmerdasein führen mußte, schlägt nicht zu Buche. Hat der Schriftsteller einmal einen wirklichen Bucherfolg, und erfahrungsgemäß hat er einen wirklich großen Erfolg nur einmal im Leben, so wird ihm der schöne Gewinn nicht zur Bildung von Rücklagen, etwa für eine Alterssicherung, gegönnt. Bei unserer gegenwärtigen Steuergesetzgebung ist es für den Schriftsteller faktisch unmöglich, wirklich Kapital zu bilden. Er kann immer nur von der Hand in den Mund existieren. Was ist das eigentlich für eine freie Gesellschaft, die mit ihren »Freiesten« so umspringt?

Aber es ist nicht nur der Staat, der dieses böse Spiel mit ihm treibt. In den letzten Jahren sind neben den Staat viele Institutionen getreten, die ihm auf jene erstaunlich hartnäkkige Weise versessener Bürokraten von Zeit zu Zeit das Leben zur Hölle machen. Es senkt sich immer mehr, immer dichter ein riesiges Netz der Bürokratie über den Einmannbetrieb nieder, lähmt ihn und erdrückt ihn mit Formularen, mit Briefen, mit Fragebogen. Dauernd soll er sich erklären. Wem gegenüber eigentlich? Dauernd diese Nachfragen, Bescheide, Aufforderungen. Ein Verwirrspiel anonymer Mächte, das ihn ziemlich in Atem hält.

Der Schriftsteller ist zum Beispiel vom Österreichischen Rundfunk zu einer Fernseh-Diskussion geladen. »Bitte, bringen Sie uns Ihre beglaubigte Wohnsitzbestätigung mit«, schreiben die freundlichen Wiener, »damit wir Ihnen keine Mehrwertsteuer berechnen müssen.« Wie nett, denkt der Schriftsteller, daß du nicht zweimal zur Mehrwertsteuer gebeten wirst. Er ist also einen halben Tag durch die Stadt gelaufen, vom Polizeipräsidium zum örtlichen Polizeirevier, von dort zum Einwohnermeldeamt, das schon geschlossen hatte, nachmittags um drei. Er ist am nächsten Tag wieder erschienen, er hat sein Anliegen vorgetragen, bis er schließlich erfuhr, daß es ein Formular »Wohnsitzbestätigung« in der Bundesrepublik nicht gibt. Es gibt nur eine Meldebestätigung. Was nun? Was tun?

Seit fast drei Monaten führt der Schriftsteller einen langwierigen und aufwendigen Briefwechsel mit einer deutschen Rundfunkanstalt. Nicht mit dem zuständigen Redakteur; das wäre kein Problem. Er korrespondiert mit einem Herrn Müller aus der HA Personal, Honorare, Lizenzen. Der Mann ist wahrscheinlich ein braver Beamter, ein netter Zeitgenosse, privat, aber er macht mit seinem Papierkram, den er bewegt, jedem Höllenbild eines Großinquisitors Ehre. Es geht um ein Honorar von ein paar tausend Mark, die Herr Müller nicht rausrückt.

Als zwei Monate nach der Frist noch immer kein Geld

eintrifft, fragt der Schriftsteller vorsichtig nach. Nach zehn Tagen kommt tatsächlich ein dicker Brief mit unzähligen Fragebogen. »Sehr geehrter Herr, mit Wirkung vom ... werden Ihre Honorare mit Hilfe der Elektronischen Datenverarbeitung (EDV) abgerechnet. Zur Ermittlung der Sozialversicherungspflicht (gleichzeitig auch Lohnsteuerpflicht) bitten wir um Rücksendung der beigefügten Fragebogen ...« Der Schriftsteller hat das alles getreulich ausgefüllt, doch es nutzte nichts. Es ergab sich eine weitere Korrespondenz, ob er als »selbständiger Gewerbetreibender« zu betrachten sei. Sei dies so, so habe er »eine Befreiungsbescheinigung des zuständigen Finanzamtes« vorzulegen. Sei dies nicht so, »so bitten wir um Zusendung einer Lohnsteuerkarte«.

Der Fall ist noch nicht abgeschlossen. Er wird sich noch in die Länge ziehen. Das Honorar wird so bald nicht kommen. Das ist sicher. Die ganze Geschichte ist in Wahrheit reiner Wind. Es sind nichts als Bürowinde, die hier ziehen. Er ist einfach ein »freier Schriftsteller«. Er braucht weder Befreiungsbescheinigungen noch Lohnsteuerkarte. Wann wird man das in der HA Personal begreifen? Wie viele Briefe noch?

Das, ungefähr, ist heute seine Lage. Der Schriftsteller war ja kein Egoist und kein Unmensch. Er wußte, daß manches gut gemeint war vom Sozialstaat. Es hing irgendwie mit dem Trend der Zeit zusammen, der immer mehr Gerechtigkeit und Gleichheit für alle wollte, also auch eine ungeheure Verwaltungsmaschine, eine gigantische Bürokratie erzeugte. Schon gut, schon recht, dachte er manchmal. Gerechtigkeit soll sein. Nur auch für dich, bitte! Wer mehr wagt, sollte auch mehr gewinnen dürfen – oder? Wer schöpferisch ist, sollte auch mehr freien Raum zum Schaffen haben. Warum engt man dich so ein? Manchmal dachte er ganz nüchtern: Wie lange noch? Wie lange wirst du diese Anspannung noch durchhalten?

Aber wie es bei Besessenen nun einmal ist: Er ging dann wieder in Klausur. Er fing wieder an – zu schreiben.

VII Nachworte, literarisch

Der große Verberger: Koeppen

Zuletzt hatte ich ihn in Köln beim Fernsehen gesehen. Es war eine jener qualvollen Kulturoperationen, die man auf deutsch Ampexen nennt. Sie kennen das? Für die Betroffenen, die »geampext« werden, ist das kein Spaß. Man ist über allerlei Kabel und Drahtwerk ins Studio gestolpert, das eigentlich wie ein wohlausgestatteter Pferdestall aussieht. Man sitzt auf einer leeren, kalkweißen Bühne, etwas verloren, etwas verängstigt und schon leicht vergrämt. Man sitzt um diesen wohlfeilen Couchtisch zum wohlfeilen Kulturgespräch. Stellwände, Kameras, Scheinwerfer, fröhliche Jugend um einen. Man wird dauernd belehrt, beraten und befummelt, von Künstlerhänden. Man hat schon seine Schminke auf und ist frisch frisiert. Kulturjünglinge ziehen Kreidestriche um unsere Füße: Bitte, nur bis hierher das Bein bewegen, nicht weiter.

Nach einer Stunde wird es plötzlich ganz still im großen Pferdestall, die Scheinwerfer werden noch heller, noch gleißender, dritter Verhörgrad, wie beim Staatssicherheitsdienst. Über Lautsprecher kommt die letzte Anweisung für uns: »Also fertig jetzt, auf Rotlicht achten, bitte auf Handzeichen: achtundzwanzig Minuten das Gespräch, aber nicht länger. Bei fünfundzwanzig geben wir das erste Stoppzeichen. Und vergessen Sie nicht: ganz natürlich, ganz locker! Abfahren!«

Also seit damals, als wir geampext wurden, hatte ich ihn nicht wiedergesehen. Es war mir klar, als ich jetzt nach München kam, daß ich Außerordentliches aufbieten müßte, um ihn aus seiner Verborgenheit herauszulocken. Außerordentliches? Austern zum Beispiel, fiel mir ein. Mit Austern würde es vielleicht gelingen. Natürlich nicht Austern allgemein, sondern diese besondere, delikate Art, die nur der Patron Preisenberger vom Restaurant La Bonne Auberge am Oskar-von-Miller-Ring zubereitet.

Ich saß mit Wolfgang Koeppen in München beim Austernessen, und es war, wie es immer mit Koeppen war: nett. Köstliche Küche ist etwas zu Heiliges, als daß man sie durch Geschwätz verderben dürfte. Dafür habe ich Sinn. Also mehr lächeln, mehr freundlich nicken, schweigen, schlürfen, nachreichen. Noch etwas Zitrone, Herr Koeppen? Ist Ihnen der Wein nicht zu kühl? frage ich. Erinnerungen an Köln: Ja, es war furchtbar, entsetzlich. Er werde jedesmal ganz krank, wenn er sich im Fernsehen sehe. Später, als die Austern abgetragen sind, nachdenkliche Auskünfte über die Wohnungslage. Wohnungen sind für Schriftsteller Lebensfragen. Sie sind die Präliminarien des Schreibens. Sonst kommt da nichts.

Koeppen berichtet leise, stockend, lächelnd, vergangene und gegenwärtige Wohnungssorgen zusammenfassend. Damals die Fatalität mit den Kindern auf der Straße, die direkt vor seinem Arbeitszimmer sich zu fröhlichem Spiel einfanden, daran erinnere ich mich. Auch an den Ärger mit dem Hauswirt, an den plötzlichen Auszug. Bei der Wohnung jetzt gebe es neue Vorzüge und Nachteile zu bedenken. Die Isar zum Beispiel, die rausche noch lauter, als man gedacht habe. Koeppen erörterte auch die Konstellation der Himmelskörper. Er, Frühaufsteher, liebe den Sonnenaufgang, aber sein Zimmer habe nur Westfenster. Jeden Abend müsse er hier den Sonnenuntergang ertragen. Ob er wohl wieder umziehen werde, frage ich und denke: Gleich wird jetzt die Geschichte mit dem Auto kommen. Der uralte DKW – das war auch so ein beliebtes Gesprächsthema zwischen uns: prekär, fatal und etwas komisch. Es half über viele Pausen, lächelnd.

Ich wußte: Er ist noch immer der alte – der große Verberger, der Weglächler, der Schweiger, der spärliche Anekdotenerzähler, der alte Chinese, der sich sehr artig und höflich verweigert. Riten des Draußenbleibens, das kannte ich. Was ging eigentlich hinter der Stirn vor? Ich dachte: Eigentlich sieht er noch gut aus. Seit zwanzig Jahren hat er sich nicht mehr verändert. Er wird nicht mehr älter. Er ist Mitte Siebzig, aber er könnte sich gut als jünger ausgeben. Sein Gesicht ist noch immer faltenlos, leicht gerötet. Blonder Typ; man könnte in ihm einen versonnenen Botanikprofessor oder auch einen etwas einzelgängerischen Cellisten im Städtischen Sinfonieorchester vermuten. Warum sehen außerordentliche Menschen eigentlich immer so durchschnittlich aus? Und warum wird aus all diesen Disco-Göttern und dem Künstlergekrause Schwabings zuletzt doch nur ein Allianz-Vertreter oder, wenn es hoch kommt, ein Lektor bei Droemer?

Ob mir die Leute vom Bau, die Literaturkritiker, widersprechen werden? Für mich war er, ist er und bleibt er der größte Schriftsteller unter den lebenden Deutschen, und sitzt doch da wie jeder: bescheiden, unauffällig, beinah mittelmäßig. Warum, bitte, sind die Großen immer so »unmusisch«? Nur diese großen, fragenden blauen Kinderaugen, sein zögerndes Lächeln hinter dicken Brillengläsern verraten, daß hier vielleicht etwas mehr sein könnte als Cellomusik. Er hat jene dichte und herrlich rhythmisierte Prosa in die deutsche Sprache eingeführt; er hat die deutsche Literatur der fünfziger Jahre auf außerordentliche Weise geformt und bereichert. Ein Werk von strahlender und präziser Melancholie. Ein abgründiger Kosmos oder eher ein Chaos der Unterirdischen? Götter von schwarzer Hautfarbe, eine Welt von Soldaten, Künstlern, Schiebern, Bürgern, Huren, Frommen und Jazzbläsern. Das Epos der Nachkriegsjahre – wer schrieb es größer? Wohin verläuft sich solch Gedränge? In welche Falten sackt das zurück? Wie nimmt man eigentlich eine ganze Welt, die man schuf, wieder in sich zurück?

Ich weiß, ich weiß: Jetzt müßte endlich die eine, die notwendige, die seit Jahrzehnten fällige Frage kommen. Alle warten darauf. Kindsköpfe würden jetzt also fragen: Ach, lieber Herr Koeppen, wann kommt denn nun eigentlich Ihr neuer Roman? Aber von so plumper und unflätiger Art ist meine Natur nicht, ist auch nicht die Natur unserer Beziehung, ist der Ort La Bonne Auberge einfach nicht. Unser Spiel ist subtiler, kunstvoller, eben chinesischer. Die Vorzüge des Wohlstandes werden jetzt erörtert – beim Steak Chateaubriand. Geld, sagt er, Geld könne er schon gebrauchen – im Augenblick. Ob er es einmal mit Kommentaren im Radio versuchen solle? Ich hätte da doch Erfahrungen. Tja, Geld, sage ich, Geld ist sehr schön, das ist wahr. Und dann beginnt wieder so eine hilflose und komische Geschichte, zum Kichern. Koeppen erzählt, wie er einmal versucht habe, einen Kommentar fürs Radio zu schreiben, wie das war, der Versuch, und wie er dann gescheitert sei – leider. Das Leben kostet wirklich eine Mühe, die einer besseren Sache würdig wäre. Hatte das nicht, ungefähr so, einmal Karl Kraus gesagt?

So war er, so ist er, so wird er bleiben: liebenswert hilflos, umständlich, versessen darauf, eine Welt zu verstehen, die jeder Bürojunge versteht – nur er nicht. Immer wieder

Ansätze, Vorhaben, Aufschwünge. Gewisse vorsichtige Pläne, und wie sie dann zerfallen und wieder zuschanden werden. Man sollte vielleicht, meint er, man könnte doch, oder meinen Sie lieber nicht? Ja, sage ich, doch, vielleicht sollten Sie wieder einmal reisen, nach Japan zum Beispiel, das war doch ein alter Plan. Koeppen ist nicht abgeneigt. Er erzählt jetzt von den letzten Versuchen, nach Japan aufzubrechen. Es war alles schon so weit gediehen, so gut arrangiert, schon die Flugkarte, und wie dann am Vortag alles wieder rückgängig gemacht werden mußte ... Marion. Solche Geschichten sind gut durchzuspielen mit ihm.

Man kann natürlich fragen: Warum erzählst du das eigentlich? Lauter private Geschichten – was soll's? Die Frage wäre berechtigt, wenn meine Geschichte hier zu Ende wäre. Sie ist es aber nicht. Richtig gesehen beginnt sie hier erst. Jedenfalls begann für mich dieses Wiedersehen erst zu einer Geschichte zu werden, als wir uns längst getrennt hatten, als ich längst wieder im Zug, im »Hans Sachs«, nach Frankfurt saß. Da fing sie an. Da wurde das Treffen bedeutsam, auch etwas hintergründig. Ich schlug nämlich die übliche Lektüre auf, die sich unsereiner am Kiosk für die Bahnfahrt kauft. Ich schlug auch den *Merkur* auf, die Monatsschrift *Merkur,* und las schon auf dem Umschlag: »Wolfgang Koeppen / Anamnese«. Ich las: »Meine Mutter fürchtete die Schlangen. An warmen Sommertagen gingen wir durch das Rosental, die bei Sturmfluten vom Meer überspülte Flur auf brackigem Grund, das Gut zu sehen, Ephraimshagen mit seiner abweisenden gekalkten Mauer, der junkerlichen Auffahrtsallee, dem Säulenportal von dorisch-preußischer Strenge, der bröckelnden traurigen Sandsteinheiterkeit der hier wie im Stundenglas des Sensenmannes sichtbar verrieselnden Zeit, der stolzen albernen Herrschsucht des Herrenhauses, dem umgestürzten

Gesindekönigtum, der alten Reserverittmeisterherrlichkeit zwischen den Ställen, der schwarz-weiß gestrichenen Fahnenstange ...«

Ich las acht Seiten neue Koeppen-Prosa, verblüfft, fasziniert, sofort wieder gefangen von den Verführungen seiner Sprache. Der alte Klingsor, da war er nun wirklich; jetzt war er da. Ich begriff seine Verlegenheiten, sein Weglächeln, seine kleinen, hilflosen Weg-von-mir-eigentlich-Anekdoten: diesen umständlichen Ritus seiner Verbergung. Wer die Sprache so dicht um sich versammelt hält – was bleibt ihm denn, als sich wegzustehlen, schweigend?

Brief in Sachen Kesten

Bester! Welch eine verblüffende und wirklich bestürzende Frage. Gibt es so etwas wirklich? Wo leben Sie eigentlich – pardon? Auf dem Mond, in Usbekistan oder etwa im Bayerischen Wald? Sie fragen nach ihm. Sie kennen ihn nicht. Das macht sprachlos. Was soll ich sagen?

Er war, um es in einem Satz vorwegzuformulieren, in diesem schweren, etwas plumpen Körper der deutschen Literatur ihr kleines Herz, ein sehr wichtiges Organ also, ein Stück rastloser Unruhe, das uns Zeitgenossen immer wieder das Blut durch die Adern trieb und uns manchmal erröten machte. Man könnte auch sagen: eine Art Herzschrittmacher der Zeit. Er brachte diese blutarme, vergrämte, ziemlich verbiesterte deutsche Literatur von Zeit zu Zeit immer etwas auf Trab. Ich spreche hier also, um im Bild zu bleiben, nicht von den drei Fingern, die seinen Griffel führen. Ich spreche nicht von seiner Galle, die es auch geben soll. Ich spreche nicht von seinem Gedächtnis, diesem Steinbruch unendlicher Erinnerungen. Ich sage nicht: das Gewissen der Nation. Ich nenne ihn, ganz ohne schamrot zu werden, eher im kalten, diagnostischen Sinn der Mediziner: das zärtliche, zuckende Herz unseres literarischen Lebens, eines Muskelsystems. Das war er. Das ist er gewesen – damals.

Sie fragen nach seiner Gestalt? Wie alle Großen müssen

Sie ihn sich klein vorstellen. Wenigstens das hat er mit Napoleon gemein. Die Kleinen haben immer die Welt erobert. Sie hatten es nötig und waren immer wendiger, fixer im Ducken und Losspringen: die Davidkünste. Vielleicht aber liegt es auch an seiner Nürnberger Herkunft, daß seine Gestalt etwas Spielzeughaft-Zierliches hat. Ein mit viel Handwerkerliebe und fränkischer Kunstfertigkeit geschnitztes Kind, aus Kiefernholz, denke ich manchmal, nicht aus Eiche. Da ist Federndes, Sprödes im Spiel. Bei aller Feingliedrigkeit dominiert doch etwas Eckiges und Kantiges. Er kann auch hart werden. Seine blitzenden, munteren Augen, seine viel zu wülstigen Augenbrauen, in denen Vögel nisten könnten, die immer schnuppernde Nase, sein nagendes Gebiß erinnern mich oft an Waldtiere. Während wir übrigen Literaten ja mit großer Sicherheit von Affen abstammen, scheint er mir eher aus der Familie der Wiesel, der Feldhasen oder der Nachteulen zu stammen. Doch lassen wir bei Nürnberg lieber die Finger von Stammbaumgeschichten.

Ich könnte ihn mir ursprünglich sehr dekorativ als ein kleines Schmuckstück im Nürnberger Spielzeugmuseum vorstellen. Ich könnte mir vorstellen, wie er da stand und stand, ungeduldig wartete, von einem Fuß auf den anderen trippelnd, immer in der Hoffnung, entspringen, entlaufen, wegrennen zu können. Ich vermute, in einem unbewachten Augenblick ganz früh im Morgengrauen muß ihm das einmal gelungen sein. Welch ein Glück für ihn und uns! Endlich Freiheit, Ferne, Stadtluft und Asphalt. Ich sehe ihn mit kleinen hastigen Schritten dem Hauptbahnhof zustreben. Nein, nicht um wegzufahren. Er würde sich, erster Akt der Lebendigkeit, mit Papier eindecken. Er würde am Bahnhofskiosk Zeitungen kaufen, massenhaft. Papier ist seine große Liebe. Es ist kein größeres Glück denkbar für ihn, als morgens, sagen wir: um halb sieben, mit jenen fünf oder sechs Blättern, die sich selber gern die Weltpresse nennen, unter dem Arm durch die Straßen der erwachenden Stadt zu eilen. Welch ein kostbarer Schatz! Von fern mag er dabei ein klein wenig an jene Schulanfänger erinnern, die mit ihren kolossalen Zuckertüten voll Wichtigkeit den ersten Schritt ins sogenannte Leben stolpern.

Überflüssig zu sagen, daß die Schulklasse des Lebens, die er nun betritt, ein Kaffeehaus ist. Flink, wach, mit der notorischen Neugier, ja Schnüffelsucht, die früher einmal zu seiner Zeit die Lust der Lektoren gewesen sein soll, wird er nun in einer stillen Ecke in Windeseile ein europäisches Blätterwald-Rauschen erzeugen. Er wird nicht alles lesen, aber im Feuilleton doch wie ein erfahrener Küchenchef alle Speisen prüfen, abschmecken, anschnuppern. Ganze Kolumnen von Kulturnachrichten wird er wie Pudding nebenher runterschlucken. Welch eine Wachheit, welch eine Feinschmeckerlust – ich bewundere das immer. Wenn unsereiner, immerhin eine Generation jünger, sich nach neun Uhr morgens etwas verdrossen und mühsam aus den schweren und dunklen Umarmungen der Nacht zu lösen beginnt, und meist unter welchen Krisen – das Erschrecken im morgendlichen Spiegel: Du bist ja noch immer da, und wie, das leichte Anritzen beim Rasieren, der hoffnungslose und erschöpfende Kampf mit den Blutströpfchen, die frischen Hemden, mit Blut befleckt –, also wenn wir übrigen anzufangen versuchen, dann ist dieses rüstige Kind eigentlich schon fertig mit seinem kritischen Tagesgeschäft. Er weiß alles. Ich nichts.

Was weiter? Es ist damit zu rechnen, daß er, genau wie Kinder gegen neun Uhr morgens das eben tun, ein Schulheft aufschlägt, ein blaues, etwas zerfleddertes Heft, wahrscheinlich mit Eselsohren. Er nimmt einen Bleistift zur

Hand und beginnt seine Schulaufgabe, deutscher Aufsatz. Das Thema heißt: »Der Schriftsteller und die Freiheit«. Was denn sonst? Im Grunde ist das immer sein einziges Thema gewesen – mit Recht. Er wird eine Weile mit beachtlicher Geschwindigkeit schreiben, seltsame Zuckungen werden manchmal über sein Gesicht laufen. Dann plötzlich überraschende Pause. Weiß er nicht weiter? Ist er am Ende? Er wird am Wasserglas nippen, ins Leere starren, etwas Grimassen schneiden, aber nicht so stark, daß sie im psychiatrischen Sinn auffällig wären.

Er wird plötzlich ein brennendes Interesse für das junge Mädchen hinter der Tortentheke entwickeln, einerseits ganz naiv-erotisch entzückt, andererseits in jener kalten Artistengenauigkeit, mit der auch Bildhauer, Maler und Landvermesser ihre Objekte schamlos fixieren. Dieses Mädchen wird eingehen in seinen Text, vielleicht nur in drei Zeilen. Immerhin, er beutet aus. Wie jeder Schriftsteller ist er dauernd mit Ausbeutung der Wirklichkeit befaßt. Jeder Schriftsteller ist ein Vampir, ein Blutsauger. Er saugt seine Mitmenschen aus – für sein Werk. Es ist erstaunlich, wieviel Mehrwert er angesichts einer Tasse Kaffee zu produzieren imstande ist. Es grenzt an Frühkapitalismus. Konditor-Ausbeutung, müßten unsere knochenharten Scholastiker des Neomarxismus klagen. Doch stimmt die Rechnung nicht. Wer hat denn mehr zum Lob und Ruhm des Kaffeehauses in Deutschland geschrieben? Das Kaffeehaus gibt es ja kaum noch – in Wirklichkeit. Es lebt lockend und komisch, exzentrisch und etwas verrückt nur noch in seinen Büchern.

Wäre man hier im erlauchten Kreis einer Akademie, so müßte ich jetzt sagen: Meine Damen und Herren, Sie sehen den Künstler bei seiner Arbeit. Er konzipiert eben ein neues Werk, *work in progress,* bitte, da hinten an diesem wackligen Marmortischchen. Aber da wir unter uns sind, sage ich lieber: Er schreibt jetzt nieder, was ihm Spaß und Freude macht und ihm wichtig erscheint, im Augenblick. Seit über fünfzig Jahren betreibt er dieses angenehme Freizeitgewerbe, Schreiben genannt. Anderen mag Schreiben eine Qual sein, eine sublime Form der Selbstbestrafung – ihm ist es Vergnügen, erfrischend und erholsam wie ein Atemzug. Er kann es einfach nicht lassen. Es hat ihn berühmt gemacht. Also muß da wohl doch noch etwas mehr am Werk sein: ein Poet, ein Träumer, der beobachtet, ein Beobachter, der träumt, ein Erzähler, Erinnerer, ein sprechendes Museum der letzten fünfzig Jahre, eben ein Schriftsteller von Eleganz, Witz und Präzision. Er kann noch das Schwere leicht sagen. Wenn ich mich nicht täusche, war das immer die große Kunst des Feuilletons.

Sie merken, lieber ferner Freund, daß ich dabei bin, ein Loblied zu beginnen? Lauter kleine Lorbeerblättchen, die ich ordne und zu einem schönen Kranz der Freundschaft winde. Ein böses Zeichen. Die Lobredner sind meist wie die Waschmittelfabrikanten – ihre Dummheit schäumt einfach alles in glanzvollen Schaum ein und sagt dann noch frech: Weißer geht es nicht! Ich habe also lange darüber nachgegrübelt, ob man nicht auch etwas Boshaftes und Tückisches in diesen Kranz der Freundschaft einflechten könnte. Es ist schwer, Nachteiliges über ihn zu kolportieren. Keinem Verfassungsschutzamt, keiner CIA, nicht einmal Robert Neumann ist es zu Lebzeiten gelungen, ihm etwas Infames anzuhängen. Er hat heute nur Freunde überall in der Welt. Wenn gegen ihn ein Argument denkbar wäre, ein einziger Anklagepunkt, der allerdings erst beim Jüngsten Gericht zur Sprache kommen könnte, so könnte er vielleicht lauten: Hermann – wo sind deine Feinde, bitte? Es ist nicht ganz geheuer, als Schriftsteller nur von Freunden erdrückt zu werden. Aber hier irrt wohl Gott, ich meine, der Gott der Christen. Sein Gott, der Gott der Juden, würde so dumme Fragen nicht stellen. Er hat ein anderes, tieferes Gedächtnis. Doch lassen wir das.

Dieser Mann taugt nicht für himmlische Höhen. Ich kehre zur Erde zurück. Wie edles Gestein und sehr kostbares Erz glänzt er am reinsten im Treibsand der Zeit; er ist ein Brillant, in Asphalt gefaßt. Kann man noch tiefer steigen, als wenn man zum Beispiel vom bundesdeutschen PEN erzählt? Ist Ihnen, lieber Freund, in Usbekistan oder im Bayerischen Wald bekannt geworden, daß dieser freundliche Kreis der Schreiber jedenfalls bei uns inzwischen zu einem Kongreß der Kampfhähne, einer Phalanx sehr rabiater Intimfeinde geworden ist? Man nennt das Polarisierung oder auch Klassenkampf. Ich lasse das offen. Ich sage nur: Es ist in unserem Lande gegenwärtig kein Mangel an ideologischen Keulen, um den Menschen das Glück einzubleuen. Kein Mensch hat mehr das Recht auf sich, auf Einsamkeit, Schmerz und Absonderlichkeit. Wir werden so langsam alle in diesen roten Glücksstall »Gesellschaft« getrieben, eine Hammelherde von Befreiten. Mir graust manchmal vor so viel kollektivem Glück.

In solchen Stunden drohender Befreiung war ich immer wie erlöst, um ihn zu wissen. Ich fragte nicht ohne Sorge: Ist Kesten schon da? Wo denn? Er kam ja nicht gerade großartig und majestätisch daher wie richtige Präsidenten. Man mußte ihn wie ein Waldtier suchen. Aber wenn er dann da war, konnte man sicher sein: Ein Blutbad sozialer Befreiung wird es nun nicht geben. Es wird vielleicht etwas aufgeregt und nicht gerade mustergültig nach dem Vereinsrecht zugehen. Es werden Worte fallen, aber keine Köpfe. Die Schreier werden etwas leiser schreien. Die Kaputtmacher werden etwas sanfter kaputtmachen. Mikrofone und Lautsprecher werden im entscheidenden Augenblick wohltätig versagen. Und die, die nicht müde werden, diese Bundesrepublik als einen faschistischen Tummelplatz zu denunzieren, sie wohnen meist rund um den Tegernsee und sind aufgrund sehr schlechter Bücher sehr reich geworden – sie werden so große Worte etwas weniger lauthals trompeten. Vielleicht bleibt sogar dem einen oder anderen einmal das Wort im Halse stecken. Es ist ja nicht so, daß wir ein Land ohne Unrecht wären. Es ist nur so, daß das Maß von Recht und Unrecht in Kestens Gegenwart eine andere moralische Qualität gewinnt.

Woran liegt diese mäßigende Wirkung? Von Harmonisieren kann bei ihm wahrlich die Rede nicht sein. Er ist immer ein Angreifer, ein Herausforderer, ein Kämpfer gewesen. Er war immer ein Linker. Ich lege Wert auf diese Feststellung und wiederhole sie deshalb mit Nachdruck. Hermann Kesten ist immer ein Linker gewesen und wird es bleiben, wenn immer links sein heißt: für mehr Freiheit, mehr Gleichheit, mehr Gerechtigkeit unter den Menschen kämpfen. Nur ist er eben ein hoffnungslos passionierter Schriftsteller. Er schlägt nicht mit Keulen, sondern mit Worten zu. Er kämpft auf eine subtilere, geistvollere, humanere Weise. Er sticht mit dem spitzen Degen des Spotts, ein Florettkünstler der Wahrheit. Er ist keinem Gott, keinem Kaiser, keinem Zentralkomitee untertan. Nur das Schreiben ist seine Waffe.

Ich weiß, wie altmodisch das heute erscheint. Zeit der Zündschnüre, Zeit der Brandsätze. Die Waffen des Geistes werden belächelt. Ich liebe diese seine Unmodernität. Ich bewundere seinen Mut, nicht immer und überall auf der Höhe der Zeit sein zu wollen. Ach, diese sogenannten Höhen der Zeit, mein lieber ferner Freund: Wenn man einmal etwas älter geworden ist wie ich und so vieles kommen und gehen sah, so kommen sie einem manchmal wie die Brüste der Huren vor, die täglich dreimal wechseln im Eros-Center. Ich meine: Da fummeln die Impotenten und Mitläufer der Macht herum und merken gar nicht, wie schnell sie welken. Ich meine nicht die Brüste. Die halten sich eine Weile. Ich meine die Höhen der Zeit.

Habe ich Ihnen etwas vermittelt? Können Sie ihn sich jetzt vorstellen, unseren Hermann Kesten? Ich bin nicht sicher, denn das Beste an einem Schriftsteller ist nicht seine Person, sondern sein Werk. Sie müssen ihn lesen. Ich lese ihn immer wieder, am liebsten seine Essays, seine Porträts, seine Feuilletons. Ich liebe seine Prosa, das Einfache, Klare und Helle seiner Sprache. Ich liebe das Leichte, Schwebende, Freundliche, oft Graziöse seiner Sätze. Oft sind sie wie Tanz, ein Ballett der kleinen, feinen Schritte. Er ist so beglückend undeutsch. Sie werden keine sumpfige oder abgründige Stelle in seinen Büchern finden. Darin schreibt er wie Sigmund Freud. Nur sehr klare und kluge Köpfe können sich eine Prosa erlauben, die man auch versteht beim ersten Lesen. Glauben Sie mir: Lieber als dreihundert Seiten subtiler Uterus-Untersuchungen von Karin Struck samt aller Gebär- und Milchprobleme, die den Suhrkamp-Verlag einmal so maßlos verzückten, sind mir dreißig Zeilen, die dieser Kesten als Leserbrief einer Zeitung zuschickte. Da ist Geist vom Geist der Aufklärer, Witz, Spottlust, federnde Eleganz am Werk: Welt und Gesellschaft, kein Urschleim, keine Mutterbrust.

Aber da wir nun schon so ins Familiäre und Private geraten sind, will ich Ihnen zum Schluß etwas Persönliches verraten. Sie sagen es doch nicht weiter? Sie behalten es bestimmt für sich? Es ist mein Geheimnis. Ich bin ja nicht gerade ein Vaterfixierter. Nach Älteren, Oberen steht mein Sinn nicht. Ich sage also nicht: So einen wie Kesten hätte ich gern zum Vater gehabt. Das nicht. Ich sage nur: Ich wäre sehr gern sein Sohn gewesen. Ich weiß nicht, ob Sie diesen feinen Unterschied mitkriegen. Er ist sehr subtil. Ein Sohn dieses zärtlichen, zuckenden Herzens in Deutschland. Etwas Blut also von seinem Blut. Ich bin aber auch schon mit Tinte zufrieden. Etwas Tinte von seiner Tinte gelegentlich – mir wär' das viel.

Die Frau des Dichters

Niemand hat ihr, wenn ich es recht sehe, bis heute in der Öffentlichkeit ein Denkmal gesetzt. Warum auch? Wer spricht von ihr? Es ist nicht üblich. Ja, ein paar Freunde und Liebhaber des Dichters tun es gelegentlich, privat, im kleinsten Kreis. Auch der Verleger spricht bisweilen von ihr, manchmal respektvoll, meist auch seufzend. Dem Rest der Öffentlichkeit ist ihre Existenz verborgen. Gerühmt wird immer der Dichter: der Mann und sein Werk, wie man dann später nachlesen kann in Monographien.

Dichter-Gattinnen, dann und wann, das ist einzuräumen, mögen auch ihr Stück Komik, ja Gräßlichkeit haben. Dafür gibt es eindrucksvolle Belege. Man sollte sie nicht übersehen. Trotzdem, ich wage den Satz: Es gibt einen untergründigen Anteil der Frau an der Literatur eines Volkes, der beträchtlich ist, der aber niemals beschrieben und definiert werden kann. Er ist da. Er wirkt dauernd, aber man kann ihn nicht messen. Intime Mithilfe ist nicht objektiv zu fassen. Man kann nur vermuten, von Fall zu Fall. Was wäre die deutsche Literatur ohne die Frauen unserer Dichter? Ich vermute, die Literatur wäre sehr viel weniger. Sie wäre ärmer dran.

Ich weiß, ich spreche von altertümlichen Verhältnissen, patriarchalischen Beziehungen. Heutzutage, da jede Maus ihren notwendigen Emanzipationsprozessen und Identitätskrisen via Gruppendynamik und Frauenladen erfolgreich auf der Spur ist, mag es ein aussterbendes Phänomen sein. Aber früher gab es das: die Frau, die tatsächlich nur für den Mann, nicht für sich selbst dasein wollte. Es gab die Frau, der ein Leben an seiner Seite, und das hieß bei einem erfolgreichen Autor natürlich: in seinem Schatten, genügte, ein Leben lang. Anachronistische Verhältnisse, könnte man sagen. Existenzfülle und Sinnmitte im Dienst einer Liebe. Sich selber verleugnen, damit er lebe, sein Werk, seine Sache. Das hat es immer wieder gegeben, gibt es auch heute noch, da und dort.

Wie viele Frauen haben ihre schreibenden Männer ernährt, wenn diese Publikationsverbot hatten? Das gab es unter Hitler. Das gibt es auch in der DDR heute. Frauen sind mit ihren verstoßenen Männern, Emigranten genannt, auf die Flucht gegangen, sind mit ihnen um die halbe Welt gezogen, waren oft die ersten, die in der Fremde etwas Geld und Brot ins Haus brachten. Frauen sind auch mit Poeten in den Tod gegangen. Von Kleist bis Stefan Zweig, immer wieder. Frauen haben vor allem mit dieser merkwürdigen Spezies Mensch, die ziemlich schwierig ist, psychologisch gesehen, leben können. Künstlerehen, oder was man so nennt, sind ja meist kein sublimes Zuckerschlecken am ewig Schönen. All die Krisen, Ängste, Narzißmen und Macken einer produktiven Natur haben diese Frauen mitgetragen. Wer spricht davon hinterher? Ich will ihr stummes Dasein rühmen. Es war hilfreich. Oft war es lebenswichtig.

Die Frau des Dichters muß eine merkwürdige Vielfalt von Rollen spielen. Ist einmal der Höhenflug des Eros zur ersten Ruhe gekommen, so pflegen sich später ordentlichere Verhältnisse in sehr verschiedenen Formen sozialer Kooperation zu stabilisieren. Das Leben wird auch zu einer

Arbeitsgemeinschaft. Die Frau erweist sich als Mehrzweck-Individuum, als eine Art Universalperson für alle Lebenslagen eines Literaten. Was tut sie nicht alles? Sie wird für ihn Sekretärin. Sie führt für ihn Buch. Sie gibt für ihn Steuererklärungen ab, beim Finanzamt. Sie tippt vor allem seine Manuskripte, nicht immer, aber doch oft. Sie allein kann seine Handschrift entziffern. Sie führt Teile seiner Korrespondenz. Sie erfüllt auch Botengänge, bringt die Briefe oft weg des Abends. Was noch?

Die Frau des Dichters muß eigentlich alles sein. Sie hat den Tee zu richten, soll eine kultivierte Gesellschafterin sein, wenn prominenter Besuch ins Haus steht. Sie soll attraktiv und interessant wirken, wenn es zu einer Preisverleihung geht, mit anschließendem Ministeressen im kleinsten Kreis. Sie muß aber auch langmütig und duldsam sein, wenn er, der Dichter, verquält ist, nicht weiterweiß und vielleicht eine Abwechslung braucht, produktiver Art. Dichterische Freiheit, könnte man sagen. Sie weiß, er wird wiederkommen. Das Mehrzweck-Individuum ist jetzt eine Art Mutter. Sie weiß: Der Bub wird wiederkommen. Laß ihn nur gehen, vorübergehend.

Das ist noch nicht alles im Rollenspiel. Sie packt auch die Koffer für ihn. Oft ist sie sein Reisemarschall auf diesen langen Lesereisen durchs platte Land. Sie lenkt den Wagen. Sie weiß den nächsten Termin. Er grämt sich eher. Zugleich muß sie für Höheres bereitstehen. Sie ist oft auch sein erster Zuhörer und Lektor. Unklare Anfänge, erste Blätter soll sie beurteilen. »Meine Frau ist sehr angetan von meinem neuen Roman«, schreibt der Dichter zuversichtlich an seinen Verleger. Was soll er tun – der Verleger, meine ich? Die Augen der Liebe sind aufgetan. Die Wege der Liebe sind oft wundersam. Man muß sehen, warten.

Ich will einer Frau gedenken, die dies alles war und noch

etwas mehr. Sie hieß Toni Kesten. Wer weiß noch von ihr? Sie war eine Nürnberger Jüdin. Sie ist in Rom gestorben. Wer hat es gemerkt? Ein Freundeswort aus dem Studio Nürnberg, ihrer Heimatstadt, das schon. Ansonsten hat im tiefen deutschen Blätterwald kein Vogel nach ihr gepfiffen. Warum auch? Es war nur die Frau eines Dichters, nicht er selbst. Sie hat kein Werk hinterlassen. Sie hat nur diesen Mann hinterlassen, der Hermann Kesten heißt. Ihr Tod sei trotzdem vermerkt.

Toni war klein, dunkel, zierlich. Sie hätte, gäbe es noch für Juden ein Zuhause in Deutschland, durchaus im Sinn der Romantiker einem Berliner literarischen Salon vorstehen können, mit Witz und Charme. Die Deutschen haben es damals anders gewollt. Sie ist mit diesem exemplarischen Emigranten ein Leben lang durch die Welt gezogen, hat mit ihm nur Hotels bewohnt, hat mit ihm in Kaffeehäusern gesessen, hat mit ihm Kongresse besucht, manche mit separatem »Damenprogramm«. Auf der Frankfurter Buchmesse sah man sie beide oft, munter von Party zu Party eilend. Merkwürdig jung wirkten sie beide: immer frisch, immer freundlich, dauernd neugierig, was denn geschehe, hierzulande. Er, temperamentvoll und ungestüm, meistens ein paar Schritte vorweg auf der Straße. Sie hinterher, unverdrossen. Philemon und Baukis, könnte man sagen. Eine Liebesgeschichte privatester und auch politischer Art.

Sie muß zeitlebens für ihn, den Heimatlosen, so vermute ich, so etwas wie Heimat gewesen sein. Ein Stück Deutschland, jüdische Heimat, die man lieben, die man mitnehmen, die man festhalten konnte in dieser unendlichen Bewegung der Fluchten, die sein Leben war. Sie führte nie das große Wort im Gespräch. Sie war einfach da und dabei. Sie gab nur dann und wann eine Meinung, eine eigene Position zu erkennen. Sie wirkte immer ruhig und gefaßt. Und doch:

Die merkwürdige Unruhe in ihren Händen, die Art, wie sie mit ihrer Handtasche spielte, immer etwas zu suchen schien, ist mir in Erinnerung geblieben. Sie war wach und gespannt zugleich. Sein *alter ego.*

Auch ich habe von ihrem Tod wie zufällig gehört. Ich war erschrocken, wie Menschen einfach so wegrutschen zum Schluß, unbemerkt. Es soll nur ein Exempel für das Thema sein. Solche Frauen sollte man nicht vergessen. Sie sind wichtig. Auch Hermann Kesten, so darf man vermuten, wäre ohne diese Frau nicht ganz das geworden, was er doch war: das unruhige, tapfere Herz unseres literarischen Lebens, damals.

Meine Tage mit Mascha Kaléko

Warum soll ich es verschweigen? Ich hatte von ihr kaum etwas gehört, kannte den Namen nur flüchtig – eine Zufallsbekanntschaft. Es war in Berlin, im Herbst 1974. Wir hatten gemeinsam eine Lesung zu bestreiten, und als ich sie dort zum erstenmal sah, spürte ich sofort ihren seltsamen Reiz. Sie war schon als Erscheinung – ja, was war sie? Ich meine, sie war genau wie ein Gedicht von Mascha Kaléko. Entwaffnende Wahrheit des Authentischen: Ein Gedicht, ein lyrisches Ich stand vor mir, klein, schwarz, zierlich. Ironie und Spottlust waren da mit Melancholie sehr anmutig gemischt. Sie war schon gut in den Sechzigern; man sah es ihr aber nicht an. Von weitem hätte man sie gut für eine Frau Ende Dreißig halten können. Sie hatte noch immer die Grazie, die Geschmeidigkeit und die nervöse Unruhe junger Wildkatzen an sich. Der fast lolitahafte Charme sehr junger Mädchen ist ihr bis zum Tod geblieben.

Dann ihre Lesung. Sie saß neben mir. Sie veränderte sich dabei etwas. Das Mädchenhaft-Kindliche ging jetzt verloren. Sie wurde bewußter, ernster, strenger. Sie ließ sich viel Zeit zwischen den einzelnen Gedichten, machte größere Pausen, scheinbar suchend, scheinbar unschlüssig blätternd. Doch solche Unschlüssigkeit schien mir kunstvoll gewollt. Sie wußte genau, was sie jetzt tat und wollte: vortragen, das feine Gespinst ihrer Verse zum Klingen bringen.

Es war keine große Lyrik. Es war der frech-sensible, traurige und doch schnoddrige Ton Berlins kurz vor Hitler. Sie trug diese Gedichte in der leisen, hohen Stimmlage einer Dozentin vor, die etwas vermitteln will: Schule des Lebens. Das ging bis zu der gemessenen Strenge der Frau Lehrerin. Sie sagte Gedichte auf – von Mascha Kaléko.

Noch einmal: Warum soll ich es verschweigen? Warum tue ich hier jetzt so, als sei da nichts weiter gewesen? So, als hätte ich sie nur gesehen, gehört, aus kritisch-aufmerksamer Distanz beobachtet? Es war aber mehr. Schwer zu sagen, was und wie und warum. Es gibt wohl so etwas wie die Forderung des Augenblicks: Tu es jetzt, jetzt oder nie; nur jetzt ist die Gelegenheit gegeben. Die Griechen nannten das Kairos. Hatte ich es geplant? Hatte sie es wirklich gewollt? Es ergab sich jedenfalls wie von selbst zwischen uns, daß wir nach diesem Abend noch drei Tage zusammenblieben, mit nichts als der Stadt befaßt.

Natürlich, für zwei alte Berliner von einst ist die Stadt wie ein Roman, eine nicht enden wollende Kitsch- und Schmerz- und Glücksgeschichte, viel Stoff zu wechselseitigem Spotten. Berlin war für uns eine Badeanstalt in Vergangenheit. Sieh all die Reste hier: die Kirchen, die Plätze, die Namen von damals – das war einmal unsere Jugend, das war einmal unsere Hauptstadt, das hier des Reiches Mitte, der Sandkasten und Spielplatz unserer Kindheit. Hier hockten wir doch, wuchsen auf, spielten, fuhren mit Bolle auf dem Kutscherbock, gingen zur Schule, wanderten im Grunewald, badeten im Wannsee. Täglich fuhr ich mit der S-Bahn von Eichkamp zur Friedrichstraße. Ich fuhr an den hohen, kahlen Mietskasernen vorbei, sah auf dem zugigen Bahnsteig die Leute stehen, verweht und vereinzelt, hörte das »Bitte zurückbleiben!« des Bahnbeamten und wie der Zug dann anruckte und schnell fortzog, hell aufsingend. Mascha verstand das alles. Es waren auch ihre Erinnerungen, ihre Geräusche. Musik der Kindheit, könnte man sagen. Wir waren ihren Reizen waffenlos ausgeliefert. Wir hörten nur immer und sahen. Man brauchte sich kaum zu verständigen: tiefe Badelust in Vergangenheit.

Es wurden drei ruhelose Tage, unvergeßlich. Vergangenheit und Zukunftshoffnung schoben sich ineinander. Warb ich nicht mit der Stadt um sie? Wollte ich nicht eigentlich sagen: Komm wieder, kehr hierher zurück? Sieh es dir an – das ist doch der Ort deines Ursprungs. Was irrst du herum in Amerika? Was willst du jetzt allein in Jerusalem? Berlin ist für solche Heimatlose und Weltwanderer wie geschaffen. Zum Schluß soll man immer heimkehren, nicht wahr? Heimkehr – es gibt keine Heimkehr für dich? Doch, es gibt sie, beharrte ich immer. Wo wir Kindheit und Jugend spüren, wo ein paar Menschen uns mögen, wo wir vertraute Geräusche hören, die uns beruhigen, zum Beispiel des Nachts das Singen der S-Bahn: Da ist man nicht fremd. Da ist man zu Hause.

Waren meine Werbungen zu direkt, zu plump? Mascha jedenfalls ließ sich auf so einfache Weise nicht einfangen. Es blieb immer etwas Schwebendes und Unentschiedenes um sie. Sie stand jeden Morgen pünktlich um zehn in der Bleibtreustraße in ihrer Hotelhalle: zierlich, graziös, etwas umdunkelt. Ein schönes Nachtschattengewächs mit Morgenstörungen. Wie ich das kannte! Sie hatte immer schlecht geschlafen, aber ließ es sich nicht anmerken. Sie fand immer ein freundliches Wort, eine Geste der Aufmunterung: Nun laß uns den Tag beginnen, trotz allem. Was soll's? Sie muß damals schon schwer krank gewesen sein, immerhin war es nur vier Monate vor ihrem Tod, aber sie wirkte nicht krank, nicht einmal leidend. Sie wirkte damals sehr allein auf der Welt. Ich sage nicht einsam, sondern allein, abgesondert, zu Hause und doch nicht zu Hause. Sie hatte manchmal etwas von einem ratlosen Kind, das sich verlaufen hat. Träume ich? Wache ich? Ist dies mein Ort? Wohin denn ich?

Vielleicht war auch alles zuviel. Vielleicht bedrängte sie so viel aufgestaute Zeitgeschichte. Der Augenblick am Potsdamer Platz zum Beispiel. Das war einmal ihr Berlin, die quirlende Mitte der zwanziger Jahre. Jetzt ist hier alles tot, leer, ein Museum der deutschen Teilung. Staub der Vergangenheit liegt auf den breiten Straßen ins Nichts. Kioske mit Ansichtskarten und Souvenirs, Touristen-Omnibusse, die davor parken: die Schrift an der Mauer. Sie sah das alles lange, fast andächtig an, sie schwieg, schüttelte manchmal den Kopf. Wir kauften ein paar Fotos vom Potsdamer Platz, wie er früher war, zu ihrer Zeit. Was ist Berlin heute? Ein Tiefkühlfach großdeutschen Wahnsinns. Hitler und Stalin, hier ist das eingefroren, sagte ich, eingeeist diese ganze Geschichte. Sie nickte, sie schwieg. Sie hat als Jüdin nie ein Wort der Anklage oder der Bitterkeit gefunden. Worüber man nicht reden kann, darüber soll man bekanntlich schweigen.

Wir fuhren nach Eichkamp. Wir standen vor dem Haus meiner Kindheit. Mascha wollte es sehen. Direkt gegenüber wohnt heute der Cineast Ulrich Gregor. Und es war wie bestellt, eine kleine Kinoszene für Heimkehrer. Die Tür öffnete sich. Frau Gregor trat heraus. Sie fuhrwerkte mit Mülleimern und Besen herum, war offenbar mit Hausputz befaßt, sah uns, erkannte uns und rief plötzlich über den Gartenzaun weg: Ach, Frau Kaléko, nein, so etwas! Wie seltsam! Sie werden es nicht glauben: Vorhin, beim Reinemachen der Bibliothek, bin ich seit Jahren zum erstenmal wieder auf einen Ihrer Gedichtbände gestoßen. Sie kommen doch herein? Sie müssen mir einen kleinen

Gruß, eine Widmung reinschreiben. Und Mascha tat das dann auch in ihrer aufrechten, steilen Schrift. Einen Augenblick war sie glücklich. Sie strahlte, ein tiefes Kinderglück Mitte Sechzig. Das war wieder ein Pluspunkt für mich. Ich sah meine Aktien steigen. Wo auf der Welt passiert Ihnen das? sagte ich triumphierend. Bitte, so direkt und herzlich sind nur die Berliner.

Ja, so ungefähr sind wir drei Tage durch die Stadt gefahren, immer kreuz und quer. Ich zeigte ihr Schloß Glienicke und die DDR-Grenze dort, direkt auf der »Brücke der Einheit«. Ein amerikanischer Militärwagen fuhr eben, aus Potsdam kommend, in West-Berlin ein. Wir fuhren zum Kleist-Grab, hörten Schüsse dort hallen, Kasernenhofschüsse, Abschiedsschüsse. Die Windböen rissen und knallten wie Peitschenhiebe. Wir waren im Norden. Ich zeigte ihr das Märkische Viertel, diese Gebirge aus Beton, die sie nicht schreckten. Sie kannte das aus Amerika. Wir fuhren weiter nach Lübars, dem märkischen Dorf am Rand der Inselstadt. Wir saßen dort in einer Gartenwirtschaft, sahen weit in die flache Fließlandschaft hinaus und wie sich die Mauer dort durchzieht. Mascha erzählte von ihrem Sohn, ihrem Mann. Sie sprach von Toten. Es kamen nur spärliche Erinnerungen und spröde Sätze. Die literarische Begabung ihres Sohnes lobte sie und wie er dann plötzlich gestorben sei im ersten Aufbruch. So wiederholen sich Schicksale, anders. Der musikalische Nachlaß ihres Mannes bewegte sie. Er war ein sehr erfolgreicher Komponist für jüdische Sakral- und Volksmusik gewesen. Es sei da noch so vieles zu ordnen und zu regeln in Zürich, London, Jerusalem, Berlin. Ja, wenn das einmal alles geregelt sei, sagte sie. Gleich danach. Es war, als spreche sie von einem großen bewunderten Berg, von dem sie doch wußte: Er ist nicht mehr zu nehmen, für mich.

Letzte Erinnerung, letzter Augenblick dieser drei späten Tage. Wir haben uns schon getrennt. Ich weiß längst, meine Werbekampagne, unser altes Berlin genannt – nicht wahr, Mascha, unser schönes altes Berlin? –, sie ist zu Ende, und ich habe verloren. Ich kann sie nicht halten. Ich kann sie nicht umstimmen. Ahnte sie vielleicht, daß es Augenblicke im Leben gibt, da wir uns nicht mehr entscheiden müssen, weil über uns schon entschieden ist? Fühlte sie schon das Ende? Roch sie den sehr nahen Tod?

Ich stehe an meinem Hotelfenster. Kurfürstendamm, Ecke Joachimstaler Straße. Ich sehe ihr nach. Sie war noch hier oben bei mir und ging dann weg. Sie steht unten vor der Ampel. Sie geht über den Zebrastreifen. Sie geht sehr allein, aber doch zielbewußt, beinah streng. Sie geht energisch, als wolle sie sich losreißen von so viel schnöder Berlin-Verführung, durch mich. Noch ein Termin, noch ein Treffen mit alten Bekannten hier in der Stadt. Was weiß denn ich? Sie geht direkt gegenüber auf das Café Kranzler zu. Berliner Kaffeehaus, ihr Ort, ihre Bühne, ihre Liebe einmal. Ich kann sie schon nicht mehr erkennen. Sie ist im Gewühl der Berliner verschwunden. Sie ist weg, weggewischt wie ein dunkler, schöner Traum. Sie war etwas Schwebendes, Unwägbares, das man nicht halten kann, wie ein Gedicht. So etwas ist immer nur da – im Vorübergehen.

Gedenkblatt für Jean Améry

Wie immer sein Leben innerlich auch beschaffen war: verwundet, verstört, schwankend zwischen Verzweiflungen und produktiven Aufschwüngen, fragmentarisch also, durchaus unfertig – der Tod gibt jedem Leben etwas Endgültiges und Fertiges. Der Tod ist der große Verfestiger. Er sagt: Das war es. Das war sein Stück; das Drama ist abgeschlossen. Mehr kommt nicht. Ihr habt jetzt das Nachsehen. Ihr könnt Bilanz ziehen. Tatsächlich bleibt den Überlebenden in allem Schmerz nichts als der Rückblick. Die Frage stellt sich: Was ist eigentlich gewesen? Sinnfragen kommen immer zum Schluß.

Jean Améry hatte in Salzburg seinem Leben ein Ende gesetzt. Es war ein jähes und doch sehr bewußtes, durchaus gewolltes Ende: noch einmal Revolte und Provokation. Er kam aus der Erniedrigung und suchte die Freiheit. Die verletzte Würde des Menschen wiederherzustellen war seine Obsession. »Ihr sollt mich nicht haben« und »Mein Tod soll meine Sache sein«, hatte er schon vor Jahren bekannt. Ich beende jetzt mein Leben aus guten Gründen, die nur die meinen sind. »Sich selber gehören« – das war nicht nur ein Titel in seinem Werk. Es war die sehr eigenwillige, provokante These eines Intellektuellen, der sich durchaus als »Linker« verstand, dieser Zeit und ihren gesellschaftlichen Problemen leidenschaftlich verhaftet.

Was immer die letzten Auslösungsfaktoren gewesen sein mögen – sie wären austauschbar. Wer 1976 seinen Diskurs über den Freitod *Hand an sich legen* genau gelesen hatte, konnte wissen, daß die Sache selbst schon beschlossen war. So mit dem Problem ringend, so verzweifelt nach Sprache für das Absurde suchend, die Schönheit des Sterbens beschwörend, schreibt keiner, der nicht vom Thema selbst her getrieben würde. Dieser Essayband, der damals mit Recht Aufsehen erregte, war schon sein Testament. Ihm ist nichts hinzuzufügen. Nur sein letzter Satz sei noch einmal in Erinnerung gerufen: »So wollen wir gedämpft und in ordentlicher Haltung, gesenkten Kopfes den beklagen, der uns in Freiheit verließ.«

Wer ist Jean Améry gewesen? Ich meine: ein Zerstörter, ein Verwundeter, ein Opfer der Zeit, der aber, im Unterschied zu den Millionen Opfern, die zerbrachen, die Kraft zur moralischen Empörung und die intellektuelle Schärfe aufbrachte, seine eigenen Zerstörungen zum Fundament eines permanenten Reflexionsprozesses zu machen. Nur denkend, nur schreibend konnte er überleben. Er produzierte nicht aus Fülle, sondern aus Verlusten. Sein Essay war dies: Versuch zu überleben. Obwohl ihm das Judentum als geistiger Lebensraum immer fremd war, war er darin Jude (hier durchaus Marx oder Freud vergleichbar), daß er mit einem moralischen Rigorismus ohnegleichen entschlossen war, das Weltübel, sein Weltübel bis zur Wurzel durchzudenken. Alles bei ihm kam aus dieser Wurzel des Verletzten. Noch in seinen späten Auseinandersetzungen mit den Hitler-Büchern von Joachim Fest und Sebastian Haffner bestand er auf dieser Obsession des Betroffenen. Nicht verarbeiten, nicht abschließen, die Epoche des Nationalsozialismus nicht »bewältigen« – die Wunde offenhalten, den Schmerz auch, das war seine Grundposition.

Sicher kann man so etwas neurotisch nennen. Es stellt sich nur die Frage, ob solcher Art Neurosen nicht gesunde und humane Reaktionen sind. Wer Auschwitz am eigenen Leib durchlebte und später »bewältigte«, kann ja wohl nur ein Riesenverdränger, muß also der viel kränkere Neurotiker sein.

Insofern war Améry vollkommen Sohn seiner Zeit, Kind der Epoche. Die Zeit hat ihm alles mit- und zugespielt. Es war ihm nichts vorbestimmt. Alles hätte auch anders kommen können. Als er, 1912 in Wien geboren, dort Literatur und Philosphie zu studieren begann, geriet er zunächst in den Kreis der Wiener Positivisten, deren antiklerikalem Aufklärungspathos er sich verbunden fühlte. Unter anderen Zeitumständen hätte aus ihm ein »normaler« kritischer Intellektueller linker, aufklärerischer Provenienz werden können. Die Literatur allerdings war von Anbeginn seine Passion. Er schrieb einige Erzählungen, veröffentlichte dies und das. Er vollendete sogar einen Roman, den er später verwarf, als Jugendsünde. Die Möglichkeiten zur Veröffentlichung waren in der Ära des Dollfußschen Austrofaschismus ohnehin gering für einen Geist seiner Art.

Sein weiterer Lebensweg ist bekannt. 1938, als Österreichs Anschluß an Hitler-Deutschland bevorstand, emigrierte er nach Belgien, geriet dort in den Widerstand, arbeitete mit der Résistance zusammen, bis er 1943 verhaftet wurde. Was er in den Gestapo-Gefängnissen und später in Konzentrationslagern, zuletzt in Auschwitz, erfuhr, gab ihm für immer die künftige Lebensrichtung. Er erfuhr radikal, was es heißt, ein Opfer zu sein: hilflos, entwürdigt, gefoltert, vom Tode bedroht. In dieser Zeit qualvoller und schmählicher Todesnähe muß bei ihm eine Art zweiter Geburt, eine erste Ich-Findung stattgefunden haben. Er fand sich als Opfer vor, nahm sich so an. Es muß ein rasender Wille zu überleben zugleich im Spiel gewesen sein. Er war nun geprägt und willens, mit dieser Prägung zu leben.

Es gab dann nach der Befreiung 1945 in seinem Leben eine Phase von fast zwei Jahrzehnten, die, von außen gesehen, merkwürdig leer, ohne Kontur und klare Objektfixierung erscheinen mögen. Mir scheint diese lange Latenzphase mehr als verständlich. Betäubt war man zunächst. Und er? Zu den eilfertigen »Bewältigern der Vergangenheit«, die damals bei uns das Sagen hatten, hätte er ohnehin nicht gepaßt. Dazu war ihm die Prägung zu tief ins Fleisch gebrannt. Auch isoliert ja der Schmerz, macht eher stumm und auf eine heillose Weise stolz, in der Vereinzelung. Auch waren verlorene Jahre nachzuholen; das Leben verlangte sein Recht, auch sein Stück Lust. Jean Améry ist von Natur her immer ein heftiger Erotiker gewesen, und wer weiß, wie nahe bei ihm speziell Eros und Thanatos wohnten, kann sich vorstellen, was Umarmung jetzt für ihn bedeutete.

Immerhin waren ihm auch sein hellwacher Intellekt, sein literarischer Sinn und sein kulturelles Gespür geblieben. Mit diesen Fähigkeiten hat er sich als literarischer Journalist und Produzent aktueller Kulturfeuilletons – fast ausschließlich für die deutschsprachige Presse der Schweiz – schlecht und recht über Wasser gehalten. Es war trotz allem keine schlechte Zeit, hat er in einem seiner letzten Texte, mit dem er sich vor der Darmstädter Akademie vorzustellen gedachte, noch kurz vor seinem Tod bekannt: Handwerkerzeit.

Es muß dann 1964 noch einmal einen entscheidenden Schub in seinem Leben gegeben haben. Améry lernte in Brüssel, wo er jetzt wieder lebte, mehr zufällig Helmut Heißenbüttel kennen. Wenn es das Stück Genie eines guten

Redakteurs ist, Geburtshelfer, gleichsam Hebamme seiner Autoren zu sein, so wird man dem Lyriker und Poeten Heißenbüttel hier neben anderem auch einen glücklichen Redakteurs-Instinkt bescheinigen müssen. Beide waren Kriegsversehrte, jeder auf seine Art. Heißenbüttel, zugleich Redakteur beim Süddeutschen Rundfunk, war es jedenfalls, der den damals ganz Unbekannten aufforderte, über seine KZ-Vergangenheit zu schreiben, für den Funk zunächst.

Was war da geschehen? Man kann sagen: Es machte ihm einfach einer Mut zu sich selbst. Es muß aber bei Améry selber plötzlich etwas Wesentliches, ein weiteres Stück Ich-Findung stattgefunden haben. Es war eine radikale Kehrtwendung: Statt über dies und das draußen zu schreiben, also von sich weg, ging er jetzt auf sich zu, entdeckte sich selbst. Es muß eine bestürzend tiefe Entdeckung gewesen sein. Jetzt plötzlich, nach mehr als zwanzig Jahren, konnte er »ich« sagen. Der Stein war so lange tief unten ertragen worden. Plötzlich war, erinnernd, denkend, schreibend, ein Ich da, das ihn zu wälzen vermochte. Ich stelle mir vor, daß es bei aller Schrecklichkeit der Thematik ein großes Glückserlebnis gewesen sein muß. Schreiben ist eine Art Selbsterlösung. Der Bann war gebrochen. Améry schrieb jene fünf Folgen über Tortur, über Auschwitz und wie man dann weiterlebt. Der *Merkur* brachte als erste Zeitschrift in Deutschland sogleich ein Kapitel. Das Ganze ist dann 1966 als Buch unter dem Titel *Jenseits von Schuld und Sühne* erschienen. Der Schriftsteller Jean Améry war geboren. Jetzt stand er da, war ganz bei sich.

Also ein Spätentwickler? Aber gewiß. Wie sollte es anders sein? Was dann in den noch folgenden zwölf Jahren geschah (und wobei wir Zuschauer waren), hatte durchaus das Eruptive, Heftige, Vulkanartige später Durchbrüche.

Man spürte die Unruhe, mitunter sogar das Gehetzte eines Autors, der nun seine Form, spät, gefunden hatte, es nun sagen wollte: das Ganze. Die Form war der autobiographische Essay, in dem er nun unbestrittener Meister wurde. Es wurde die Existenz des Menschen als Opfer immer am eigenen Lebensgang durchgeprüft. Er tastete sich ab, beobachtete sich selbst mit vernichtender Schärfe, registrierte jeden Prozeß bei sich, um ihn dann reflektierend ins Allgemeine zu weiten.

Psychoanalytisch kann man sicher von einer narzißtischen Regression sprechen, die hier am Werk war, doch reichen solche Begriffe, obwohl psychologisch stimmig, literarisch nicht weit. Durch diese Regression wurde bei ihm jedenfalls der ganze Reichtum seiner Begabung freigesetzt. Ob er nun über seine eigene geistige Entwicklung schrieb *(Unmeisterliche Wanderjahre)* oder über das Altern: Niemand in Nachkriegsdeutschland beherrschte so die subtile Kunst kalter Introspektion und wie man aus solchen Selbstbeobachtungen zu phänomenologischen Ergebnissen kommt, die uns alle betreffen. Er sog sich das Material seiner Themen sozusagen hautnah von Leib und Seele ab und verfügte zugleich über eine Sprache, die, obwohl eher traditionell, mitunter auch altväterlich, unerhört luzid, geschmeidig und dynamisch war. Es war eine schöne Prosa, die er schrieb, aufrichtig und hochpoetisch. Es ging Faszination von ihr aus. Man konnte sich ihr nicht entziehen. Sie hatte etwas Entwaffnendes, wie große, leidenschaftliche Subjektivität immer waffenlos macht, den Partner.

Ich habe seinen Diskurs über den Freitod *Hand an sich legen* mit dieser entwaffnenden Faszination gelesen, widerstrebend und doch hingezogen. Noch nie, glaube ich, wurde etwas im tiefsten Wortsinn so »Anstößiges«, so ins Humane und Menschenmögliche hinübergeschrieben. Zauber des Narziß? Ich will der Sache hier nicht auf den Grund gehen. Ich gebe nur zu bedenken, daß Sigmund Freud den Selbstmord als narzißtische Ich-Krise verstand. Améry, natürlich, hat das mit jener Heftigkeit bestritten, verbal, in der er Meister war. Er konnte schon, was er wollte. Trotzdem hat mich der geradezu oratorische Sprachaufwand seines Widerspruchs damals nachdenklich gemacht.

Es konnte nicht ausbleiben, daß eine so singuläre Begabung, ein Schriftsteller von dieser Sensibilität, Besessenheit und Universalität spät, aber eben nicht zu spät bei uns Anerkennung, Respekt, ja ein kleines Stück Autorität gewann. Améry war, gemessen an den bescheidenen Möglichkeiten des Essays in Deutschland, wenigstens in den letzten Jahren durchaus ein Autor mit Erfolg. Hier kommen objektive Faktoren ins Spiel. Er füllte in unserer Intellektuellen-Republik eine leere Stelle aus. Spätestens nach dem Tod von Karl Jaspers gab es den Typus des »öffentlichen Denkers«, des Philosophen, der spontan und mit Scharfsinn zu Fragen von Zeit und Gesellschaft glaubwürdig Stellung bezieht, nicht mehr. Améry war der einzige, vielleicht der letzte, fast so etwas wie eine moralische Institution. Ein deutscher Intellektueller, der sich nicht entzog, der bereit war, mitzuspielen auf den Märkten der Meinungsbildung. So hat er die geistig eher dürftige Medienlandschaft unserer Jahre überall inspiriert.

Ein deutscher Intellektueller? Hier bricht ein letztes Problem seiner Existenz auf. Er war es eigentlich nicht – und war es dann doch geworden, zum Schluß. Von Geburt Österreicher und jüdischer Herkunft, später geschult an Sartre und überhaupt am Geist der französischen Aufklärung, kann man ihn sich sehr gut als Pariser *écrivain* vorstellen. Er hatte sich nur trotz Vertreibung und lebenslänglichen Exils in Brüssel zur deutschen Sprache entschlossen. Damit war wieder eine entscheidende Weiche seines Lebens gestellt. Es konnte nicht ausbleiben, daß er Echo, Erfolg, Anerkennung, ja einen ersten Anflug von Ruhm genau in jenem Land fand, zu dem sein zwiespältiges Verhältnis nie aufgehört hatte. Auch diese Wunde sollte offenbleiben.

Aber was ist ein Schriftsteller ohne Erfolg? Und wenn er dann da ist, der Erfolg – wer könnte ihm widerstehen? So blieb Améry, wo er war, und kam doch hierher, immer wieder, ein Dauergast sozusagen. Er sprach sehr bewußt als Exilierter in diese Republik hinein. Gerade aus dieser Spannung kam seine Glaubwürdigkeit. Unantastbar stand er zwischen den Fronten: ein freier Geist und tief gefährdet. Daß die draußen die sind, die eigentlich drinnen sind, hat ja hierzulande mindestens seit Heinrich Heine Tradition. In dieser Tradition deutschen Exils ist Améry zu sehen.

Als es aber ans Sterben ging, ist er ganz unbemerkt nach Salzburg gefahren. Dort rief er den Tod. Dort ist auch, seinem Wunsch folgend, seine Asche beigesetzt worden. Eine Art von Zuhause also zum Schluß? »Wieviel Heimat braucht der Mensch?« fragte er in seinem ersten Buch. Die Antwort ließ er offen. Er stellte nur fest zum Schluß: »Es ist nicht gut, keine Heimat zu haben.« Ich füge hinzu: Für einen Schriftsteller ist die Sprache immer ein Stück Heimat. Sie wenigstens hatte er gefunden. Er war allein in der Sprache zu Haus.

Erinnerungen an Elisabeth Langgässer

Wer war diese Frau? Es ist paradox: Mindestens zwischen 1945 und 1955 galt Elisabeth Langgässer als die bedeutendste Dichterin Deutschlands. Es war jenes Deutschland, das sich nach den Schrecken des Hitler-Faschismus eben zu besinnen begann. Es war jenes erste, hoffnungsvolle Nachkriegsjahrzehnt, das so etwas wie Einkehr und Umkehr der Deutschen in Gang zu bringen schien. Damals war sie die berühmteste Frau unseres literarischen Lebens, für wenige Jahre wenigstens. 1950, noch kurz nach ihrem frühen Tod, erhielt sie postum den Büchner-Preis der Deutschen Akademie für Sprache und Dichtung.

In den Literaturgeschichten, die heute diese Epoche behandeln, hat sie ihren Platz gefunden. Man kann nicht sagen, die Wissenschaft habe die Bedeutung ihres Gesamtwerkes nicht erkannt. In Fachkreisen hat »die Langgässer« durchaus klassischen Rang. Immer wieder wird an Universitäten des In- und Auslandes über Spezialprobleme ihrer Prosa und Lyrik da und dort kenntnisreich und mit Respekt promoviert.

Trotzdem ist ihr Name einer breiteren Öffentlichkeit in den letzten zwei Jahrzehnten auf merkwürdige Weise entglitten. Wird sie noch gelesen? Der Generation, die erst nach dem Zweiten Weltkrieg geboren wurde, dürfte ihr Werk, mit wenigen Ausnahmen, so gut wie unbekannt sein.

Elisabeth Langgässer war eine ebenso faszinierende wie paradoxe Erscheinung. Sie war kein Einzelgänger, wohl aber eine Ausnahmeerscheinung in unserer Literatur. Ihre Persönlichkeit kann man nur aus ihren inneren Widersprüchen erhellen. Alles kam bei ihr aus den Spannungen fast unüberbrückbarer Gegensätze: eine dialektische Natur, sozusagen.

Diese Frau war schon als Erscheinung und Gestalt ein schöner Selbstwiderspruch: Klein, eher zierlich gewachsen, wirkte sie einerseits ungemein weiblich, andererseits von kompakter, fast maskuliner Kraft – eine Kunstfigur, schon auf der Straße. In der Tiefe durch und durch Lyrikerin, verfügte sie zugleich über einen scharfen, ja schneidenden Intellekt. Obwohl im Privatleben im schönsten deutschen Traditionssinn »liebende Ehefrau« und Mutter von vier Töchtern, hätte sie im Berlin der dreißiger Jahre, wo ich sie kennenlernte, viel eher dem Bild einer intellektuellen Lebedame aus den Pariser Salons entsprechen können. Tiefschwarzes Haar, im Gesicht hochgeschminkt und mit einer großen Hornbrille versehen, wirkte sie geradezu frivol exotisch: eine französische Herausforderung im damals eher blondzopfigen Deutschland. Wenn sie durch unsere Eichkamper Straßen ging, riefen ihr die Kinder manchmal nach: »Der Tuschkasten kommt! Der Tuschkasten kommt!«

Hinzu kamen die Widersprüche, die in ihrer Herkunft angelegt waren. Sie wurde 1899 im rheinhessischen Alzey geboren, »halbjüdisch«, wie es dann später hieß, zugleich aber von jener tiefeingewurzelten Katholizität der Leute dort zwischen dem Ried und Mainz. Auf tiefe Weise dieser Heimat, ja ihrer Erde, ihren chthonischen Mächten verbunden, ist sie doch nie eine Heimatdichterin gewesen. Zum Volkstümlichen – was immer das sei – fehlte ihr ganz das

Naive, Schlichte und Schleimige dieser Gattung. Blut und Boden sind tatsächlich elementare Quellen, aus denen ihre Poesie kommt, aber mit der Blubodichtung der dreißiger Jahre hatte sie nicht die Spur zu tun. Der Kosmos war für sie magisch belebt. Antikisches, Römisches und Griechisches geistert durch ihre Erde. Die Novelle *Triptychon des Teufels* läßt das, gewissermaßen christlich vergoren, erkennen.

Die katholische Kirche war für sie als *corpus Christi mysticum,* ganz ähnlich wie für Heinrich Böll heute, Heimat und Hoffnung. Aber nicht nur für den bürgerlichen Milieukatholizismus, auch für höchste klerikale Instanzen war sie eher ein Ärgernis und Stein des Anstoßes. Zu viele ihrer Geschichten spielen in liederlichen Verhältnissen. Literarisch fühlte sie sich eher bei den Trunkenbolden, Gaunern und im Hurenhaus heimisch.

Schließlich ihr Stil, ihre Sprache: Beide sind unverkennbar geprägt von den Traditionen deutscher Prosa. Der Einfluß Kleists und der Droste-Hülshoff ist immer wieder spürbar, und doch haftet ihren Erzählungen – im Unterschied etwa zu dem ihr sonst so geistesverwandten Reinhold Schneider – nichts Epigonales, Historisierendes an. Wer Sinn für große Prosa hat, spürt bei der Lektüre sofort, daß hier in scheinbar alten Schläuchen ein ganz junger, wilder Wein schäumt. Der sprachliche Zugriff, obwohl klassisch in der Gebärde, ist immer original und von großer Kraft.

Schließlich die Spannungen, die Widersprüche, die ihr die Zeitumstände eintrugen. Sie war anfangs Lehrerin in ihrer hessischen Heimat. Als sie 1929, zunächst als Dozentin der Pädagogik und Methodik an der sozialen Frauenschule tätig, nach Berlin zog, war sie als Lyrikerin und Erzählerin schon bekannt. Sie stand der literarischen Zeitschrift *Die Kolonne* nahe. Autoren wie Oskar Loerke, Wilhelm Lehmann, Günter Eich, Peter Huchel und Stephan

Hermlin gehörten zu ihrem Kreis. Sie hatte in Berlin 1935 den Philosphen Wilhelm Hoffmann geheiratet, der eben bei Heidegger über Augustinus promoviert hatte. Alles hätte jetzt zu der vollen Entfaltung ihrer immensen poetischen Potenz führen können. Aber schon 1936 erhielt sie als »Halbjüdin« durch die Reichsschrifttumskammer Berufsverbot.

Kann man einem produktiven Schriftsteller das Schreiben verbieten? Man kann es, wie wir es heute erneut in der DDR erleben, natürlich nicht. Man kann ihn aber aus dem Verkehr ziehen, aus der Öffentlichkeit verbannen, und das war sie fortan: eine Verbannte und Verfemte, die, vor allem wegen ihrer Tochter Cordelia, die ihres vorehelichen Vaters wegen als »Volljüdin« galt, dauernd den Drohungen und Repressionen der Gestapo ausgesetzt war.

In dieser Zeit genau habe ich Elisabeth Langgässer persönlich kennengelernt. Wir wohnten damals zufällig Haus an Haus, Garten an Garten in Berlin-Eichkamp. Ich war damals sechzehn. Trotzdem erinnere ich mich sehr genau an diese ungewöhnliche, exotische Frau. Im Sommer saß sie jeden Morgen draußen im Garten auf einer weißen Holzbank. Sie hielt auf den Knien Packen von Schreibpapier, die sie wie in fliegender Hast mit ihren großen, runden Lettern füllte. Des Abends hörte man sie dann in ihrem Zimmer tippen, manchmal bis spät in die Nacht.

Sie schrieb schon damals, trotz Berufsverbots, an ihrem Roman *Das unauslöschliche Siegel.* Sehr viel verstand ich damals von dieser ihrer Welt nicht. Aber ich weiß doch, daß sie mir dann und wann erste literarische Ratschläge und Hilfen gab. Sie zeigte mir Briefe und Gedichte, die von Wilhelm Lehmann eben eingetroffen waren. Sie verehrte ihn. Wer war das? Ich wußte es nicht, lernte ihn durch sie kennen. Sie erzählte mir von Eugen Gottlob Winkler, dem jungen Essayisten und Poeten, der sich eben 1936, vierundzwanzigjährig, das Leben genommen hatte. Von Jochen Klepper war öfters die Rede. Eines Tages, es war 1940, also Krieg, gab sie mir ein neues Buch über den Gartenzaun, sagte: Lies das mal! Ein Buch des Widerstands! Ich las: »Ernst Jünger / Auf den Marmorklippen«.

Ihr Haus war eine der wenigen, winzigen Zellen geistigen Widerstands gegen den Nazismus. Obwohl heute fast jeder Überlebende von damals sich auf schamlose Weise so selbst zu dekorieren versucht, kann ich aus eigener Erinnerung sagen: Da und dort, gerade auch im katholischen Lager, hat es mitten unter Hitler diese Zellen moralischer Opposition gegeben. Der Kreis um Romano Guardini in Berlin gehörte dazu. Der Kreis um Reinhold Schneider in Freiburg im Breisgau gehörte dazu. Die Langgässer konnte sich als rassisch Verfolgte größere Öffentlichkeit nicht leisten. Sie war mit ihrer fünfköpfigen Familie viel zu sehr unter der ständigen Aufsicht der Gestapo. Ich erinnere mich aber, wie oft sie des Abends zu uns heimlich rüberkam, um Radio Beromünster, also Nachrichten aus der freien Schweiz, zu hören. Ich erinnere mich an ihre dauernde Angst, daß ihre Tochter Cordelia abgeholt würde. Sie wurde es auch. Die Tochter wurde 1943 über Theresienstadt nach Auschwitz gebracht. Ich habe diese Erinnerung in meinem Buch *Ostwest-Passagen* im Abschnitt »Wer will nach Theresienstadt?« genauer beschrieben. Wer es will, mag sie dort nachlesen.

Die Jahre des Kriegs, der Verfolgung und Ausrottung der Juden – der sie nur entging, weil sie in christlicher Ehe mit einem »Arier« verheiratet war –, die Bombennächte später, noch später ihre Kriegsdienstverpflichtung als Arbeiterin in einer Fabrik, sie müssen für diese intellektuell so sprühende Frau auf eine unvorstellbare Weise qualvoll und demütigend gewesen sein. Erzählungen wie *Untergetaucht, Lydia, Glück haben* oder *An der Nähmaschine* darf man als unverschlüsselte autobiographische Texte lesen. So lebte sie damals. Trotz der lähmenden Angst, trotz dauernder Todesdrohungen, die hier beschrieben werden, brachte sie ihr Hauptwerk, den Roman *Das unauslöschliche Siegel,* noch in den letzten Kriegsmonaten mitten im bombenzerstörten Berlin zum Abschluß.

Bald nach Kriegsende ging damals durch das geistig interessierte Deutschland hoffnungsvolle Erwartung. Man sah neugierig der Literatur aus den Schubladen entgegen. Nach zwölf Jahren geistiger Knebelung durfte man schon eine kleine Flut verborgener Werke, geheim geschriebener Manuskripte erwarten. Die Schubladen jener Autoren, die drinnen geblieben waren, waren dann aber bekanntlich leer. Das war das Verblüffendste: Die Schriftsteller der »inneren Emigration«, die es ja in großer Zahl auch mit großen Namen gab, hatten kaum Nennenswertes aus diesen Schweigejahren nachzureichen.

Elisabeth Langgässer war damals die einzige, die volle Schubladen vorweisen konnte. So ist ihr jäher Aufstieg und Ruhm damals verständlich. Große literarische Erfolge kommen immer dann zustande, wenn bedeutende Werke ihren richtigen Augenblick im Zeitgefühl einer Generation treffen. Dieser Augenblick war nach 1945 für das Werk der Langgässer gekommen. Es lag damals nicht nur über dem zusammengebrochenen Deutschland ein eschatologisches Grundgefühl, eine Bereitschaft, Schuld und Sühne anzunehmen. Ganz Europa war moralisch tief aufgewühlt. Von Frankreich her kam jene Woge des Existentialismus, die, ob christlich oder atheistisch, letzte sittliche Grundprobleme zur Diskussion stellte. So war es verständlich, daß die Stimme dieser Frau auch im Ausland sofort gehört und beachtet wurde. Vor allem aus Frankreich und Italien kam ihr ein lebhaftes Echo entgegen.

Sie starb im Sommer 1950 auf der Höhe ihres kurzen Ruhms. Sie war mit ihrer Familie 1948 in ihren hessischen Heimatort Rheinzabern zurückgekehrt. Richtig zu Hause hat sie sich erst hier gefühlt. Berlin war ihr nie ganz Heimat geworden. Sie wurde nur einundfünfzig Jahre alt. Sie starb an multipler Sklerose, die sich schon 1942 in Berlin zum erstenmal angekündigt hatte. Ob das ein pathologisches Schicksal war, unentrinnbar, möchte ich in Zweifel ziehen. Wir Heutigen wissen ein klein wenig um psychosomatische Zusammenhänge. Es hat sich in den Biographien politisch Verfolgter immer wieder gezeigt: Sie überlebten mit eisernem Willen die schlimmsten Heimsuchungen. Es gab sogar Jahre der Befreiung. Es gab ein kurzes, heftiges Aufleuchten. Danach sind viele plötzlich zusammengebrochen. Ich zögere nicht, den frühen Tod dieser Frau in den größeren Zusammenhang der Spätfolgen der NS-Verfolgungen in Deutschland zu sehen.

Trotzdem, ich sehe sie immer noch vor mir, damals: wie sie vom S-Bahnhof Eichkamp nach Hause kam – eine kleine, fast elegante, auf jeden Fall brillante und exotische Frau. Der schleifende Gang der Kranken ist mir in Erinnerung und wie die Eichkamper Kinder dann manchmal riefen: »Der Tuschkasten kommt! Der Tuschkasten kommt!«

Tatsächlich hat sie dem grauen, elenden Deutschland damals die Farben des Lebens gegeben. »Rouge et noir«, hätte sie wohl selbstspöttisch gesagt.

Das heilsame Ärgernis: MRR

Ich hoffe, lieber Freund, Sie üben Nachsicht mit mir. Ihr Brief aus Cottbus blieb in der Weihnachtspost liegen – pardon! Jetzt ist es Anfang März. Glauben Sie mir: Ich schreibe das Datum immer noch mit Unsicherheit, erstaunt, ungläubig, eigentlich auch widerwillig. Manchmal verschreibe ich mich auch: unbewußt. Es will mir einfach nicht in den Kopf, daß ich so alt werden mußte. Wozu? Ich schreibe also mit großem Bedacht. Ich schreibe an Sie das Datum: Frankfurt am Main, den 5. März 2000.

Wissen Sie, was das für mich bedeutet? Ich werde in diesem Herbst einundachtzig! Ach, es ist kein Zuckerschlecken, so alt zu werden. Irgendwie röchelt man doch nur dem Tod entgegen. Früher, als Kind, hatte ich mir das Jahr 2000 immer als Lebensziel gesetzt, hoffnungsfroh. Ich meinte, es müßte dann ein leuchtendes Elysium erreicht sein. Freiheit und Fortschritt wären vollkommen. Die Zahl 2000 sieht einfach so rund und schön aus. Jetzt, da wir schon über der Schwelle sind, kann davon keine Rede sein. Sie wissen es ja. Wir stecken noch tiefer im Weltschlamassel als damals. Ich jedenfalls gehöre nicht mehr ins neue Jahrtausend. Ich danke. Es reicht mir. Ich blicke nur noch zurück. Im Alter, glauben Sie mir, bleibt einem ohnehin nicht viel mehr als ein guter Wein, etwas Tabak und – die Erinnerung.

Also, Ihr Brief. Ich habe ihn gestern beim Durchmustern der verstaubten Weihnachtspost noch einmal gelesen. Er hat mich bewegt. Ihre Neugier hat mich betroffen gemacht. Daß es so etwas immer noch gibt in Old-Germany 2000! Paradox und doch ganz verständlich. Da sitzt also ein junger Mann in Cottbus, DDR. Er ist einundzwanzig. Er fängt an, wissensdurstig. Er beginnt Literaturwissenschaften zu studieren. Er möchte später einmal über die Rolle der Literaturkritik in der imperialistischen BRD in der Phase des Spätkapitalismus promovieren. Welch lobenswertes Geschäft: Er hat schon in Berlin in alten Archiven der Humboldt-Universität etwas herumgestöbert. Das Ergebnis sei mager gewesen. Zu pauschal, zu parteiisch, zu glatt soziologisch, schreiben Sie. Solche Worte ehren Sie. Sie weisen Sie jetzt schon aus als Feinschmecker literarischer Differenzen.

Sie seien, so schreiben Sie weiter, bei diesen Vorstudien immer wieder auf einen gewissen Namen gestoßen, den Sie nicht kennen, der aber damals ganz offenkundig führend gewesen sein müsse in der Literaturkritik dieser versunkenen Epoche. Der Mann werde in Ihren Kompendien nur nebenher und eher abschätzig registriert. Er werde mit den üblichen Schlägen volkseigener Fliegenklatschen attakkiert: Vertreter des spätbürgerlichen Imperialismus der westdeutschen Literaturkritik und ähnlich. Ihnen sei das zu ungenau. Ob ich da Genaueres wisse zur Person und zur Sache, fragen Sie mich in Ihrem Brief.

Lieber junger Freund: Ja, tatsächlich! Ich weiß etwas. Ich kann Ihnen, obwohl es nun schon so lange zurückliegt, einiges berichten: zur Person und zur Sache, wie Sie wünschen. Lassen Sie mich aber zuvor sagen: Um solcher Fragen willen, wie Sie sie stellen, lohnt es sich fast, so alt geworden zu sein wie ich. Das Schreiben macht mir etwas

Mühe, meine Augen sind auch nicht mehr gut, aber indem ich mich zu erinnern beginne, merke ich, wie alte Kräfte zurückkehren. Erinnerung erwacht. Die Zeit steht still. Ich meine: Ich war doch ein Zeuge. Ich war doch damals dabei, wenn auch nur am Rande. Immerhin, gerade von den Rändern her läßt sich die Mitte gut einsehen. Ich bin freilich unsicher, ob Ihnen meine Erinnerungen hilfreich sein können. Erstens bin ich kein Literaturwissenschaftler, zweitens passen meine Erinnerungen so gar nicht ins politische Klischee, das in Deutschland gängig ist, bei Ihnen in der DDR, aber auch bei uns hier, bisweilen. Ich kann Ihnen eigentlich nur von einem Menschen berichten, der überaus ungewöhnlich war, und dies in vielfacher Hinsicht.

Zunächst: Er lebt noch. Er wohnt gar nicht weit von mir hier in Frankfurt. Er hat sich erst als gut Siebzigjähriger aus der aktiven Literaturkritik zurückgezogen. Ich würde es nicht gerade Ruhestand nennen, was er mit seiner treuen Toscha verbringt. Er gibt seine erfolgreichen Sammelbände deutscher Geschichten immer noch heraus. Der jüngste wurde eben im *Börsenblatt* annonciert. Er heißt: *Geschichtete Zeit – Deutsche Prosa an der Jahrtausendwende.* Von Piper ist er schon lange weg.

Im Sommer dieses Jahres wird er übrigens achtzig. Das wird, obwohl jetzt andere in der Kritik das Sagen haben, einigen Wirbel hier geben. Sie in Cottbus werden davon nichts mitbekommen. Aber hier in Frankfurt? Es wird nicht nur im Blätterwald rauschen. Es wird Ehrungen regnen, massenhaft. Das Bundesverdienstkreuz erster Klasse hatte er schon zu seinem Siebzigsten bekommen. Wenig später wurde er sogar anläßlich seines Eintritts in den Ruhestand zum Ehrenmitglied der Deutschen Akademie für Sprache und Dichtung ernannt, auf Vorschlag der rüstigen Eva Zeller, die damals, ich meine, es sei 1991 gewesen,

Präsidentin war. Ich vermute, daß zu seinem Achtzigsten jetzt der Bundespräsident aus Bonn anreisen wird. Der Bundespräsident wird es sich nicht nehmen lassen, »dem Nestor der deutschen Literaturkritik«, wie er dann sagen wird, den Dank des deutschen Volkes persönlich zu überbringen. Na bitte! Es wird wunderschön, fast wie bei der Woche der Brüderlichkeit klingen.

So ist das nämlich hierzulande. Die Deutschen haben eine lange Leitung, literarisch. Sie merken es immer zu spät. Solange er aktiv in der Literaturkritik stand, hat sich keine Akademie um ihn geschert. Die Preise für Literaturkritik bekamen immer die anderen, die Schwächeren. Noch zu seinem sechzigsten Geburtstag hatte dieser Mann, der damals, 1980, immerhin schon zwanzig Jahre unbestritten der einflußreichste Kritiker der Republik war, außer einer bescheidenen Heine-Plakette keinen Literaturpreis, keine Auszeichnung bekommen. Nix! Mit Adorno ist es ja ähnlich gewesen. Nebbich, sage ich. Was soll's? Und: Na und? Von Wichtigkeit ist das nicht für diesen Mann. Es sagt nur etwas über den Philistergeist unserer Intellektuellen-Republik aus.

Ich habe weit vorgegriffen. Ich möchte Ihnen zunächst erzählen, wie ich ihn kennengelernt habe. Mein Gott, wenn ich jetzt zurückdenke: Es ist weit über vierzig Jahre her. Ich glaube, es muß 1958 gewesen sein. Er kam damals aus Ihrem sozialistischen Lager. Er kam aus Polen, obwohl er mit seiner Berliner Schulzeit ja eigentlich auch mein Landsmann war, irgendwie. Wir haben uns sofort gut verstanden. Ich war damals Redakteur beim Südwestfunk in Baden-Baden. Er war, obwohl er seit Kriegsende in Polen für die deutsche Literatur schon viel getan hatte, hierzulande noch fast unbekannt. Es brachte ihn jemand in meine Redaktion. Damals, ganz am Anfang, ging es einfach um ein paar Funkhonorare, die die ersten Monate überbrücken sollten. Doch das ist es nicht, was ich meine.

Der Rede wert ist der Abend, als wir dann zu zweit bei mir zu Hause in der Wohnung saßen. Für mich ist diese erste Begegnung mit ihm unvergeßlich geblieben. Ich weiß, daß ich hell entzückt war über diesen Neuankömmling aus dem Osten. Mangel an Zuwanderern bestand schon damals nicht. Nur, er war ganz anders als all die anderen. Es ging von ihm ein Temperament aus, fast beängstigend. Unruhe, Leidenschaft, Energie beflügelten das Gespräch. Es hielt ihn nicht im Sessel. Er lief durch das Zimmer, kampfesmutig. Er redete dauernd. Er war im höchsten Maße erregt. Und das Komische war: Der Grund seiner Erregung war nicht Konrad Adenauer, nicht die deutsche Wiederbewaffnung, auch nicht die Atombombe, worüber sich damals die westdeutschen Intellektuellen ereiferten. Der Grund seiner Erregung war – die deutsche Literatur. Das war ungewöhnlich, 1958 jedenfalls.

Ich weiß, daß ich an diesem Abend viel gelacht habe. So viel Empörung, so viel feurige Leidenschaft – nur um Bücher? Ich entsinne mich noch genau, als wir zu vorgerückter Stunde an meinem Bücherregal standen, und ich, lachend, ermunternd, habe dann zu ihm gesagt: Also um Sie mache ich mir keine Sorgen. Sie kommen hier an. Sie setzen sich durch. In ein paar Jahren sind Sie hier oben, bestimmt!

Nein, eigentlich bin ich kein guter Prophet. Ich habe mich oft getäuscht in meinen Prognosen, Literaten, Freunde, Kollegen betreffend. Nur in seinem Fall war Irren kaum möglich. Ich sah doch die deutsche Lage. Ich kannte die Lahmheit, die Bravheit, die schöne Verquollenheit unseres Rezensentenwesens, betulich, vorwiegend freundlich. Ich sah diesen Frischling und wie er förmlich nach Streit gierte. Heilsame Unruhe war mit ihm eingetroffen. Hier war einfach ein deutsches Defizit an Polemik zu decken. Ich wußte auch: Intellektuelle solcher Art hat es gegeben. Im Berlin der zwanziger Jahre mischten sie kräftig mit. Wo sind die eigentlich geblieben?

Jetzt bin ich an einem Punkt, lieber Freund, den man als heikel zu bezeichnen pflegt, immer noch, jedenfalls hier in der Bundesrepublik. In der DDR ist es sicher viel einfacher. Sie müssen wissen: Dieser Mann stammt aus einer alten jüdischen Familie: polnisch der Vater, deutsch die Mutter. Seine Vorfahren waren durch Generationen immer Rabbiner gewesen. Diese Familie gehörte mit zu den vielen Juden aus dem Osten, die auf eine ebenso inbrünstige wie glücklose Weise Deutschland und den deutschen Geist liebten. Er hat Furchtbares durchgemacht. Man hat seine ganze Familie ins Gas geschickt unter Hitler. Um ein Haar wäre auch er ermordet worden. Bei Günter Grass können Sie das im *Tagebuch einer Schnecke* nachlesen. Er selbst ist damit nie auf den Markt gegangen. Er hat es nie breitgetreten, obwohl dieses Schicksal von Verfolgung und Ausstoßung und unlöslicher Liebe zum deutschen Geist spurenhaft in all seinen Hervorbringungen zu registrieren ist. Seine grenzenlose Bewunderung von Thomas Mann und Kafka bezeugt es. Ganz in der Tiefe dieses umtriebigen Mannes, der nach außen so fröhlich, ja redselig wirkte, war natürlich immer eine Grundstimmung kafkaesker Fremdheit zu Hause. Wie nicht?

Ich verweise Sie in diesem Zusammenhang aber auch auf seine Schrift *Über Ruhestörer – Juden in der deutschen Literatur,* die 1973 erschien. Natürlich gehört er dazu. Natürlich hat er sich hier auch selbst porträtiert. Natürlich sind es immer wieder Juden gewesen, die in unsere Geistesgeschichte die Unruhe, Feuer und Witz brachten. Sie waren der Quirl – oder soll ich sagen: das Salz in der deutschen Suppe? Sie waren aber auch immer die Moralisten, die Erforscher der Grundlagen, von Moses bis Jesus, von Marx bis Einstein: Die Juden hatten immer die tiefere, die bohrendere Art nachzufragen. Das vor allem hat sie so wichtig und zugleich so unbeliebt, ja verhaßt gemacht. Es ist immer ärgerlich, ganz streng, vollkommen unerbittlich geprüft, gewogen, beurteilt zu werden. Zum Beispiel eine Freudsche Psychoanalyse – eine Höllenfahrt der Selbsterkenntnis. In jedem Juden steckt nämlich, meine ich, ein Stückchen Jüngstes Gericht.

Erst aus solchen Zusammenhängen können Sie Eigenart und Wirkung seiner Literaturkritik verstehen. Alles Geschmäcklerische war ihm fern, alle Kunsttheorie uninteressant. Er betrieb auch nicht Literaturkritik als ästhetisches Wägen. Es wurde bei ihm immer Gerichtstag gehalten. Jede Rezension ein kleiner Trompetenstoß zum Jüngsten Gericht hin. Leiser war seine Stimme nicht zu haben. Hohes Gericht! Es wurde jüngst die Weltordnung verletzt. Ich klage an. Diesen Peter Handke zum Beispiel. Er hat sich in seinen ersten Jahren gut geführt. Jetzt aber, mit seinem letzten Buch, ist er hohler Esoterik, ja fahrlässiger Sprachschludrigkeiten überführt. Hier die Beweisstücke, bitte! Oder: Hohes Gericht! Ich klage an: Martin Walser, gebürtig aus Wasserburg, wohnhaft in Nußdorf am Bodensee. Er hat sich 1975 mit seinem sogenannten Roman *Jenseits der Liebe* eines minderwertigen Machwerks schuldig gemacht, das nicht das Papier wert ist, auf dem es gedruckt wurde. Da es sich um einen Wiederholungstäter mit Rückfalltendenzen handelt, beantrage ich in diesem schwerwiegenden Fall die Todesstrafe. Nein, nicht für den Mann – für das Buch natürlich. Der Mann soll, er muß sogar leben. Er hat viel wiedergutzumachen bei seinem unvergleichlichen Talent, von dem die Staatsanwaltschaft unverändert überzeugt ist.

Verstehen Sie jetzt seine steile Erfolgskurve, die schon Anfang der sechziger Jahre einsetzte? Dieser Ton sittlicher Empörung, ach, was sage ich, dieser geradezu alttestamentliche Rigorismus seiner Urteile war neu, ganz unbekannt in unserer braven Rezensentenrunde. Außerdem schrieb der Mann auch so klar, um nicht zu sagen: preußisch-direkt im Stil, daß ihn jeder Buchhändlergehilfe in Witten an der Ruhr ganz unmißverständlich begriff. Nichts gab es da mißzuverstehen. Jede Kritik war wie ein Peitschenschlag. Sie jaulten alle auf vor Wut, vor Betroffenheit, natürlich auch vor heimlichem Vergnügen. Die Schadenfreude – wußten Sie das? – ist eine mächtige Triebkraft des literarischen Lebens. Da war nun immer etwas, an das man sich halten konnte: viel Stoff zu Diskussionen, nicht nur im Blätterwald, nicht nur bei der Gruppe 47. Das schwappte bald über in die anderen Medien.

Ja, wirklich: Ein Ruhestörer, ein heilsames Ärgernis trat mit ihm in die kritische Szene. Der Mann scherte sich nicht um Strömungen und Moden, Ideologien, Stilrichtungen Zeittendenzen. Er hatte die Unverfrorenheit, einfach gute Literatur zu fordern. Na, so was! Was war denn das? Er plädierte für so altmodische Begriffe wie Moral, Vernunft, Geschmack, Verständlichkeit, Lesbarkeit. Sogar das Unterhaltsame schien ihm bedenkenswert, sofern es der Verbreitung der Lesekultur diente. Er haßte das Dunkle und Unklare. Er liebte das Helle und Ironische. Er war eben, alles in allem, ein Sohn der Aufklärung, ein später Nachfahr Lessings. Was er schrieb, war in der Tiefe immer pädagogisch gemeint. Er war ein Erzieher, fast penetrant. Die Leute zur Lektüre guter Texte heranzubilden war seine Hoffnung. Dahinter noch stand bei ihm, unbewußt, die tollkühne Vermutung, daß eine gute Literatur auch zur Verbesserung der gesellschaftlichen Verhältnisse beitragen werde. Wie, das habe ich im damals schon heraufziehenden Zeitalter der elektronischen Unterhaltungsindustrie nie recht begriffen.

Es ist für Sie schließlich von Wichtigkeit zu wissen, daß er den Höhepunkt seiner öffentlichen Wirksamkeit erst ziemlich spät erreichte. Es muß um 1974 gewesen sein und er immerhin schon vierundfünfzig. Damals trat er zum Schrekken vieler Meinungsmacher als Literaturredakteur in das Feuilleton der *Frankfurter Allgemeinen* ein. Ach, gab das wieder ein Geschrei! Von Hamburg bis München jaulte es wieder auf, ideologisch: Tendenzwende! Na bitte, der Rechtsruck! Jetzt breche der Faschismus endgültig aus im Literaturbetrieb. Resolutionen wurden damals verfaßt, Plädoyers, Boykottandrohungen, Aufrufe. Unsere lieben linken Intellektuellen! Sie sind immer so stramm in ihren Meinungen, so schwachsichtig der Realität gegenüber und so schnell im Vergessen, hinterher.

Es trat nämlich damals genau das Entgegengesetzte ein. Jetzt, auf dem Höhepunkt seiner Macht, zeigte es sich erst ganz, daß dieser Moralist und Liebhaber guter Literatur ein geradezu ärgerlich Liberaler war. Noch nie hatten im Literaturteil dieser konservativen Zeitung so viele Kommunisten, Marxisten und andere Linke, wenn sie nur gut und begabt und von Interesse waren, publizieren können wie damals, als er dieses Ressort übernahm. Es müßte für Ihre Promotionsarbeit in der DDR von Wichtigkeit sein, einmal statistisch auszählen zu lassen, wie viele DDR-Autoren ab 1974 im Feuilleton der *FAZ* gedruckt wurden und wie viele davor. Er hat sogar einmal, von einem jungen Kollegen verfaßt, einen ganzseitigen Artikel gegen den Radikalenerlaß ins hochsommerliche Blatt geschmuggelt. Das war doch nun was – oder?

Natürlich hat ihm eine so unabhängige Politik manchen

Ärger eingebracht, auch intern in der Zeitung. Den Rechten hier war er natürlich zu links. Aber keine Sorge! Ärger bedrückte ihn nicht. Im Gegenteil: Ich habe nie einen Menschen gekannt, den der Angriff der anderen so belebte, so beflügelte, ja richtig glücklich machte. Er blühte im Streit erst ganz auf. Er rieb sich die Hände vor Vergnügen, er zappelte auf seinem Stuhl vor Ungeduld. Ist da noch jemand gegen mich, bitte? Ich bitte darum; es soll mir ein Vergnügen sein, replizierend.

Also, viel Feind, viel Ehr? Ach, das war es gar nicht einmal. Aber sicher ist: Andere brauchen die Liebe zum Wohlergehen – er brauchte den Widerspruch. Kritik war eben sein Lebenselement. Er hat aus diesem streitbaren Temperament das Feuilleton seiner Zeitung zum wichtigsten Forum des literarischen Lebens dieser Republik gemacht. Er war nun Ende der siebziger Jahre am Ziel. Er war der Erste im Fach, umstritten und doch unbestreitbar die Autorität der westdeutschen Literaturkritik. MRR war übrigens sein Zeichen im Blatt. Achten Sie darauf bei Ihren Recherchen. Auch seine Glossen, Kommentare und kurzen Nekrologe sind wichtig. Immer stellten sie noch im kleinsten Fall Gerechtigkeit wieder her. »Fiat justitia!« könnte über all seinen Beiträgen stehen.

Damals, auf dem Gipfel seiner Laufbahn, er ging nun schon fast auf die Sechzig zu, habe ich ihn manchmal besucht. Sie werden es nicht glauben, lieber junger Freund: Dieser erbitterte Streiter und Kampfhahn konnte jetzt ganz oben manchmal fast mild, richtig sanft sein. Behutsames, Zartes, ich möchte fast sagen: Musikalisches konnte ihn zwar nicht dauernd, aber doch für eine knappe Stunde erfüllen. Altersweisheit? Abgeklärtheit aller Sechzigjährigen? Ach, keine Spur! Im Kern war er immer derselbe geblieben. Es brach nur jetzt, da er alles erreicht hatte, da er fest im Sattel saß, sehr sicher, seine wahre Natur durch, die er sich immer hatte versagen müssen.

Ich behaupte, dieser vehemente Intellektuelle war im Grunde seiner Natur, einer sehr deutschen Natur, eigentlich – ein Musiker. Ein Musiker freilich, der sich dieses schöne Fach nicht gestatten konnte angesichts der verkommenen Verhältnisse in unserem literarischen Leben. Ich sage nicht, daß er wie Adorno Opernpartituren eigener Hand in seinem Schreibtisch aufbewahrt hätte. Das nicht. Aber wäre die deutsche Geschichte anders verlaufen, glücklicher, das heißt: ohne Hitler – er wäre mit Sicherheit ein preußischer Kapellmeister geworden. Ich sage wieder nicht: in Bad Kissingen oder im Kurorchester Baden-Baden. Schon höher, viel mehr. Ich sage nur: Erst jetzt sah ich, wem seine wahre Liebe gehörte. Er trällerte jedenfalls in solchen Stunden privater Entspannung immer Opernmelodien. Verdi: *Othello, Aida, Rigoletto.* »Holdes Mädchen, sieh mein Leiden«, konnte er dann, leicht ermüdet, vor sich hin summen, nachdenklich seine Toscha betrachtend. Ich spürte, wie er glücklich war, kurzfristig.

Und tatsächlich betrieb er ja nun auch sein umfängliches Literaturgeschäft in der Zeitung wie ein Kapellmeister. Alle Schreiber deutscher Zunge, die etwas taugten, bildeten zusammen ein einziges Orchester, das er dirigierte, halb wie ein Liebhaber, halb wie ein Dompteur: Bitte die Harfe, Herr Koeppen, etwas kräftiger! Bitte die Flötentöne, Herr Rühmkorf, etwas schneller! Die Streicher aus Los Angeles oder Vancouver etwas geschmeidiger! Die schöne Klarinette aus Berlin: Sibylle – Ihr Einsatz war schwach! Ihr Wiener Cellozug war zu lang, Sie müssen Ihren Part kürzer fassen, Frau Spiel! Und jetzt, meine Damen und Herren, das Ganze noch einmal ab Takt siebenundsiebzig: auf Handzeichen, Achtung! Musik setzt jetzt ein, betörend schön und exakt.

Und er dirigiert: Deutsche Schriftsteller-Sinfonie, dritter Satz.

Ja, so ungefähr. Verstehen Sie, junger Freund, was ich meine? Ich meine: Er war trotz aller kritischen Intelligenz zuletzt eine Künstlernatur. Manchmal, wenn es dann schon sehr spät war, tief nach Mitternacht, konnte er weinselig sogar Shakespeare heranziehen: »Freunde, Mitbürger – es ist doch alles nur ein Spiel, das Leben!« So war er. So ist er immer geblieben.

Ich schließe. Es ist sehr lange her. Ich grüße. Es lag mir nur daran, daß Sie ihn so verstehen, Sie in Cottbus und überhaupt Sie in der DDR. So ist er nämlich wirklich gewesen.